研学旅行
在五育融合中润泽童年

金 莹·著

吉林大学出版社
·长春·

图书在版编目(CIP)数据

研学旅行:在五育融合中润泽童年 / 金莹著. --长春:吉林大学出版社,2020.10
ISBN 978-7-5692-7697-8

Ⅰ.①研… Ⅱ.①金… Ⅲ.①小学生-素质教育-研究 Ⅳ.①G621.6

中国版本图书馆CIP数据核字(2020)第222686号

书　　名	研学旅行:在五育融合中润泽童年
	YANXUE LÜXING:ZAI WU YU RONGHE ZHONG RUNZE TONGNIAN
作　者	金　莹　著
策划编辑	曲天真
责任编辑	曲天真
责任校对	张宏亮
装帧设计	书道闻香
出版发行	吉林大学出版社
社　　址	长春市人民大街4059号
邮政编码	130021
发行电话	0431-89580028/29/21
网　　址	http://www.jlup.com.cn
电子邮箱	jdcbs@jlu.edu.cn
印　　刷	杭州万星印务有限公司
开　　本	710mm×1000mm　1/16
印　　张	16.25
字　　数	250千字
版　　次	2020年10月　第1版
印　　次	2020年10月　第1次
书　　号	ISBN 978-7-5692-7697-8
定　　价	36.00元

版权所有　翻印必究

序 Preface

随着教育改革的不断深化,教育的内容、方式、手段、技术乃至于教育时空都在发生着变化。2013年2月国务院办公厅印发的《国民旅游休闲纲要(2013—2020年)》中明确提出了"逐步推行中小学生研学旅行"。在次年8月印发的《关于促进旅游业改革发展的若干意见》中又明确提出了要积极开展研学旅行:"按照全面实施素质教育的要求,将研学旅行、夏令营、冬令营等作为青少年爱国主义和革命传统教育、国情教育的重要载体,纳入中小学生日常德育、美育、体育教育范畴,增进学生对自然和社会的认识,培养其社会责任感和实践能力。按照教育为本、安全第一的原则,建立小学阶段以乡土乡情研学为主、初中阶段以县情市情研学为主、高中阶段以省情国情研学为主的研学旅行体系。"由此,我国的研学旅行开始得到了蓬勃发展。杭州市上城区青少年活动中心作为一个校外教育导助机构,以区域的视角对研学旅行的理论架构、基础建设、人力支持、制度建设进行思考和实践,以研学旅行活动为载体,实现"五育融合"。摆在我们大家面前的这本书稿,就从一个侧面展示了他们对研学旅行的积极探索,读后多有启迪。

一是以开阔的宏观视野对区域推进研学旅行进行了深层思考。党的十八大提出:"把立德树人作为教育的根本任务,培

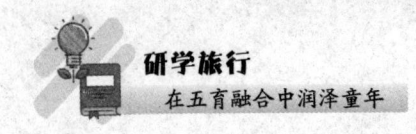

养德智体美全面发展的社会主义建设者和接班人"。2019年6月，中共中央、国务院又印发了《关于深化教育教学改革全面提高义务教育质量的意见》，提出坚持五育并举。立德树人、五育并举是摆在全体教育工作者面前的一个重大课题，上城区青少年活动中心的老师们没有回避这一课题，而是在金莹主任的带领下，在教育实践中攻坚克难，努力去完成这一时代命题。

那么，上城区青少年活动中心作为一个校外教育机构，又该如何实现这一任务呢？他们选择了研学旅行这个抓手，以五育融合为研学旅行的价值导向，以知行合一为研学旅行的方法论，以促进学生健康成长为研学旅行的目标追求，通过研学课程、研学基地、研学平台等的开发，把德智体美劳融于其中，实现了研学旅行的育人价值。

正是基于这种开阔的宏观视野和对立德树人、五育并举的深层思考，上城区青少年活动中心找到了一条实现立德树人根本任务的实践路径——研学旅行。并通过研学旅行，串联起社会主义核心价值观，致力于培养学生形成良好德性与健全人格。显然，这样的研学旅行有着十分积极的意义。也给了我们启示，学校在选择、设计改革突破口时，必须不断地开阔自己的视野，必须将一所学校的改革置于基础教育改革的宏观背景中去进行思考，只有这样，才会使改革具有更大的意义。

二是以科学的态度对区域推进研学旅行进行了理性设计。随着国家对研学旅行的不断重视，广大中小学纷纷开展了研学旅行活动。但是，研学旅行并不是一项简单的活动，正如教育部基础教育一司原司长王定华所说：研学旅行是研究性学习和旅行体验相结合，学生集体参加的有组织、有计划、有目的的校外参观体验实践活动。要开展研学旅行，涉及场地、组织、内容、人员等诸多因素，因此，只有对研学旅行进行科学、理性的设计，才能彰显其育人价值，达成其育人目标。否则，就会事倍功半，甚至浪费了大量的人力、物力、财力，而收效甚微。

值得欣喜的是，上城区青少年活动中心的老师们没有就研学旅行论研学旅行。他们不仅从理论层面对研学旅行的时代意义和价值定位进行了阐述；

还从场馆、课程、师资、管理四个维度对区域推进研学旅行的整体框架进行了设计,每一个方面都有下位的设计,例如课程,就设计了基地课程、场馆课程、个性课程;又如师资,组成了依托校内教师的研学导师队伍和依托校外专业人员的研学导师队伍;再如管理,助力机制、合力机制、动力机制等三大机制的设计,保证了研学旅行的有效展开。总之,上城区青少年活动中心从课程开发、基地建设、机制构建、平台搭建、队伍培育,直到操作载体、推进策略等等,设计、形成了一个较为完整的研学旅行体系。而这一体系的设计,无疑使整个区域的研学旅行活动能够有序开展,科学推进。

三是以踏实的行动对区域推进研学旅行进行了实践创新。区域推进研学旅行活动,面临着许多的实际问题和困难,这些问题和困难需要一个一个的去解决。从本书中可以看到,上城区青少年活动中心的老师们遵循立德树人的教育宗旨,用他们的实践智慧,以踏踏实实的行动,把全区的研学旅行活动搞得有声有色。在实践操作中,多有创新。

在本书中,我们可以看到,上城区青少年活动中心的老师们在区域推进研学旅行的过程中,运用自己的实践智慧,形成了许多富有创意的做法,例如设计了组群这一研学的组织形式,以满足学生研学旅行的不同需求;又如把学校研学基地、第二课堂、研学实践基地串点成线、连线成网,形成了130余条研学路线,编织成了一张点面结合、布局合理、互联互通的研学网图;再如充分运用现代网络技术,构建了一个"淘活动"研学平台,集报名、缴费、活动、评价为一体,为学生及家长提供了大量的图、文、声、像并茂的校外活动资源,使学生不受时间和空间的限制,多角度接受信息,实现了区域内中小学生校外研学实践活动的一键搜索、多元选择、全面发展。这些做法无疑反映了上城区青少年活动中心在区域推进研学旅行中的载体创新、技术创新,值得大家借鉴。

研学旅行是一项融体验性、社会性、生活性、教育性为一体的综合实践活动。它打破了固有的教育边界,让学生走进自然、亲近自然,走向社会、了解社会,从而达到以"行走"促"体验"、以"研学"促"发展"的目的。也正因为如此,上城区青少年活动中心的老师们做了一件十分有意义的事情。当前,广大中

小学的研学旅行活动正方兴未艾，这本沉甸甸的书稿，为更多的中小学开展研学旅行活动提供了很好的参照和借鉴。承蒙上城区青少年活动中心的领导热情相邀作序，使我有幸得以先睹全书，从中深深地感受到了他们在区域推进研学旅行活动中所付出的艰辛努力，也祝愿上城区青少年活动中心在校外教育这个领域中取得更为丰硕的成果。

是为序。

施光明

2017年初夏于杭城

目录
Contents

第一章 绪 论
　第一节　研学旅行:一个方兴未艾的时代命题 ...003
　第二节　基础教育改革与发展对研学旅行的新要求 ...022

第二章 阐释:研学旅行的区域架构
　第一节　区域推进研学旅行的价值定位 ...039
　第二节　区域推进研学旅行的整体设计 ...051

第三章 课程:区域推进研学旅行的基础建设
　第一节　研学旅行课程的开发 ...071
　第二节　研学旅行课程的实施 ...099

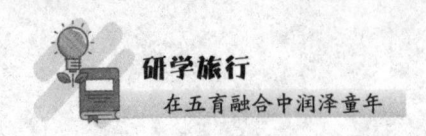

第四章　教师：区域推进研学旅行的队伍建设

　　第一节　校内研学导师队伍的建设 ... 133

　　第二节　校外研学导师队伍的建设 ... 153

第五章　管理：区域推进研学旅行的机制与平台建设

　　第一节　区域推进研学旅行的机制建设 ... 165

　　第二节　"淘活动"校外研学平台的建设 ... 184

第六章　收获：区域推进研学旅行的成果与展望

　　第一节　收获：区域推进研学旅行的丰硕成果 ... 205

　　第二节　展望：区域推进研学旅行的未来构想 ... 234

主要参考文献 ... 244

后　记 ... 248

第一章 绪论

随着教育改革的不断深化,教育的内容、方式、手段、技术乃至于教育时空都在发生着变化。2013年2月国务院办公厅印发的《国民旅游休闲纲要(2013—2020年)》中明确提出了"逐步推行中小学生研学旅行"。在次年8月印发的《关于促进旅游业改革发展的若干意见》中又明确提出了要积极开展研学旅行:"按照全面实施素质教育的要求,将研学旅行、夏令营、冬令营等作为青少年爱国主义和革命传统教育、国情教育的重要载体,纳入中小学生日常德育、美育、体育教育范畴,增进学生对自然和社会的认识,培养其社会责任感和实践能力。按照教育为本、安全第一的原则,建立小学阶段以乡土乡情研学为主、初中阶段以县情市情研学为主、高中阶段以省情国情研学为主的研学旅行体系。加强对研学旅行的管理,规范中小学生集体出国旅行。支持各地依托自然和文化遗产资源、大型公共设施、知名院校、工矿企业、科研机构,建设一批研学旅行基地,逐步完善接待体系。"由此,我国的研学旅行开始得到了蓬勃发展。

第一章 绪论

第一节

研学旅行:一个方兴未艾的时代命题

中小学生研学旅行是由教育部门和学校有计划地组织安排,以立德树人、培养人才为根本目的的校外教育活动。通过研学旅行,培育学生的社会主义核心价值观,激发学生对党、对国家、对人民的热爱之情。同时学会动手动脑,学会生存生活,学会做人做事,促进身心健康、体魄强健、意志坚强,促进形成正确的世界观、人生观、价值观。

一、研学旅行的缘起

确切地说,研学旅行并不是今天才出现的,无论在中国古代,还是在国外,都有研学旅行的做法,古人所说"行万里路,读万卷书",就可以视作是一种研学旅行的形式。

(一)以游带学的早期游学

"读万卷书,行万里路"。游学(Journey Education),是世界各国、各民族文明中,最为传统的一种学习教育方式。其最早见于《史记·春申君列传》:"[春申君]游学博闻,事楚襄顷王。顷襄王以歇为辩,使於秦。"百度百科上对游学的解释是"远游异地,从师求学;以所学游说诸侯,求取官职的人。"现代汉语词典中对游学有四种解释,其中一种为"离开本乡到外地求学。"再结合相关文献,我们把游学理解为一种通过去异地旅行获得知识、通过遍游各地亲自进行文化体验、远游异地拜师求学以及文人之间扩大学术视野进行学术交流的

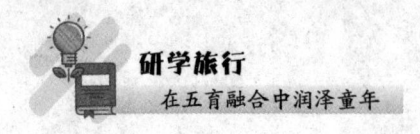

活动。

中国民间自古以来，就非常重视游学对人格养成和知识形成的重要作用，其中孔子率领众弟子周游列国，增进弟子的学识，培养弟子的品质，开阔眼界，就是最好的例证。而圣经中记载的东方五学士，祝贺耶稣基督诞生的故事，以及意大利旅行家马可·波罗在中国的游历，则透露出古代东西方游学交流中所蕴含的丰富信息。这些，我们可以认为是古代游学的开端，也是现代研学旅行的滥觞。

1. **中国古代的游学发展**

公元前497年，孔子因在鲁国无法实施政治抱负，于是率领众弟子前往卫国，开始了周游列国之行。孔子从鲁国出发，大致走了卫国、曹国、宋国、齐国、郑国、晋国、陈国、蔡国、楚国等地。公元前484年，季康子召孔子回鲁。从55岁到68岁，孔子带着他的若干亲近弟子，用了14年的时间在鲁国周边游历。

从孔子周游列国期间的主要活动以及言论记录来看，孔子周游列国之行首先是政治之旅。但是在客观上，孔子在14年周游列国的旅行中，广泛接触各界名士，丰富阅历，考察各国政治体制，研究政风民情，其学术思想逐渐得以完善。从这个意义上来说，孔子的周游列国之行，为其学术思想的成熟奠定了基础。

如果把孔子和他的学生看作是一个研学团队的话，孔子的身份与其说是一个游学者，不如说他更像一位研学导师。在周游列国的行程中，他在真实的社会情境中向学生阐述做学问、做人、治国理政的理念和方法，学生们也是边学习边研究边实践，在行程中参与了很多国家的重要政治、军事事件的谋划。显然，他的那些贤弟子从这一行程中学到了在学堂中无法学到的实践知识，对他们各自学术思想的形成和学术建树起到了不可替代的作用。[1]

在孔子之后，游学活动在不同时期也在不同程度上对学术思想的发展起到了促进作用。唐宋时期，一大批的文人学士、骚人政客，都出于不同的原因，进行了大量的游历活动，这些活动都对他们的学术成就产生了重要影响。无论是诗仙李白还是诗圣杜甫，我们都可以在诗中听到他们不停地游历的脚步

---

[1]彭其斌:研学旅行概论.[M].山东:山东教育出版社,2019.2.

声。无论是从北方一路铁骑战斗到江南的辛弃疾,还是从黄州到惠州到儋州一路贬谪的苏东坡,在被迫的迁行中都渐浓了诗文的味道。到了元代,一方面由于统治者想大力开拓疆域使各个民族之间相互融合促使了许多少数民族人士游历四方学习汉学;另一方面民间开办的书院、义塾等也公开接受远道而来的游者来此处学习。因此游学发展空前兴盛。这时的游学形式上新增了书院义塾之游,促使了更多学士有了选择游学的机会,内容上各民族文化交流在一定程度上带有民族文化性。明代著名旅行家徐霞客游历无数山川古迹、风土人情,著成"千古奇书"——《徐霞客游记》,具有极高的科学价值和文学价值。清代由于西方思想入侵,国外游学开始盛行,这也成为近代研学旅行走出国门的开端。

2. 亚里士多德的颠沛历程与欧洲的大游学

亚里士多德(Aristotle,公元前384—公元前322),是世界古代史上伟大的哲学家、科学家和教育家之一,堪称古希腊一切学术思想的集大成者。作为一位百科全书式的伟大学者,他几乎对每个学科都做出了贡献。他的写作涉及伦理学、形而上学、心理学、经济学、神学、政治学、修辞学、自然科学、教育学、诗歌、风俗,以及雅典法律。亚里士多德的著作构建了西方哲学的第一个广泛系统,包含道德、美学、逻辑、科学、政治和玄学。但不可忽视的是,亚里士多德在长达24年(自公元前345年至前322年)的时间里,由于学术之争和政局的不断变化,他曾多次颠沛流离。这样丰富的人生历程,也为他的学术思想提供了更多的营养。

真正具有游学特征的教育活动,在西方可以追溯到17世纪欧洲的"大游学"(the Grand Tour),即英国、德国的贵族子弟到历史文化悠久的法国和意大利求学的"漫游式修学旅行"。"the Grand Tour"本意为"大陆游学",原指英国贵族子弟跨过海峡到欧洲大陆的游学活动,后来这种活动也影响到了欧洲大陆上的国家,如德国的贵族子弟也参加了进来。所以,后来也译作"大游学"。

欧洲的"大游学"由来已久,现在提起这个词,常特指其鼎盛时期17、18世纪英国的贵族子弟在伦敦、剑桥毕业后去罗马朝圣、文化寻根。大约四万多年轻绅士,为了追寻艺术和历史的来源和痕迹,在欧洲各大名城间游学。这样的

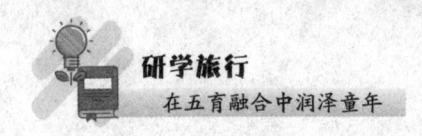

游学活动一直持续到19世纪,游学之风还渐渐从贵族和资本主义社会上层蔓延到平民。至于为什么要去意大利,塞缪尔·约翰逊博士在《约翰逊博士传》中给出了理由:"我们所有的宗教,几乎全部的法典和艺术,所有那一切,使得我们高于蒙昧和野蛮的,都来自地中海沿岸。"出于对文明和艺术的溯源,游学之风由英国蔓延到德国继而席卷了整个欧洲。"大游学"也成为获得英国绅士称号前的最后一课,也是必修课。之所以说"大游学"是真正具有游学特征的教育活动,是因为具备了以下特征:

第一,"大游学"不是一般的观光旅行活动。"大游学"是当时的贵族子弟成长教育的一个组成部分,是大学毕业后的教育延伸,也是贵族子弟丰富人生履历,获得爵位和绅士称号的重要条件。

第二,游学活动行前有明确的教育目的。"大游学"是出于对艺术、对文明的学习和溯源,是培养贵族子弟全方面素质的需要。

第三,游学活动有具体的学习任务和学习内容。这些贵族子弟大体上都要经过相似的学习历程。要在都灵的学院中学习礼仪、宫廷舞蹈、击剑决斗以及歌剧;在米兰研究高级时装、学习音乐;在博洛尼亚研究建筑艺术。当然,在到达意大利之前,他们还必须翻越阿尔卑斯山,接受大自然严酷的考验,从而磨炼坚强的意志。

(二)从游到学的近代修学旅行

如果说,古代的游学在很大程度上是通过游历来拓宽学习的视野,那么,到了近代,则开始更加注重学习在游学中的地位,换言之,游历成了一种学习方式。

1. 近代日本的修学旅行

现代意义上的研学旅行始于日本的修学旅行。1882年(明治十五年)栃木县第一初级中学(现栃木县立宇都宫高中)的老师组织学生们参观东京、上野召开的"第二届实业发展促进博览会",这成了后来"高中学生与初中学生团体旅游"活动的开端。第二年长野师范学校(现信州大学)举行的类似活动被命名为"修学旅行"。这次活动备受关注,并在1887年(明治二十年)4月20日的《大日本教育杂志》54号上进行了专题报道,"修学旅行"一词从此被正式使用。

修学旅行不同于观光旅行,其以学习为目的。学生在旅行中学到知识,体

验生活,亲近自然。修学旅行很受学生欢迎。

日本的修学旅行根据学习内容的不同被分成若干类别。比如历史学习,主要是参观历史遗迹,学习历史知识。这种旅行多去京都、奈良和东京等地,这些地方古迹多。还有体验大自然的森林修学旅行和农业修学旅行等。明治维新以后,日本将修学旅行列入教学大纲,明确规定小学生每年要在所在市做一次为期数天的社会学习,初中生每年要在全国做一次为期数天的社会学习,高中生每年则要在世界范围做一次为期数天的社会学习。修学旅行由学校组织实施,是日本小学、中学和高中教育的重要内容。自晚清开始,在西方文化的冲击下,中国学者逐渐意识到与西方文化的差异,开始向西方学习,政府不断派遣留学生前往发达的欧美等国深造。民国时期、许多有识之士开始把目光投向日本,纷纷前往日本进行学习。而日本的修学旅行教育思想也在这一时期传到了中国。

2. 中国近代留学潮

游学发展到近代,与古代的游学已不完全相同。人们更多使用"海外修学旅游"这一词,也就是所谓的"留学"。自鸦片战争以来,清政府奉行闭关锁国的政策,中国的领土开始被割裂,逐步丧失独立自主的地位。对此,清王朝被迫做出对外开放政策,特别是海外修学旅游政策的出台。这一举动造成一大波爱国知识分子和开明绅士开始放眼世界,学习西方科技文化,寻求救国之道的局面。近代的留学热潮主要经历了四个阶段:一是赴美留学。1872年8月,容闳率领中国第一批30名幼童乘船赴美学习先进技术。于是近代首批中国留学生之旅由此开始。二是留学日本。1894年甲午中日战失败以后,亡国危机激发了中华民族人民的觉醒。于是,清政府大力鼓励青年学子以及知识分子出国留学寻求民族振兴、国家富强的道路。一股留学日本的热潮便由此涌现。三是庚款留学。在中国"庚子赔款"后,美、英、法等国为了扩大其在华的影响,相继与中国签订协议,要求中国输送相应留学生。这一时期的留学形势造就了一大批出色的科学家涌现,成为中国现代科技事业的奠基人和开拓者。四是留法勤工俭学。五四运动爆发后各种新思潮涌入,在巴黎华法教育会与广安勤工俭学会的大力倡导下,出现了赴法勤工俭学的新留学潮流。这

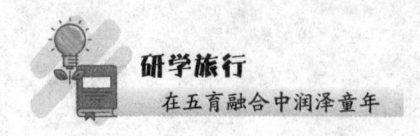

批留学生主要是以"勤以做工,俭以求学"为宗旨,在法国各地的学校和大工厂中边工作边学习,研究各种社会主义思潮。①

3. 陶行知与"新安旅行团"

陶行知是我国近代最具影响的教育家之一,他的生活教育理论包括三部分内容:生活即教育、社会即学校、教学做合一。其中"生活即教育"是生活教育理论的核心,本质是生活决定教育,教育改造生活。"社会即学校"就是把整个社会作为一个大学校,让社会的全部资源都为教育所用,让整个社会都担负起教育的职能。"教学做合一"是生活教育理论的教学方法论,强调教学、学习要和生活实践、社会实践相结合。陶行知的教育理论和教育实践至今仍然是研学旅行课程的基本理论基础。

1929年6月,陶行知为了实践他的生活教育理论,在江苏淮安创办了新安小学。学校成立后不久,随着日本对中国侵略的日益加剧,"生活教育"就变成了"抗战教育"。1933年10月,在时任校长汪达之的努力推动下,7名由学校供给伙食的学生组成的新安儿童旅行团开始了为期近两个月的修学旅行。陶行知专门给旅行团安排了行程,组织他们参观了商务印书馆,深入工厂和码头,参观了租界,凭吊了"一·二八"抗战纪念地,并且到上海各大中学校演讲,受到当时人们的热烈欢迎。新安儿童旅行团的成功,使校长汪达之产生了一个更宏大的计划,他要组织一个规模更大的旅行团,到全国各地,一边学习,一边做抗日救亡宣传工作,这就是后来的新安旅行团修学旅行。1935年10月,由14名学生组成的旅行团在新安小学礼堂举行了宣誓仪式,一个历时17年、行程5万里、蜚声国内外的修学旅行壮举就此开启。

新安旅行团的长途修学旅行是在国家危亡的特殊时期世界研学旅行史上的一次伟大壮举。在其艰苦旅行中,新安旅行团宣传了团结抗日的主张,促进了文化交流,验证了生活教育理论的科学性。②

(三)从学到研的当代研学旅行

进入21世纪以来,研学旅行已成为学校教育和校外教育衔接的创新形

---

①陈林,卢德生.我国研学旅行历史演变及启示[J].江西广播电子大学学报,2019,1:26—31.
②彭其斌.研学旅行概论[M].济南:山东教育出版社,2019.2.

式。它继承和发展了我国传统游学、"读万卷书,行万里路"的教育理念和人文精神,成为素质教育的新内容和新方式。提升中小学生的自理能力、创新精神和实践能力。其两大基本要素"研学"和"旅行",在研学旅行的开展过程中缺一不可,又不能简单相加,而是确保"研学"与"旅行"的一体化,实际实施时做到游中有学,学中又有研。

1. 研学旅行内容:从重知识拓展转为重能力提升

研学旅行发展到现在,研学内容已不再是早先的随意、松散,而变得有规划有主题,比如环保、科技、人文、自然、历史、文学、艺术、体育等研学主题。这些内容,在形式上还非常注重落地性,即与研学旅行基地、第二课堂展馆、红色旅游景区、知名院校、科研机构、工矿企业、大型农场等紧密结合,依据学生的年龄特点、兴趣爱好和综合能力培养目标,以学研结合的思维去引导参加研学旅行的学生,提高学生的主动参与性,使研学旅行体验直观化;在行为导向上,还十分注意在研学旅行中加入人文关怀,寓学于游,寓研于游,把研学旅行纳入社会综合素质教育范畴。

教师在研学旅行中结合研学旅行主题,丰富学生生命体验,增强学习兴趣,培养学生发现问题、探索问题和解决问题的意识和能力,鼓励学生大胆进行创新思维,将课堂所学的知识与研学体验、兴趣爱好等建立某种联系,为学生未来职业发展奠定一定基础。

丹尼尔·平克在《全新思维》一书中预测,21世纪是"创感时代",培养下一代的设计感、故事感、交响感、共情感、娱乐感、意义感十分重要,未来属于具有与众不同的创新思维的人。研学旅行让学生有机会走出学校,把目光从书本、课堂引向自然、社会,无疑会拓宽学习视野,学到书本上学不到的知识。有助于学生把学习与生活、与社会发展更好地结合起来,培养学生学以致用的能力;有助于学生更好地理解书本知识,懂得做人的道理,激发学生学习的兴趣和动力,促进能力的全面提升。

2. 研学旅行方式:以旅行为载体开展研究性学习

古人说的"读万卷书,行万里路",很好地诠释了研学旅行的方法途径。因此,现代人把研学旅行称作行走的课堂。它是借助社会资源,通过集体旅行的活动方式,为学生提供一个多渠道获取知识、并将学到的知识综合应用于实践的机会,以体验式学习的形式培养、锻炼、提升学生综合能力的一种教学组织形式。把旅行变成课堂,把世界当教材;行走成为主要的学习方式,探究成为主要的学习特点,合作成为主要的学习模式。这是对学校课堂教学形式的一种必要的补充、拓展和延伸。在研学旅行过程中,除了教材中学到的知识可以在真实的场景中得到运用,也可以通过观察、体验、尝试、探究、合作等多种学习形式,获得新的知识,促进学生个性化、自主性、综合性能力发展。

正所谓:纸上得来终觉浅,绝知此事要躬行。能力,来自实践。在研学旅行过程中,学生必须动手实践,在实践中探索,在实践中学会思维辨析,实践后通过总结提炼出知识,再经过下一轮实践形成新的"内在的能力",形成真正属于自己的能力。研学旅行活动的开展为学生打开了世界这本教材,让学生走出学校,走进社会,将课堂教学与课外活动有机连接,将知识学习与实践能力的培养有机结合,将动脑与动手有机结合,可以有效弥补课堂教学的不足,丰富教学方式、方法,促进学生解决问题的能力不断提升,综合素质获得发展。研学旅行开展的诸如社会调查、实验探索、实地考察等各种体验式活动,对学生的快乐成长具有重要的意义。

3. 研学课程实施:已形成四种研学旅行的成熟模式

研学旅行发展至今,其课程实施主要表现为四种模式:自然教育模式、文化考察模式、生活体验模式和交换学习模式。①

(1)自然教育模式。自然教育模式的研学旅行指的是为了发展学生的技能、知识和个人素质,由校方或民间机构开展的野外教育探险、自然历史古迹游学、自然中的动植物观察和景观观赏等活动所组成的学生旅行课程形式。该模式主张开放式教育,看重环境育人的效用。美国、日本、俄罗斯、马来西亚等许多国家将开展自然教育研学旅行作为校外教育的重要组成部分。

(2)文化考察模式。对学生而言,文化考察模式的研学旅行是一种合适的文化教育形式,从中可以让学生接触到他们平常可能并不会访问的地方和事

---

① 刘璐,曾素林.国外中小学研学旅行课程实施的模式、特点及启示[J].课程·教材·教法,2018,4:136-140.

物,在短期停留、考察中增长对各类文化的认识以提升文化理解力、包容力以及交际能力。该模式主张多元文化的交互教育,在日本、美国、韩国等国家,无论是历史、语言、地理、风土人情、饮食、生活和职业特色还是传统习俗、文学艺术、价值观念等,都可成为文化考察旅行的课题,着力拓宽学生的视野。

(3)生活体验模式。生活体验模式的研学旅行指的是为了满足学生学会动手动脑、学会生存生活的需要,由开发者整合旅游基地的现有材料,使学生能直接接触社会生活环境,从而为学生创造整体的、特别的生活教育体验的学生旅行课程形式。该模式有别于校内生活情境学习和校内实践活动,主张在真实情景中学习,在社会生活中实践,日本、罗马尼亚等国的教育者开发农场游学、职业体验、生存挑战等生活体验模式的研学旅行。

(4)交换学习模式。交换学习模式的研学旅行被认为是向全球学生提供最佳教育的一种方式。这种模式的研学旅行使学生实现城市互访和学校交流,利于建立跨地域、跨国籍的文化了解渠道以增进地区间语言、自然、人文沟通和学术交流,学生在其中得到多方面的综合体验。在日本等国家,交换学习模式具有良好的社会基础,可以通过目的地旅游部门安排与当地学校或社会等进行全面交流、合作与互动,实现综合性的研究性学习。

二、国外研学旅行的发展

从亚里士多德的颠沛历程到欧洲的大游学,再到近代的修学,国外的研学旅行也经历了一个发展过程。在现代社会,国外的研学旅行,尤其是发达国家的研学旅行,已经形成了较为完善的体系。

(一)亚洲国家研学旅行:政府高度重视

我国处在亚洲。在我们的邻国中,也有不少国家有研学旅行的规定,如日本、韩国、新加坡等国家,都有研学旅行的相关规定。

1. 日本的修学旅行制度最为完善

进入21世纪以来,重视校外教育成为世界范围内学校素质教育的重要趋势,越来越多的国家将研学旅行纳入了教育体制。在亚洲,日本的修学旅行制度最为完善,其最突出的特点就是政府高度重视。日本将修学旅行列入学术

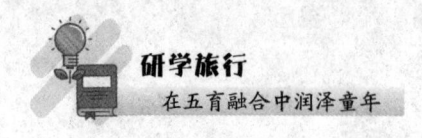

教育体系,给予了充分的财政支持和法规政策保障。研学内容从参观国家公园、访问历史古迹,到学习传统文化知识,涉及职业选择、自然体验、考察先进企业,甚至体验商人活动等等,涵盖了政治、经济、文化等各个领域。在修学旅行课程实施过程中,学校会依据学生的学段特点安排活动。

其中小学生主要就近参观名胜景点或是集体泡温泉;初中生不仅参观名胜景点,而且把教科书中出现的国会议事堂、东京塔等列为参观内容;高中生则倾向把学习目标定位在自然体验或了解过去战争的悲惨历史。另有不少学校尤其是私立学校,还会组织学生出国修学旅行,并将此作为特色写入招生简章。

自1946年日本正式将修学旅行纳入国家教育制度体系以来,至今日本从小学到高中修学旅行实施比例基本达到95%以上。随着国际交流的发展,日本修学旅行的线路也逐渐国际化,现在日本每年约有近200个学校、约4万名学生到中国修学旅行。

2. 韩国的毕业旅行是学生必修课

在韩国,几乎每个学生都参加过各种类型的研学旅行,其中具有教育特色的是毕业旅行。韩国教育部门将毕业旅行作为学生的一项必修课目纳入学分管理,学生只有参加并修够相应学分,才可以毕业。研学旅行除了鼓励该国学生以旅行的方式,了解本国的文化遗产,接受教育和影响。近年来其范围也开始不囿于本国内。

3. 新加坡的研学旅行是国民教育组成部分

新加坡拥有享誉全球的优质教育,多元的教育理念、多样的校园环境、丰富的教学活动是新加坡教育的特色。新加坡教育部对研学旅行这种学习方式也极为重视,通过有效地统筹管理和方向引领,研学旅行已成为新加坡教育体系的有机组成部分,帮助越来越多的学生从中受益。在新加坡,研学旅行是国民教育的重要组成部分。新加坡教育部要求所有公立学校都要定期带学生参加研学旅行,并且要求研学旅行与艺术、文化、科学、人格、体育和公民教育等课程相联系,同时需要中小学、高等院校等机构共同商议、设计、审查和修订教学大纲与教学材料,为学校有效实施研学旅行提供引导,加强学生在认知、情感、身体和美学领域的学习。①

(二)欧美国家研学旅行:发展更为成熟

在研学旅行的历史缘起中我们曾经介绍了亚里士多德的颠沛历程和欧洲的大游学,从中可见在欧美国家中,研学旅行有着悠久的传统。时至今日,欧美国家的研学旅行已经发展得十分成熟。

1. 美国的研学旅行重视满足学生兴趣

美国历来重视校外教育,对校外教育政府有政策导向和财政扶持。联邦政府和州教育主管部门与相关行业协会一起对校外教育进行监管。

美国家长较少有"望子成龙"的功利念头,孩子参加假期活动主要还是凭借兴趣爱好,所以研学旅行和夏令营、冬令营一样,为满足或培养孩子的兴趣爱好提供了多种多样的选择,是假期非常受学生欢迎的活动。

美国霍奇基斯高中曾组织10~12年级的学生去南极开展为期3周的探险之旅,学生们在南极半岛和周边岛屿观察鲸鱼、磷虾群,拍摄帝王企鹅、海豹、冰山的同时,听取随行的南极科考专家讲述生态学和当地历史。此外,不少美国高中生在假期里参加国内名校游,了解高校特色,为将来升学选择做准备。

2. 英国的研学旅行是人生必有经历

英国作为现代旅游业诞生地,一直以来就有崇尚研学旅行的风尚,被称为"大陆游学"(或译作"大游学")的"the Grand Tour",实际就是研学旅行。早在17世纪,英国王室就有教师带领王子们周游列国的先例;到了18世纪,这种游学普及到英国上流阶层;到了19世纪,倘若当时英国的青年学子,尤其是贵族子弟不曾有过海外研学旅游的经历,就会被人看不起。今天,很多英国家长会选择在暑假带着孩子一起旅行,有些没有家庭出游计划的学生也会参加学校组织的出游,在旅途中学习知识。由于欧盟国家间往来不需要签证,所以英国学生的境外研学旅游较之非欧盟国家的学生更为便利。

3. 芬兰的研学旅行已积累丰富课程经验

芬兰教育是全球最均衡、学生成绩落差最小的教育体制。因为连续多次在PISA国际学生评估项目成绩遥遥领先而受到全球的高度关注,芬兰俨然成

---

① 汪晨,钱旭鸯.新加坡:研学旅行的三种路径[J].上海教育,2019,24:33-36.

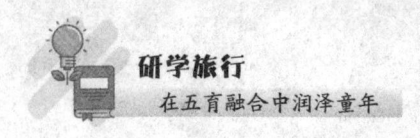

为国际教育界的一个标杆。芬兰人相信"大自然是最好的教室",学生在大自然中学习,更容易理解人与他人的良好相处、人与环境的可持续发展,实施多年积累了丰富课程经验的自然课程、森林课程、建筑课程、家政课程以及芬兰在新课改中重点推出的以"现象教学法"为引领的跨学科项目课程,兼顾了跨学科主题内容和教学过程,让学生综合不同学科的知识,在实践中运用知识、分析问题、解决问题,发展学生的技能,突显了以学生为中心的特点。

三、国内研学旅行的现状

在我国,以孔子为代表的儒家学派一直以游学为传统,并在历史的长河中,不断发展完善,知行合一已经成为我国的治学传统。新中国建立以后,也传承了这种注重实践的教学传统,作为学习的一个重要组成部分。

(一)国内研学旅行的兴起

中华人民共和国成立以来,一直提倡教育与劳动实践相结合。长期以来春游、秋游、远足、冬季越野等活动成为学校实践这一教育理念的重要模式。但真正具有现代意义的修学旅行活动是在改革开放以后才开始出现的。

改革开放以后,我国与世界各国的文化交流日益频繁,大量来自欧美、日韩、东南亚等国家的"修学旅行团"来华修学旅行,国内各大旅行社纷纷成立修学旅行接待部门。在接待国外的修学旅行团的过程中,各旅行社、各地景区、政府部门逐渐积累了大量的修学产品组合、组织接待和安全保障的宝贵经验。外来的修学旅行理念,也对国内的学生家长和教育及旅游业产生了重要影响。于是,研学旅游也悄悄兴起。1985年,北京正式接待日本修学旅行团,入境研学旅游开始形成,研学旅游作为一项独立的专项活动受到广大社会群体的关注,随后逐渐被大家所熟知和参与。

20世纪90年代,一些教育理念先进的学校开始组织学生修学旅行、出境游学,一些旅行社也适时推出了适合学生和学校需求的修学旅行产品,推动了该行业发展。进入21世纪,不少地方开始出现由政府参与的研学旅行活动。2000年,江苏省推出"教育旅行"计划,在全省高校、中学中广泛开展跨国界的出境研学旅游活动;2003年,上海成立了"修学旅行中心"并编制了《修学旅行手册》,联合江浙皖等地区打造华东研学旅游黄金线路;2006年,山东省曲阜市成功举办了中国第一个研学旅行节庆活动"孔子修学旅行节"。此后,曲阜、苏州、潮州、韶关等地相继提出打造"修学旅行品牌",上海市提出加快建设"国际修学旅行中心"。2008年,国家推行"国民休闲旅游计划"以后,广东省将研学旅行纳入中小学教学大纲。

2016年11月30日,教育部等11个部门联合印发了《关于推进中小学生研学旅行的意见》。《意见》明确指出,要将研学旅行纳入中小学教育教学计划。于是,各地纷纷开始进行研学旅行研究探索。又随着"80后""90后"逐渐加入家长行列,整个家长群体的教育观念获得革新。他们更加重视孩子综合素质的培养,对孩子参加研学旅行的意愿和支持都提升。这为研学旅行的发展带来了巨大的动力。

到现阶段,我国的研学旅行已包含了文化之旅、亲子体验、社会实践、营地教育、户外拓展、科学考察等多个领域,无论是家长、学生,还是老师;无论是各教育部门,还是社会各界,对其关注度都提升明显,国家政策支持力度也越来越大,发展良好。

总而言之,我国研学旅行虽然还处在发展的初级阶段,但是正呈现从无序松散到有序规范、从片面单一到全面丰富、从促进旅游发展的单一角度到全面提升中小学生综合素质教育的国家战略高度的一个整体发展趋势。

(二)国内研学旅行的特点

纵观我国当代的研学旅行,尤其是在进入21世纪以来,随着基础教育课程改革的不断深化,研学旅行呈现出如下几个特点。

1. **国内研学旅行属狭义概念范畴的研学旅行**

查阅相关文献,研学旅行的定义可分为广义和狭义两种。广义上的研学旅行泛指将教育与旅游相结合的所有旅游形式,以学习知识、增进阅历为目的,涵盖了修学旅游、科考、培训、拓展训练等活动,是人生时间和空间的一种延伸。狭义上的研学旅游是指以学生团体为主,根据学科教学需要、学生年龄特征和区域特色等方面组织的特殊旅行活动。旨在通过集体旅行、集中食宿等方式,在外拓宽视野、丰富知识、亲近自然,使学生达到提高自理能力、实践

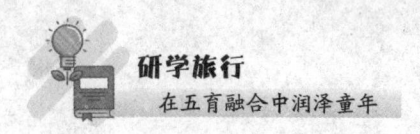

能力和创新能力的目的。

2014年4月19日,教育部基础教育一司司长王定华在第十二届全国基础教育学校论坛上发表了题为《我国基础教育新形势与蒲公英行动计划》的主题演讲。在会上,他首次提出了研学旅行的定义:学生集体参加的有组织、有计划、有目的的校外参观体验实践活动。王司长还针对研学旅行提出了"两不算,两才算"。"两不算"指课后的一些兴趣小组、俱乐部的活动,棋艺比赛、校园文化,不符合研学旅行的范畴;有目的、有意识的,作用于学生身心变化的教育活动,如果周末三三两两出去转一圈,那不叫研学旅行。"两才算"是指以年级为单位,以班为单位,乃至以学校为单位进行集体活动,同学们在老师或者辅导员的带领下一起活动,一起动手,共同体验相互研讨,这才是研学旅行。如果孩子跟着家长到异地转一圈,那也只是旅游;学生必须要有体验,而不仅是看一看、转一转,要有动手的机会、动脑的机会、动口的机会、表达的机会,在一定情况下,应该有对抗演练、逃生的演练,应该出点力,流点汗,乃至经风雨、见世面。

因此,我们认为,国内的研学旅行是由教育部门和学校根据区域特色、学生年龄特点和各学科教学内容需要,有计划地组织学生通过集体旅行、集中食宿的方式走出校园,在与平常不同的生活中拓宽视野、丰富知识,加深与自然和文化的亲近感,增加对集体生活方式和社会公共道德的体验,培养中小学生的自理能力、创新精神和实践能力的综合实践课程;研学旅行是研究性学习和旅行体验相结合的校外教育活动;研学旅行是培育和践行社会主义核心价值观的重要载体,是全面推进中小学素质教育的重要途径。它隶属于狭义概念范畴的研学旅行。

2. 研学旅行具备了综合实践活动课程的基本特征

研学旅行是我国近几年出现的一门新的综合实践活动课程,具有综合实践活动课程的基本特征。它是撬动我国素质教育的杠杆和实施新课程改革的突破口。

(1)研学旅行的主体具有自主性。学生是研学旅行的主体,在研学旅行活动中表现出较强的自主性。首先,学生是研学旅行活动的策划者。在研学旅行的过程中,学生会自发地生成兴趣,把需要解决的问题置于核心地位,会基于学校的实际和地区的资源进行自主选择与整合,进而确定活动主题,预设研学旅行内容。其次,学生是研学旅行组织过程中的管理者与承担者。学生会通过充分磋商来确定研学旅行路线的制定、经费的预算、规则与纪律、分工与合作以及出现的问题与解决。再次,学生是研学旅行过程的亲历者和体验者。当学生踏上研学旅行的征途,穿梭于理想与现实之间,他们会主动地去感觉、去思考,或激扬或沮丧、或觉悟或迷茫、或喜或悲,这种别样的生活与生命的体验能够让学生重新审视自我、塑造自我。

(2)研学旅行的内容具有开放性。研学旅行超越了教材、课堂和学校的局限,向自然、学生的生活和社会领域延伸与扩大,密切了学生与自然、社会的联系。因而,研学旅行的内容必然具有开放性的特征。由于在不同的时间和空间里呈现,即使同一研学内容也会呈现出更加丰富多彩的表现形式。随着活动的展开,学生会不时迸发出新的思想火花,生成新的主题和目标,从而使研学旅行的广度拓宽、深度延伸。在相同的研学旅行中,由于学生个体经验的差异而趋向各自感兴趣的认知场域,从而为学生的个性发展提供了开放的空间。概而言之,研学旅行使学生身处自然与社会之中,不断与自然和社会"沟通",使他们宽广了胸怀,丰富了见识。

(3)研学旅行的方法具有探究性。自主性较强的研学旅行,为学生提供了许多探究问题、解决问题的机会。在确定研学旅行主题时,学生首先遇到的问题就是如何选题,这就要求学生善于思考,积极捕捉来自身边的问题并进行界定、甄别、筛选和整合。学生需要对研学旅行可利用的课程资源进行分析、综合、比较与评估,以设定较为合理的研学旅行方案。研学旅行过程中随机生成的许多问题,可能会是学生不曾预料到的,故需要学生通过探索甚至试误加以解决。同时,无论是通过"温故"而获得的还是通过探索或试误发现的新知,都需要在研学旅行中再次验证。最后,经验证了的新知,再用于解决类似问题,会形成举一反三的体验等等。

(4)研学旅行的取向具有实践性。研学旅行本质上是实践的。在研学旅行中,学生想要探寻问题的答案,就需要提取先前储备的理性材料,用于理解

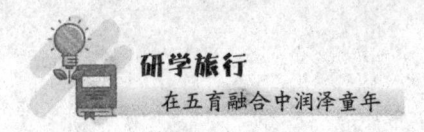

当下面临的感性材料,解决现实的问题,同时改造并重构自身的知识结构,由此使理性知识与感性知识紧密联系起来。可见,研学旅行使得学生有机会在纷繁复杂的背景下重新审视在课堂上学到的理性知识与客观存在的关系,并通过观察、访谈、操作、验证和体悟等方法,检验其真伪,对知识进行再次解读,直至"真知",从而达到思维与存在的统一。相对于课堂教学,研学旅行则更注重培养学生解决实际问题的综合实践能力,在一定程度上可以起到匡正当前学校课程过于偏重书本知识、偏重课堂讲授、偏重让学生被动接受学习的弊端,弥补学生经验狭隘、理论脱离实际的缺陷。①

3. 开始关注"知行合一"实现学生"主观愿景世界"

明代王阳明提出的"知行合一"的教育思想是现代研学旅行的理论依据和思想源泉之一。"知"即学生课堂所学并内化到其心中的知识。"行"具有两层面含义,即意念发动和亲身实践,主观思维发生活动,即可称之为"行",通过身体力行去感受亦称为"行"。"体悟"是对该内涵的另一种阐释,体悟即指在实践中找感觉、感悟,在行动中感受、探索,强调身体力行。"体"是一种感性,一种面向现实性的实践,是前提和基础,与实践层面对应;"悟"要求对真理的准确把握,对主观境界的关注,尤其对意义的展现与呈现,是核心和目的,与意念层面相对应。"行"即主观意念与客观实践相结合,个体通过亲身实践,将所感所悟内化于心,并进行主观层面的思维活动,这就是行。"知行合一"即将课堂所学知识内化到主体的认知结构中,并产生相应的思维活动,最终将其付诸实践的过程。

研学旅行课程将学科课程内容与课外真实情境相连接,学生将所学学科知识内化于心,形成自身的认知结构,并在研学主题相关活动中进行理论与现实的对照,发现理论的不足,利用现实的感受和经验去补充并完善所学理论。此外,学生在自然中探索,在社会中实践,在活动中学习,在运用所学知识的同时获得了知识课堂所缺失的真实情境体验,升华所学学科知识内容,进而达到对课堂知识的反思、巩固、运用与超越。

"生活世界"这个概念最早是由胡塞尔提出的,他把生活世界分为"日常生

---

① 丁运超.研学旅行:一门新的综合实践活动课程[J].中国德育,2014,9:12-14.

活世界"和"原始生活世界",前者是以知、情、意等知觉经验和各种趣味、情感、目的为主要内容的生活场所;后者则是主观的先验世界。胡塞尔所说的"回到生活世界"是指直接地回到日常生活世界,间接、最终回到原始生活世界。教育的本质功能是育人,实现个人价值,促进个体的全面发展。因此在教育教学中关注学生的主观精神世界极其重要。教育的对象是人,是现实生活中的人,而"人的本质是一切社会关系的总和"。因此,不管是学习生活还是社会生活,学生总要与其周围的人、环境产生交集。杜威从生活来看教育,陶行知从教育来看生活,他们都强调教育与生活相融相通。因此,教育回归学生的日常生活尤为重要。教育回归生活并不是回到原点,不是胡塞尔所说的客观的日常生活和先验世界,而是生成性、创造性、超越性的回归,是使教育世界获得更深刻的生活基础的回归,是融合了学生主观经验与客观实践的"主观愿景世界"。

研学旅行课程的最大特点是其学习情境的真实性,即在真实的自然情境中施行的课程,注重在生活中教育,在自然中教育,在社会中教育,主张教育教学要紧扣学生的生活。在具体的课程实施中,学生个体的主体性更受关注,其作为人的自我实现价值日益凸显。课程丰富了学生的主观精神世界,增加了其所必需的生活经验。研学课程学习的真实情境与学生个体性的发挥使得学生越来越趋向于"完满的人",即让学生个性得到极大的发挥。此种情况下,学生的"日常生活世界"与"主观精神世界"达到高度的融合与统一,学生的"主观愿景世界"得以形成。

(三)国内研学旅行存在的问题

随着国家和教育行政部门对研学旅行的日益重视,广大中小学纷纷组织开展研学旅行活动,由此也带来了一些问题。

1. 重游轻学,目标、主题模糊

研学旅行是带着教学目的的旅行,其主旨是研学。研学目的是否明确,直接影响着研学旅行教育价值的发挥。从课程与教学的角度来看,课程目的是课程的核心,它影响着课程材料的选择与组织、课程实施方案的拟定以及课程实施效果的评价。当前,虽然很多学校把研学旅行纳入综合实践课程体系之中,但缺乏对研学旅行教育价值的准确认识,对于研究旅行的教育意义、目标、

主题等缺乏系统的思考，把研学旅行等同于传统的春秋游、夏令营等，陷入了"游大于学""只游不学""重游轻学"的怪圈。甚至是一些花费巨大的海外游，也往往停留在"走马观花"式的参观校园、合影留念等表层活动上。

2. 规划随意，研学活动课程供给不足

研学旅行通过学生的身体力行、亲身观察和体验，让学生获得长足发展，它的成功开展须以精心的安排和规划作为前提。但在实际开展中，现有的主要研学旅行都仅仅是在一般旅游线路的基础上，增加了少量的研学、科技和教育元素。研学课程大多没有在定位上细化，缺乏针对不同区域、背景的中小学生群体做出差异性的设计，不能在深度上适应不同研学群体的受教育层次。很多已开设的研学项目形式多停留在参观、游览，或者把研学旅行等同于夏令营、冬令营，内容上也多是将普通旅行产品冠以"研学旅行"的名头，产品同质化严重，课程单一。

3. 学生主体地位与安全间的矛盾无法调和

大量的研究显示，出行安全问题是中小学生研学旅行过程中最重要也是最受关注的影响因素。中小学生尚未成年，自我安全意识和自我保护能力薄弱，在户外尤其是不熟悉的区域开展研学旅行，接触到的危险源和突发情况也相应增多，大大增加了带队老师安全监管的难度，成为研学旅行实践中最大的风险隐患。一些学校或者教育行政部门为了预防学生集体外出时出现意外，甚至发文停止开展研学旅行等校外实践活动，严重阻碍和制约了研学旅行的健康发展。也正是出于对安全的考虑，在研学旅行过程中，教师会对学生的活动提出不少限制，比如上厕所、睡觉等都需要向老师报备，不允许单独自由活动等，完全忘记了活动课程最显著的特征就是学生具有自主性，剥夺了学生的自主权利，研学旅行就丧失了活力，也失去了其特色。

4. 评价片面，模式单一

作为教育教学计划的一部分，研学旅行应做到活动前要有设计，活动中要有探究，活动后要有评价反思。但在实践中，往往会出现重探究轻反思、重活动轻评价的现象。如何评价研学旅行开展的效果、教学目标的达成程度以及学生的行为表现等，都是教师应考量的内容。但由于所制定的评价体系不够具体和完善,这些关键点很难被有效反馈,很多教师在开展完研学旅行后草草了事,有的甚至对此都不进行评价,从而使研学旅行的效果大打折扣。同时,教师往往对研学旅行过程中学生的参与度、组织能力、人际交往能力、实际探究能力等不能进行全方位地考察和评价,又或者教师被学生以往的行为表现所影响,对其评价带有主观色彩,从而使评价缺乏真实性和说服力。[①]

[①] 于书娟,王媛,毋慧君.我国研学旅行问题的成因及对策[J].教学与管理,2017,7:11-12.

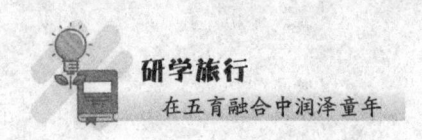

第二节

基础教育改革与发展对研学旅行的新要求

研学旅行并不是孤立存在的,而总是和一定时代对教育的要求密切相连。如果说古代儒家学派的游学关注的是让学生了解各地的政风民情,是推介自己的政治主张。那么近代陶行知先生的研学旅行则更多的是体现了他的生活教育理论,强调"社会即学校",强调教学、学习要和生活实践、社会实践相结合。显然,我们今天重新强调研学旅行,乃是在基础教育改革与发展的大背景下的又一改革举措。

一、我国基础教育改革与发展的趋势

改革开放以来,伴随着经济社会的发展,基础教育也以改革为发展的动力,从体制到结构,通过持续推进的改革行为,不断发展。

(一)改革开放以来基础教育发展的历程与成就

纵观改革开放以来基础教育领域的发展轨迹,大致可以分为四个阶段,每个阶段都有其独特的任务和目标。

1. 1978—1992年:激活教育发展动力,为"普九"打基础

1978年12月,党的十一届三中全会胜利召开,中国社会也由此走迈向了一个全面改革的新时代。教育同样迎来了发展契机。邓小平同志主动提出主抓教育工作,在其推动和领导下,我国改革开放以后的第一次全国教育工作会议于1985年5月召开。600多名教育系统的代表与党和国家领导人在这个会

议上讨论了《关于教育体制改革的决定(草案)》。会后即向全国发布了《中共中央关于教育体制改革的决定》(以下简称《决定》)。《决定》指出,改革管理体制,在加强宏观管理的同时,坚决实行简政放权,扩大学校的办学自主权。在基础教育管理的问题上,明确指出实行基础教育由地方负责、分级管理的原则,是发展我国教育事业、改革我国教育体制的基础一环。基础教育管理权属于地方。在这个文件的指导下,基础教育阶段的办学获得了强劲的发展动力,几年的时间里我们国家就逐步形成了"村村有小学,乡乡有初中"的基础教育基本布局形态。1985年到1992年,短短7年间,社会各方面集资办教育就达1062亿多元,基本消除了农村中小学的破旧危房,明显改善了办学条件,为推进基本普及九年义务教育和基本扫除青壮年文盲打下了坚实的基础。

2. 1993—2000年:扩张教育发展规模,实现"普九"任务

1993年2月,中共中央、国务院颁布了《中国教育改革和发展纲要》(以下简称《纲要》),绘制了90年代和21世纪初我国教育发展和改革的蓝图。1994年6月,中共中央、国务院在北京召开了改革开放以来的第二次全国教育工作会议,进一步动员全党全社会认真实施《纲要》,自此,中国基础教育领域又多了"两基"这样一个独特的说法,即基本普及九年义务教育和基本扫除青壮年文盲。1994年7月,《国务院关于〈中国教育改革和发展纲要〉的实施意见》发布,明确提出到2000年全国要基本普及九年义务教育(包括初中阶段的职业教育),即占全国总人口85%的地区普及九年义务教育。初中阶段的入学率达到85%左右,全国小学入学率达到99%以上。并根据地区实际情况,提出了分地区的"三步走"的实施方法。在基本"普九"的任务催动下,中国基础教育发展走向了扩大学校数量和规模,提高小学和初中入学率的发展轨道,让所有孩子都能有学上的梦想催动着中国基础教育的规模不断扩大。2001年1月1日,国家主席江泽民在全国政协新年茶话会上的讲话中向全世界庄严宣布:我国如期实现了基本普及九年义务教育和基本扫除青壮年文盲的战略目标。以"普九"为核心任务的基础教育发展告一段落。

3. 1999—2010年:优化教育发展结构,实施素质教育

随着基础教育规模迅速扩张,发展不均衡、布局不合理、比拼升学率和应

试教育倾向严重等问题成为基础教育进一步向前发展必须跨过的障碍。由此,优化基础教育发展的结构,提高基础教育质量成为发展面临的首要问题。

1999年6月,改革开放后的全国第三次教育工作会议召开。会议期间发布了《中共中央国务院关于深化教育改革,全面推进素质教育的决定》(以下简称《素质教育决定》)发布。素质教育成为响彻中国基础教育领域的最强音。在素质教育的总体要求下,基础教育领域中的教师队伍、课程体系、教学模式等主要指标都开始了调整。其中最为集中的调整工作体现为基础教育课程改革。《素质教育决定》中将课程改革作为实施素质教育的重要条件单独提出,并提出了"调整和改革课程体系、结构、内容,建立新的基础教育课程体系"的总体要求。2001年6月教育部印发了《基础教育课程改革纲要(试行)》的通知。自此,中国基础教育进入了实施素质教育和新课程改革为核心的发展阶段。同年,国务院又颁布《关于基础教育改革与发展的决定》。随后,地方上基础教育的学校布局调整、标准化学校建设、寄宿制学校建设、教育均衡发展等政策和措施陆续推出。这些政策措施在整体上对基础教育的人、财、物、学校布局、学校类型等各要素和结构进行了有效的优化调整。

4. 2010年至今:顺应人民需求,办人民满意教育

2008年,温家宝总理在十一届全国人大政府工作报告中再次明确提出"办好人民满意的教育"。此后,学术界和一线教育工作者开始密集地就"办好人民满意的教育"展开研究、探索和尝试。办好人民满意的教育逐步成为中国基础教育发展的核心任务。2010年7月,改革开放后的第四次全国教育工作会议在北京召开,随后发布了《国家中长期教育改革和发展规划纲要(2010—2020年)》(以下简称《规划纲要》),对中国未来10年的教育发展做出了基本规划。温家宝总理在会议中指出,教育发展要顺应人民群众对接受更多更好教育的新期盼,我们一定要解决好教育领域人民群众最关心的突出问题,办好人民满意的教育。《规划纲要》的制定和实施只是一个新的起点,办好人民满意的教育任重而道远。2012年党的十八大报告更是以"努力办好人民满意的教育"为标题阐述了党的基本教育主张。中国基础教育发展进入了以人民满意的教

育为核心的发展阶段。①

(二)基础教育改革和发展的未来走向

今天,中国的社会主义特色道路建设已经进入了新的历史时期,基础教育的改革与发展也同样如此,面临着新的发展走向。

1. 学生全面发展将成为课程开发目标

马克思主义人的本质理论中所说的人,是现实的人、具体的人、实践的人。人是社会实践的主体,既被现实社会所塑造,又在推动社会进步中实现自身发展。建设什么样的社会、实现什么样的目标,人是决定性因素。关于人的发展问题研究,既是一个历史和时代命题,也是马克思主义哲学的一个根本问题。如费尔巴哈所说,人的本质是"哲学上最高的东西"。人的发展的最高境界是人的自由全面发展,是人的本质的真正实现。共产主义社会是"以每个人的全面而自由的发展为基本原则的社会形式"。习近平总书记强调的必须坚持以人民为中心的发展思想,特别是多次深刻指出要"不断促进人的全面发展"。这是对马克思主义"人的全面发展"理论的继承和发展,是习近平新时代中国特色社会主义思想的重要内容,也是实现中华民族伟大复兴的根本之所在。实现人的全面发展,是马克思主义追求的根本价值目标,也是共产主义社会的根本特征。马克思主义关于人的全面发展,强调的不是片面的发展、畸形的发展、不自由的发展、不充分的发展,而是全面的发展、和谐的发展、自由的发展、充分的发展。在马克思主义看来,人的发展不仅是社会发展的内在要求,而且是社会发展的最终体现。因此,以学生发展为本,注重全面发展与个性差异相统一的课程开发,会是基础教育改革和发展的未来趋势之一。在课程开发时,我们要把学生的发全面展作为课程开发的着眼点和目标,关注学生发展与学科体系、社会需求的关系,学生与教师的关系,即主体与主导的关系,智能发展与知识传授的关系和智能发展与人格发展的关系。开发的课程将更注重实践体验,体现综合化、个性化、多样化等特点。

---

①杨清溪.合理发展:基础教育发展新路径研究[D].长春:东北师范大学,2015.6.

2. "互联网+教育"将成为新型教育形态

首先,"互联网+"让教育从封闭走向开放。"互联网+"打破了权威对知识的垄断,让教育从封闭走向开放,人人能够创造知识,人人能够共享知识。在这样的大背景下,优质教育资源通过互联网连接在一起,使得人们随时、随事、随地都可以获取他们想要的学习资源。这样的便利使学生更易具有主动吸取知识的要求和愿望,并能付诸日常生活实践,独立自主学习,自我组织、制定并实施学习计划,调控学习过程,并对学习结果进行自我评估。这无疑是学习方法上的一种革命变革。同时,由于互联网极大地放大了优质教育资源的作用和价值,从传统一个优秀老师只能服务几十个学生扩大到能服务几千个甚至数万个学生。而因为互联网"联通一切"的特性让跨区域、跨行业、跨时间的合作研究成为可能,这也在很大程度上规避了低水平的重复,加速了研究水平的提升。在"互联网+"的冲击下,传统的因地域、时间和师资力量导致的教育鸿沟将逐步被缩小。

其次,"互联网+"技术带来教学方式变革。一是基于人脸识别的魔镜系统:"魔镜系统"主要利用人脸表情识别等技术来判断学生上课时的举手、练习、听课、发言等课堂状态,生成专属每一个学生的学习报告的人工智能辅助教学系统。二是基于语音技术的教学:借助"互联网+"的语音识别、语义理解、自然语言处理等技术,来帮助用户提高口语能力。语音技术不止可以用在英语口语教学上,未来外语、普通话、播音甚至演讲教学都可应用语音技术来提供类似服务。三是基于机器视觉的自动批改:利用"互联网+"技术,学生只需对自己的作业拍照,便可以完成文字的上传和识别,并获得即时反馈。可以预见,未来学生手写的作业、试卷的批阅都会更多地应用"互联网+"技术,进而降低老师的重复劳动,同时也让学生的作业得到更精准的反馈。四是基于大数据的自适应学习:学生负担大,原因之一是要进行许多重复知识点的学习,事实上学生能力不同,并不需要一样的课程进度。通过图像识别、表情识别等手段收集学生学习大数据后,就可以针对学生提供个性化的教育,包括课程和练习。

3. 评价将借助互联网技术实现智能化

其一，动态的过程性评价　在进行线上学习时，教师可以利用"魔镜系统"的人脸表情识别等技术来判断学生上课时的举手、练习、听课、发言等课堂状态和面部情绪变化，生成专属每一个学生的学习报告；可以通过图像识别技术实现作业自动批改；还可以通过图像识别、表情识别等手段收集了学生学习大数据后，针对学生提供个性化的教育，让学生可以获得更适合自己的学习模式，不受年龄、班级限制。不仅如此，借助"互联网+"技术，还可以把学生平时完成的作品、获得的奖状、学习的体会、参加活动的照片等都输入相应平台，让学生在展示自己学习成果的同时也让属于自己的学习表现信息进入大数据库。因此，通过大数据既能实现学生学习过程中学习表现的资料积累，即过程性评价，同时又能看到每个学生素养的个性化特点和个性化的学习需求，实现量化和质性评价相结合。而随着学生学习的不断深入，搜集记录的数据不断更新，学生的发展变化就清晰可见。也随着时间推移，搜集记录数据越来越丰富，对学生作出的评价越来越客观全面、科学合理。

其二，智能的大数据分析　互联网+技术的发展日新月异。随着时间的推移，其与教育的融合度也越来越高，不仅实现常态化应用，还能达成全方位创新。到那时，它对大数据的分析、理解、处理等的智能化水平也会越来越高。以"魔镜系统"为例，它通过人工智能技术取代老师的眼睛和耳朵，收集课堂数据，能更有效、更精细、更准确地把握课堂每一个学生的学习状态，能判断一个学生的能力和兴趣。未来它还可以结合大数据分析给老师智能课程推荐、提示需特别关注的学生、提示哪些授课环节容易让学生走神这样的辅助服务。而正在研发的智能批改作业机器人目前已经实现了作业自动批改的四大关键技术(题目切分、答案匹配、手写识别和语义理解)的突破。可以预见，未来学生手写的作业、试卷的批阅都会更多地应用机器视觉技术，进而降低老师的重复劳动，让老师专注于教育本身，同时也可以让学生的作业得到更精准的反馈。所以，我们可以想象，利用"互联网+"技术完全可以达到令人意想不到的智能化效果。

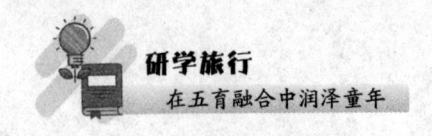

(三)基础教育改革与发展面临的严峻挑战

基础教育的发展前景是美好的,然而,在发展的过程中也面临着严峻的挑战。这种挑战是多方面的,既有宏观层面的,如体制与机制的适应性挑战;也有中观层面的,如课程等;还有微观层面的,如教育的方式、手段等。从区域推进研学旅行的视角来看,主要有以下三个方面的挑战。

1."互联网+"技术对新时期基础教育带来的冲击

随着大数据、人工智能、VR等新技术新业态的出现,教育信息化正在进一步从理念走向深度实践。这意味着现代化的教育信息技术将对传统的教育思想、教育观念、教育模式、教学形式、学习方式等产生巨大的冲击。教师作为教育教学的一个不可或缺的重要因素,无疑是这波冲击力主要承受者。于是,微课制作、网课直播、数字化智能平台使用、线上教育活动设计、作业批改与反馈、线上评价操作……所有这些都成为当下教师亟须学习的内容。各个教师培训部门应针对教师的现实需求,组织开展各种形式的培训,以助力教师尽快转变教育观念,自如将"互联网+"技术融合到教育教学中去,让自己成为推进教育信息化的主力。

2018年4月,国家教育部发布《教育信息化2.0行动计划》,提出以人工智能、大数据等新兴技术为基础,依托各类智能设备及网络,积极开展智慧教育创新研究和示范,推动新技术支持下教育的模式变革和生态重构。实践证明,教育信息化的推行实施依赖于丰富的信息化资源、先进的信息化技术服务和较大额的经费保障。要实现《教育信息化2.0行动计划》目标,还需要地方各级教育行政部门要进一步健全教育信息化工作领导体制,整合教育系统专业机构的力量,充分利用相关企业专业化服务的优势,探索和建立便捷高效的教育信息化技术服务支撑机制。各地将教育信息化作为重要指标,纳入本地区教育现代化指标体系。全面开展面向区域教育信息化的督导评估和第三方评测,提升各地区和各级各类学校发展教育信息化的效率、效果和效益。另外,还要加大教育信息化经费投入力度,将教育信息化2.0行动计划与"互联网+"、大数据、云计算、新一代人工智能等工作统筹推进。要充分发挥政府和市场两个方面的作用,积极鼓励企业投入资金,提供优质的信息化产品和服务,实现

多元投入、协同推进。

2. 综合实践活动课程开发对教师课程创生力的要求

由于我国地域辽阔,各地历史、人文、自然等方面都存在较大差距,教育发展水平也参差不齐。国家课程和地方课程研发的主体是从较宽泛的层面去考虑,不太适合地域的差异性,如果搞一刀切,在实际中无形拉大了各地教育水平的差距,同时由于其周期的漫长也不利于知识的更新。而基于地域特色进行的综合实践活动课程开发,在国家课程和地方课程的基础上,充分利用身边的资源,最大限度建构了真实的教育经验情境,调整和拉近了教育理想和教育现实之间的距离,满足了课程发展的现实需求,可以弥补国家和地方课程的局限性。它代表着我国基础教育领域课程体系结构性的突破。

按照古德莱(Goodlad, J. I.)的课程观点,课程开发是一个连续的动态过程。任何国家开发的课程计划只有通过教师在学校中的教学活动才能体现,学校和教师有权参与课程研制。[1]综合实践活动课程从本质上属于活动课程,强调学生从活动、经验、行动中学习,有时也被称作"经验课程";是一种独立于"学科课程"之外的课程形态。因此,综合实践活动课程开发过程中对教师的课程创生力有更高的要求。它要求教师在和学生互动的过程中不断将自己的个性体验融入实践中,并碰撞生成动态的教育经验。教师在参与课程发展的全过程中,课程意识逐步加强,课程能力得到提升,创新意识得到发挥,同时教师的课程素质又间接影响他的课程实施效果。而对于学生而言,他们在参与的过程中充分发挥了主动性和创造性,不再是课程的被动接受者。在创生的过程中,他们的个性和人格获得了发展,同时也建立了平等、民主的师生关系。师生双方在深度体验和创造过程中,构建了和谐的课程体系。

因此,教师具备课程创生力,这是综合实践活动课程开发的要求,也是促进教师专业发展和实现学生的个性化发展的要求。

3. 基于"互联网+"技术的新教育形态对评价改革的挑战

未来几年,推动中小学教育评价改革,将成为提升教育教学质量、促进素

---

[1] 郑淑琼,牛志鹏.学校课程创生:课程变革困境中的新出路[J].江苏教育学院报(社会科学),2012,6:7-9.

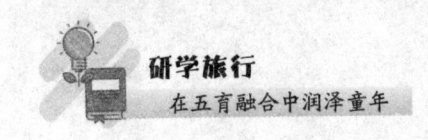

质教育深入发展的关键发力点。"互联网+"与教育深度融合后,各种借助互联网平台进行的"云学习""云活动""云实践"等线上教育就成了一种常态化教育形态存在。由此,教育教学评价变革也面临着挑战。

首先,对学生的评价须改变传统的评价习惯,要把学生参加的"云学习""云活动""云实践"都纳入学生评价范围中,合理利用"互联网+"技术,以促进学生全面发展为着眼点,从学生的道德品德、身心发展、学业水平、实践能力、兴趣特长和学业负担等多个方面进行综合思考,线上线下同步进行评价,达到两者互为补充又相辅相成的评价效果。同时应建立开放、宽松的评价氛围,鼓励学生、同伴、教师、家长、活动导师等共同参与评价,实现评价主体的多元化,并动态化管理评价内容,使基于大数据获得的评价更科学,能更好地促进学生发展。

其次,由于线上教育老师不在学生身边,这在考验学生学习自觉性的同时,也对广大教师提出了新的要求。如,亟须提高"互联网+"技术的运用能力、线上教育教学活动设计能力、在线上调动学生学习兴趣和学习主动性的能力等。这些要求对教师教学能力的重新界定、学校教学工作的管理无疑将带来巨大的冲击。所以,原有的评价已不能更好地促进教师的发展。要使教师的教真正服务于学生的学,必须要重视教师在自我教育和自我发展中的主体地位,强调以自评的方式促进教师教育教学反思能力的提高。同时也倡导借助互联网平台建立教师、学生、家长和管理者共同参与的、体现多渠道信息反馈的教师评价制度。

二、教育走向立德树人

为深入贯彻党的十九大精神和全国教育大会部署,加快推进教育现代化,建设教育强国,办好人民满意的教育,深化教育教学改革、全面提高义务教育质量,2019年6月23日,中共中央、国务院印发了《关于深化教育教学改革全面提高义务教育质量的意见》(以下简称《意见》)。《意见》指出:义务教育质量事关亿万少年儿童健康成长,事关国家发展,事关民族未来。要坚持以习近平新时代中国特色社会主义思想为指导,全面贯彻党的教育方针,落实立德树人根本任务,遵循教育规律,强化教师队伍基础作用,围绕凝聚人心、完善人格、开发人力、培育人才、造福人民的工作目标,发展素质教育,培养德智体美劳全面发展的社会主义建设者和接班人。

这是新中国成立以来中共中央、国务院印发的第一个聚焦义务教育阶段教育教学改革的重要文件,是新时代我国深化教育教学改革、全面提高义务教育质量的纲领性文件。这意味着我们的教育改革发展进入了一个新时期。

(一)以人为本是教育之根本

教育问题的核心是"为谁培养人""培养什么人""怎么培养人"的问题。其中,"培养什么人"更为根本,因为它内在地规定了"如何培养人"。

我们要培养什么样的人?要回答这个问题,我们必须先回答教育的目标是什么。只有明确了教育的目标,才能明确我们需要培养什么样的人,然后才能明确需要培养学生什么样的核心素养。

然而,教育目标似乎并没有被清楚地定义过。如果你去问一位从事教育或与教育相关工作的人,要达到什么样的教育目标,很可能得不到满意的答复。他会回答很多与教育目标相关的事,但是他不能给出一个明确的清楚的定义。他甚至会认为这是不言而喻、无须回答的。或者认为根本就没有一个准确的答案,是仁者见仁、智者见智。正因为我们对教育目标的不够明确,导致我们对将要培养的学生的素养也含混不清。于是最可靠、便捷的方法就是用一张试卷来评定学生,分数高者判为优秀。

那么,今天我们的教育目标是什么呢?根据马克思主义关于人的全面发展学说,党和国家制定的教育目标是以社会发展需要与受教育个体发展需要相结合为基点的。也就是说我们的教育目标既要满足社会发展需要,又要符合受教育者个体发展的需要。然而这两种需求何者为先、何者为后,正是不同教育理论的分水岭。

美国的教育家杜威认为生长就是教育。除掉个体的生长,教育没有目标。教育就是为了个体的自由生长。有了个体的自由生长,才会有社会的自由发展。任何不把人放在第一位的教育都是以人为工具的教育。

2001年1月23日,美国总统布什向国会提交了上任后的第一份立法协议

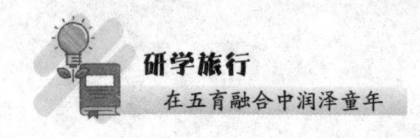

《不让一个孩子掉队》。这份协议在2002年1月8日通过（107-102号法案）。这份法案的前言中指出："联邦政府在教育中的作用不是为体系服务，而是为了孩子。"这是一个既文明又进步的教育理念。社会发展的需要固然重要，但是必须以个体发展需要为前提。把社会发展的需要凌驾于个体发展的需要之上，只能对个体发展形成阻碍和损伤。

我国基础教育长期以来受苏联教育的影响。在教育目标上一直把社会发展需要放在首位。教育沦为选拔人才的工具。随着社会的进步，人们渐渐认识到这种所谓的精英教育实质上是把人工具化的教育。人沦为社会发展的工具。教育必须回归它的本质，必须坚持培养人、发展人，以人为中心，把每个人的发展视为教育的根本。

（二）立德树人是教育之根本任务

立德树人！为何要"立德"？司马光在资治通鉴中说："才者，德之资也，德者才之帅也。""是故才德全尽谓之圣人。才德兼亡，谓之愚人，德胜才谓之君子才胜德，谓之小人。樊许人之术苟不得圣人君子而与之，与其得小人不若得愚人。何则？君子邪才以为善者，善无不至矣。挟才以为恶者，恶亦无不至矣。愚者虽欲为不善，智不能周，力不能胜。譬之乳狗搏人，人得制之。小人智足以遂其奸，勇足以决其暴，是虎而翼者也，其为害岂不多哉！"可见古人认为德育先于智育。蔡元培在《对于新教育之意见》中指出："教育而至于公民道德，宜若可为最终之鹄的矣。"

民间有句古话也说：先成人，后成才。成人是站在个体的角度指出受教育者成为一个独立健康有着优秀品质和良好道德感的人。成才是站在社会发展需要的角度指出受教育者应当成为社会的栋梁，有益于社会。成人与成才其实就是德育和智育的问题。孔子说，学有余力，然后学文。即是指先德育，学会了为人处世，然后再智育，去学文化。

可见，公民的品格和道德决定其世界观、价值观和人生观，是每个人的立身之本，也是一个社会发展的基石。

进入新时代，坚持中国特色社会主义教育发展道路，坚持社会主义办学方向，以凝聚人心、完善人格、开发人力、培育人才、造福人民为工作目标，培养德智体美劳全面发展的社会主义建设者和接班人,成为教育工作的根本任务,也是教育现代化的方向目标。特别是以习近平同志为首的党中央带领中国人民走进新时代,走上两个一百年的圆梦的新征程,走向民族伟大复兴的时刻,全面贯彻教育方针,坚持立德树人,着力培养担当民族复兴大任的时代新人,成为教育的根本任务。

那么作为教育的初心和使命,"立德树人"该立的是"何德"呢？首先,要明确传统美德是根基。面对多元文化的冲击,特别是西化思想的侵蚀,年轻一代对民族传统文化淡忘。因此,在教育中应立根几千年积淀下来的优秀中华传统美德,让中华传统美德得以传承和发展,融入时代文化发展中。其次,要明确世界文化是发展。要有开放的心怀和眼界,能够了解、理解、欣赏、学习、吸纳世界文化中的精髓、优秀品质,培养具有世界眼光的中国人。最后,要牢记社会主义核心价值观是关键。把培育和践行社会主义核心价值观融入国民教育全过程中,倡导富强、民主、文明、和谐,倡导自由、平等、公正、法治,倡导爱国、敬业、诚信、友善。如此方为"立德"！有德,方可成为担当民族复兴大任的时代新人。

三、研学旅行：实现五育融合的新载体

2014年4月,教育部基础教育一司司长王定华首先提出了研学旅行的定义:研究性学习和旅行体验相结合,学生集体参加的有组织、有计划、有目的的校外参观体验实践活动。它拓宽视野,丰富知识,培养自理能力和创新精神,加深与自然和文化的亲近感,增加学生对集体生活方式和社会公共道德的体验。研学旅行继承和发展了我国传统游学"读万卷书,行万里路"的教育理念和人文精神,成为素质教育的新内容和新方式。不难发现:研学旅行是一种融体验性、社会性、生活性、教育性为一体的综合实践活动。它打破了固有的教育边界,让学生走进自然、亲近自然,走向社会、了解社会,从而达到以"行走"促"体验"、以"研学"促"发展"的目的。

(一)研学旅行拓宽了教育的开放性

文艺复兴时期,人文主义教育家拉伯雷反对经院派的教育方式,主张受教

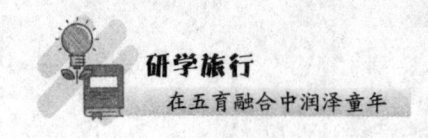

育者应该走到大自然当中,直接学习自然知识。他要求教师指导儿童在大自然中研究天文学知识,在田野里学习植物学,在草地上观察一草一木,"做到没有一处海洋、河流和泉水里的鱼类你不知道。天空中的飞鸟、森林里或果园里的一切灌木和乔木,生长在地面的各种矿产以及世界东方和南方可以见到的各种各样的宝石,所有这一切你都应该知道。"这种教育方式就是通过把教育的场所由封闭的学校引向开放的大自然,观察、认识并体验大自然中的一切。这种教育方式是灵活的,也是符合儿童身心特点的。

捷克著名教育家夸美纽斯,是西方自然主义教育的系统构建者,他主张教育应该符合一种"自然适应性"原则,认为儿童的成长如同自然界的植物、动物一样,要顺其自然,符合自然的规律。他指出,人所应该学的必须通过实践来学会,也就是不停地去实践并重复,才能真正学到东西。因此,那种灌输型的教育就是违背了知识传授的规律。他主张,旅游与体验的教育方式是一个人从小到大都非常重要的学习方式。因为,通过旅游体验,学生可以了解并探索自然本质以及人类所创造的事物的规律与特点。

卢梭是自然主义教育的代表人物之一,主要是从人的自然本性出发,强调顺其自然与主体的自由性。他要求培养自由、独立发展的人,要求从实践中学习和向自然学习,其核心是"归于自然"。正如康德所说,卢梭发现了人的内在本性。卢梭的教育观注重从人的直观性出发,反对死记硬背与强硬灌输,主张减少不必要的人为因素,要求受教育者应走向大自然、走向社会,对自然万物进行直接的接触与观察。他自己晚年的隐居生活,每天去大自然中观察植物,获取植物学的知识,堪称自然主义教育的典范。

由此可见,把教育引向开放的大自然应该是教育发展始终坚持的一个原则。这种教育观点所倡导的受教育者走向大自然、顺其自然本性而教育的理念是现如今研学旅行活动所思考并且遵循的。

很显然,研学旅行也是一种自然主义教育。它是把教育的场所由封闭的学校引向开放的大自然,让学生能够在自然课堂里打开五感,充分调动"视听触味嗅"观察、认识,并体验大自然中的一切。所以,研学旅行收获的不只是自然景观、历史遗迹、社会面貌的实地了解,更多的是一种生活体验、文化交流和个人精神成长。它打破了传统学科的限制,能让学生的实践能力和综合素养得到全方位的锻炼。这种教育方式是开放的、灵活的,也是符合学生身心特点的。

(二)研学旅行让教育回归了学生的生活世界

如果说自然主义教育是研学旅行教育的原则的话,那么生活教育理论则指明了研学旅行的教育内容以及教育手段。倡导生活教育最著名的莫过于陶行知先生了。就教育的内容而言,所谓的生活教育就是生活中的一切都可以作为教育的内容,教育是为了生活,怎么样生活就怎么样教育。正如陶行知指出的:"马路、弄堂、乡村、工厂、店铺、监狱、战场,凡是生活的场所,都是我们教育的场所。"把教育放在广阔的生活场景中,让学生到广阔的生活中体验,"以青天为顶,以大地为底,以二十八星宿为围墙,人类都是同学"。而研学旅行极好地践行了陶行知这种行知合一的教育思想。

苏联的苏霍姆林斯基也提倡教师要从生活世界的角度去教育学生。他认为:"智育是一种复杂的过程,它包括形成世界观信念,使智慧富于思想方向性和创造方向性,而这又跟校内教学教育过程与校外社会生活和谐结合起来的那种个人的劳动和社会积极性处于紧密统之中。"因此,学生要从劳动、自然、旅行与游戏中获得教育。

生活教育理论对我们开展研学旅行活动的启发是重要的。可以说,我们现在之所以要在中小学生中推行研学旅行课程,把研学旅行纳入教学计划中,就是为了强调教育理应回归生活世界,教育理应面向生活、服务生活,让学生从生活中获得新知。我们不仅需要知识的教育,更需要生活的教育;我们不仅需要在书本上学习知识,更需要从各色生活中习得知识,得到情感的陶冶、素质的提升。教育是生活的一部分,生活是最好的教育。

研学旅行让学生走出学校,走近社会,走入生活,亲身体验社会环境的变化,动手实践提升自我能力,成为懂得规矩、遵守规则、服务社会的真正的人。

社会是一个活生生的大学校。研学旅行不仅可以开阔学生的视野,帮助他们更好地了解自己的家乡与祖国,激发孩子热爱家乡、热爱祖国的情感,而且可以使孩子对书本所学知识有更为直观深刻的认识与了解,将知识生活化,

更好地将书本生活与生活实践融合在一起,同时能培养孩子的文明旅游意识与文明旅行习惯,使他们通过研学旅行的方式来掌握知识,满足了孩子的好奇心,充分激发他们的探究欲和学习兴趣。不仅如此,研学旅行还可以通过集中食宿等方式培养孩子团结合作意识与责任意识,丰富孩子的集体生活方式,提高孩子的观察能力、口语交际能力、理解能力与实践动手能力。

所以,研学旅行是将课堂开到了生活实践现场,将教育回归到了广阔的生活世界,让学生们在其中体验生活命题,经受生存考验,融入生命进程,感受生活实践,丰富人生体验,促进全面发展。真正实现了让学生在实践中接受教育,在行动中展开学习,在体验中获得成长。

第二章 阐释：研学旅行的区域架构

　　我区是杭州市的中心城区，东南面濒临钱塘江，中南部夹枕凤凰山和吴山，西面紧贴世界著名旅游胜地西湖。这种得天独厚的地域优势，使她自古至今皆是杭州的繁华之地，成为杭州经济社会活动的中心。区域内景致迷人，环境优良，设施齐全，是旅游休闲的好地方。如果说杭州是中国历史文化古都，那么上城区则荟萃了其中的精华。区域内名胜古迹星罗棋布，历史文化底蕴深厚，现有国家级文物保护单位6处，是体现杭州历史文化名城的主要区域。尤其是南宋皇城就在我区之内，文化底蕴深厚，人文资源丰富，具有开展青少年研学旅行活动的良好基础。

第二章 阐释:研学旅行的区域架构

第一节

区域推进研学旅行的价值定位

任何教育活动,都有其特定的价值取向,研学旅行也不例外。我们在对区域推进研学旅行的设计中,首先就进行了价值定位的思考,以体现出我们的教育理念或者研学方式的目标和导向。据此,我们确定了以五育融合、知行合一、促进成长作为区域推进研学旅行的价值定位。

一、五育融合:区域推进研学旅行的价值追寻

近代教育家蔡元培先生在《对于教育方针之意见》中以人体为喻,提出了"五育"并重,融合发展的思想。1999年,《中共中央、国务院关于深化教育改革,全面推进素质教育的决定》指出:"实施素质教育,必须把德育、智育、体育、美育等有机地统一在教育活动的各个环节中。学校教育不仅要抓好智育,更要重视德育,还要加强体育、美育、劳动技术教育和社会实践,使诸方面教育相互渗透、协调发展,促进学生的全面发展和健康成长。"2019年,中共中央、国务院出台了《关于深化教育教学改革全面提高义务教育质量的意见》,提出坚持"五育"并举,全面发展素质教育。强调"突出德育实效""提升智育水平""强化体育锻炼""增强美育熏陶""加强劳动教育"。

(一)五育融合的溯源

无论是"五育并举",还是"五育融合",都不仅仅代表了一项政策,更代表了一个"时代"——一个因"五育并举"和"五育融合"的出现而诞生的"教育新

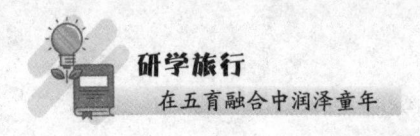

时代"。

马克思主义认为,人的发展的最高境界是人的自由全面发展,是人的本质的真正实现,共产主义社会是"以每个人的全面而自由的发展为基本原则的社会形式"。马克思主义人的本质理论中所说的人,是现实的人、具体的人、实践的人。马克思的"人的全面发展理论",其本义是相对于"片面发展"而言提出的。最根本之处,在于指向人的劳动能力的全面发展,即人的智力和体力的充分、统一的发展,根本途径是"教育与生产劳动相结合"。这是新时代的中国教育重提"劳动教育"的重要理论基础。又如,小原国芳的"全人教育论",他主张,培养"完美和谐的人"的教育或"全人格的教育",亦是人的多方面和谐发展的教育。全人教育包括:"学问""道德""艺术""宗教""身体"和"生活",分别指向"真、善、美、圣、健"等五大价值取向。

有学者从哲学的角度,将"五育"划分为三个层次,德育、智育、美育属于"心理发展层次",体育属于"身心和谐发展层次",劳动技术教育属于"创造性实践能力层次",并指出"五育"相互关联,构成不可分割的整体。还有研究者从"素质教育"出发,展现了对"五育并举"的新理解:素质教育可以分为身体素质教育(体育)、心理素质教育(体育)、社会文化素质教育(德、智、美),主张劳动教育是以上三类素质教育的综合。而教育是一个大的系统,任何系统中各要素,只有通过相互联系,形成整体才能发挥整体功能。另有研究将"五育之间"的"相互联系"具体化为:"德"定方向,"智"长才干,"体"健身躯,"美"塑心灵,"劳"助梦想,"五位一体"共同促进人的全面发展。

在"五育并举"之外,又出现了"五育整合"或"五育融合"。有人认为:"学生德智体美劳全面培养,不仅需要确立'五育并举'理念,更要确立'五育整合'的理念。""整合"即"融合"。因此,继"五育并举"之后,"五育融合"的提出,是对"五育并举"的推进、深化和发展。①

(二)五育融合的价值

在五育并举基础上提出的五育融合,能够带给新时代中国教育体系的诸多改变。目前,广大中小学都在积极探索,以在教育教学活动使五育融合落到

---

①桑新民.对"五育"地位作用及其相互关系的哲学思考[J].中国社会科学,1991,(6):159-166.

实处。研学旅行作为一种有目的、有组织的教育，当然也需要彰显、落实五育融合。换言之，只有让研学旅行成为五育融合的有效实施载体，才会真正有意义、有价值。

要把"五育融合"这一新理念，全方位弥漫、渗透、贯穿于研学旅行的全过程，就需要教师、管理者具备适合五育融合理念的新能力。

对于教师来说，要有实现五育融合的基本功。既要善于在自己熟悉的领域中充分发挥每一次研学活动的"五育效应"，也要善于融合利用各育的育人资源，实现基于融合、为了融合和在融合之中的新型研学方式。

对于教育管理者而言，五育融合需要具备的是管理的基本功，如何建构适应"五育融合"的体制、机制和制度体系、课程体系、教学体系、评价体系以及整体性的文化体系，生成基于融合、为了融合和在融合之中的新型研学旅行管理方式等。

研学旅行作为一种社会实践活动的教育活动，只靠教育行政部门的组织、学校的力量、校长和教师的努力，是根本无法实现的。它需要动员社会教育力，发挥系统教育力；需要集聚学校教育力、家庭教育力和社区教育力协同解决。因此，教育外部体系，即存在于政府、社区、企业、科研机构、少年宫、科技馆、博物馆、图书馆等各种社会机构中的相关人员，他们也以不同方式承担了"教育责任"，发挥了"教育功能"。都在不同程度上成为"五育"的参与者。是"五育主体"，也有着各自承担的五育融合责任要求。

(三)五育融合的目的

从"五育并举"到"五育融合"，已成为新时代中国教育变革与发展的基本趋势。这一趋势的出现与"育人"有关。在"育什么人""为谁育人"等已然明晰的情况下，"怎样育人"以及如何提升"育人质量"成为未来中国教育改革亟须回答的重大问题。通往"育人质量"提升的路径多种多样，"五育融合"是最值得关注的发展方向和路径之一。

1. 五育融合是一种"育人假设"

五育融合预设人的成长发展，不仅是全面发展，更是融合发展。所有教育活动对人产生的育人成效，很难截然分离为这是德育、智育、体育，那是美育、

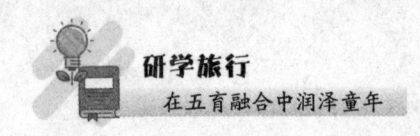

劳育。实际上,每一种教育教学行为,都可能对孩子的生命成长具有综合影响,产生综合效应。各育的成长效应往往是相互贯穿、相互渗透和相互滋养的。

2. 五育融合是一种"育人实践"

五育融合是在五育并举的前提下提出的。五育并举强调德智体美劳缺一不可,是对教育的整体性或完整性的倡导;五育融合则着重于实践方式或落实方式,致力于在贯通融合中实现五育并举。"并"与"融"的主要差异在于:并举之"并"更多具有名词或副词的特性。融合之"融",主要是动词,它意味着行动和实践。在这个意义上,五育并举和五育融合是理想与实践、目标与策略的关系。五育融合彰显了一种实践形式,即"融合实践"。这是一种独特且重要的"育人实践"。

3. 五育融合是一种"育人理念"

如果只是将五育融合作为一种实践方式、路径或策略来看待,依然低估了它的特殊价值。五育融合的提出,还蕴含了一种新的教育理念或育人理念,即"融合理念",它与"融合实践"一样,直指以往制约育人质量提升的主要瓶颈和难题之一:各育之间的相互割裂、对立甚至相互矛盾。它带来的不是相互分离、割裂的德育论、智育论、体育论、美育论和劳育论,而是"五育融合论"。未来的诸育理论,都将在"五育融合"的理念和体系内得以重建。

4. 五育融合是一种"育人思维"

从根本上讲,五育融合是一种系统思维,包含了"有机关联式思维""整体融通式思维""综合渗透式思维"等。传统教育之所以存在不够融合的顽疾,根源在于思维方式的点状、割裂、二元对立、非此即彼等,从而导致各种教育之力的相互抵消、相互排斥,无法形成教育合力,难以产生"系统教育力"。有了五育融合的理念和思维方式之后,不仅各育之间的关联度、衔接度将有所提升,各育自身的推进方式、运行方式和发展方式也会随之发生革命性变化:从此以后,各育都将在"五育融合"的背景之下,重新建构自身的发展方向和发展机制。[1]

---

[1] 李政涛."五育融合",提升育人质量[N].中国教师报,2020-01-01(03).

二、知行合一：区域推进研学旅行的方法论

如果说，五育融合从理念的维度体现了区域推进研学旅行的价值定位，那么，知行合一则是从方法论维度体现了区域推进研学旅行的价值定位。

(一)知行合一的哲学意义

知行合一并不是一个新的命题，纵观历史，可以发现，我国古代对知行合一有着非常丰富的阐说。

1. 历代儒家"知行"关系说

在生活中，我们总说那些说得多做得少，"知"而未"行"的人是"语言的巨人，知识的矮子"。其实，在"知"与"行"的关系问题上，自古儒家有较为深入的探讨。《古文尚书·说命中》记载了傅说对商王武丁说过"非知之艰，行之惟艰"的话，反映了先秦已有"知易行难"之说。孔子认为人有生而知之、学而知之、困而学之三种，主张"君子欲讷于言而敏于行"，实际上是主张以行为本的。子思著《中庸》引孔子论"知行"之言："好学近乎知，力行近乎仁，知耻近乎勇。知斯三者，则知所以修身，知所以修身，则知所以治人；知所以治人，则知所以治天下国家矣。"这是明确将知行问题作为修身治国的根本。《荀子·劝学篇》提出了"君子博学而日参省乎己，则知明而行无过矣"的命题，可以说是"知行合一"说之滥觞，但先秦儒家还没有系统的知行观。南宋朱熹提出了"知行相须""知先行重"的观点，认为"知行常相须"，"论先后，知为先；论轻重，行为重"。之后，明代王阳明针对朱熹的"知先行后"说提出了"知行合一"说，认为知行关系是"知者行之始，行者知之成""知行不可分作两事"。[①]

2. 王阳明"知行合一"论

王阳明晚年把自己的学问浓缩成"致良知"三字，显而易见，王阳明学问的核心是良知。他说："吾良知二字，自龙场以后，便已不出此意，只是点此二字不出。"在《答欧阳崇一》中，王阳明把"知"分为德性之知和闻见之知，德性之知属于与生俱来，闻见之知即后天通过眼耳见闻学习来的(也包括血肉之躯的全

---

① 吴光.王阳明"知行合一"论的内涵及其现实意义[J].贵州大学学报(社会科学版),2015,1:29-32.

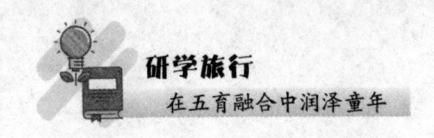

部感知)。德性之知即良知,纯善无恶;闻见之知则有对有错,有善有恶。闻见之知即我们现在统称的知识,是良知发用学习来的。如果良知没能全体大用,被遮蔽了,则学习来的知识就可能是错的恶的;如果良知全体大用,学习来的知识才是纯善无恶的。所以,王阳明提出的知行合一中的"知",有两层意思。首先是良知,其次是善知识。善知识与良知的差异在于,善知识不一定是纯善,良知是纯善无恶。

知行合一中的"行"分显性之行和隐性之行。显性之行,即我们身体行为,具体可细分为眼、耳、鼻、口、身、四肢,直至全部有形的血肉之躯的所有动静存在形式,包括行住坐卧、视听言动等。隐性之行是什么行为呢?王阳明的学问又被称为阳明心学,其"心"是指哲学意义上的无形无相的觉知。心如何行动?通过念头。念头又被称为意,简单的意是意念,复杂的成了思绪、思想。从法律意义上说,意念和思想没有善恶,但是在道德修养中,恶意即是恶。在阳明心学语境中,起心动念即是行为。心是身的主宰,行住坐卧、视听言动都受心的支配。人的一切行为都受心的支配。因此,可以说,显性之行和隐性之行,都可以归入心行。[1]

3. 知行合一的内涵

明白了知行合一中的"知"与"行",自然就明白了知行合一的真实内涵:良知呈现时,自然而然会即知即行,知行合一。所以,王阳明的"知行合一"说实质上是以"良知"为德性本体,以"致良知"为修养方法,以"知行合一"为实践工夫,以经世致用为学目的的良知心学。王阳明论"知行合一"之说曰:某尝说知是行的主意,行是知的功夫。知是行之始,行是知之成,若会得时只说一个知已自有行在,只说一个行已自有知在。知者行之始,行者知之成。圣学只一个工夫,知行不可分作两事。知之真切笃实处即是行,行之明觉精察处即是知,知行工夫本不可离。真知即所以为行,不行不足谓之知。我今说个知行合一,正要人晓得一念发动处便即是行了。发动处有不善,就将这不善的念克倒了。须要彻根彻底,不使那一念不善潜伏胸中。此是我立言宗旨。

---

[1] 河南省儒学文化促进会王阳明研究会执行会长.王强:知行合一的真实意义[P].王阳明心学研究院,2019.2.

概而言之,王阳明"知行合一"论内涵的重点为:第一,知行只是一个工夫,不能割裂。而"工夫"就是指认知与实践的过程。第二,知行关系是相互依存的:知是行的出发点,是行的指导。真正的知不但能行,且已经在行;行是知的归宿,是知的实现过程,而真切笃实的行已自有明觉精察的知在起作用了。第三,知行工夫中"行"的根本目的是要彻底克服"不善的念"而达于至善,这实质上是一个道德修养与实践的过程。可以说,王阳明的"知行合一"论在本质上是集道德、伦理、政治于一体的道德人文哲学。

(二)知行合一破解立德树人难题

"立德树人"是当前教育改革与发展的核心命题,"德育为先""育人为本"是教育的本质要求。然而,学界认为我国教育目前普遍存在如下问题有:(1)从教育理念、内容、教学到考核都过多地将其作为一种知识教育,更倾向于对受教育者进行离身的知识灌输,忽视了教育过程中的情绪体验和实践行动,更忽视了身体及其活动方式对道德认知、情绪和行为至关重要的作用,导致知行不一;(2)忽视了教育情境的创设,以及人与环境的交互作用在教育过程中的重要性,导致教育远离生活,所学无用或不能学以致用;(3)理论研究与实践应用脱节,抽象、去情境化的教育研究成果很难应用于教育实践,导致教育研究、理念、技术蓬勃发展的同时,教育实践仍然相对落后。

一句话,目前,我国的教育存在"知"与"行"脱节现象,偏离了立德树人的根本目的。而要想破解立德树人的难题,那就必须做到知行合一。

1. 知中有行,行中有知,方能有德有行

王阳明的"知行合一"思想是我们中华民族的思想财富。近年来,习总书记在多种场合多次强调和提倡弘扬知行合一精神。知行合一于受教育者来说,"知"主要指其道德意识和思想意念;"行"主要指其道德践履和实际行动。知行关系,指的道德意识和道德践履的关系,也包括一些思想意念和实际行动的关系。王阳明说:知行是一回事,不能分为"两截"。"知行原是两个字,说一个工夫"。他极力反对道德教育上的知行脱节及"知而不行",突出地把一切道德归之于个体的自觉行动。因为从道德教育上看,道德意识离不开道德行为,道德行为也离不开道德意识。二者互为表里,不可分离。道德认识和道

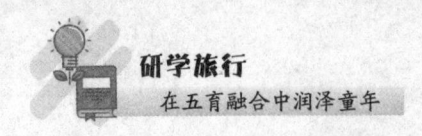

德意识必然表现为道德行为,如果不去行动,不能算是真知。"良知,无不行,而自觉的行,也就是知。"

事实上,党的十九大召开之后,立德树人已成为新时代教育的使命。各地对学生道德品质的培养、综合素养的提高不可谓不重视:落实国家规定课程《道德与法制》教学,每天都安排15–20分钟的谈话课,每周都安排国旗下讲话,每月都必须有一次班队活动课和综合实践活动……只是,这些教育行为关注的往往是是否把该知晓的"德"的知识灌注进学生的记忆中,至于最后学生德行是否养成,综合素养是否真正提升,则常常被忽略。根据王阳明"知行合一"的思想,仅让受教育者去"知"肯定不够,还必须把"行"贯穿其中。我们必须一方面要让受教育者知道该怎么做才是对的,另一方面要通过各种方式让其把"知"落实到行为上,践行其"知"。唯有如此,才能真正做到"知行合一",培养出有德行的人。

2. 以知为行,知行合一,才能梦想成真

一个人的价值,一定是通过行为来体现的。想到做到,是知行合一;说到做到,是知行合一。"知"和"行"两者是密不可分的,前者是后者的指导思想,后者又能够反作用于前者,是对前者的进一步完善、升华。正如王阳明所说:"知是行的主意,行是知的工夫;知是行之始,行是知之成"。意思是说,道德是人行为的指导思想,按照道德的要求去行动是达到"良知"的工夫。在道德指导下产生的意念活动是行为的开始,符合道德规范要求的行为是"良知"的完成。于我们每个人而言,无论做任何事,王阳明的这一思想都有着深刻的指导意义。任何事都需要在思考中行动,在行动中思考,用思考指导行动,在行动中不断修正思考,最终才逐渐获得真知,修成正果。

习近平同志也曾指出"一种价值观要真正发挥作用,必须融入社会生活,让人们在实践中感知它、领悟它。要注意把我们所提倡的与人们日常生活紧密联系起来,在落细、落小、落实上下功夫。"所以,有好的想法,有宏伟的野心,只有付诸行动,用具体的行为一步一个脚印地去努力实现心中的一个个小的目标,最后心中的梦想才能实现。换句话说,就是做到"知行合一",才能梦想成真。别真以为"心有多大舞台就有多大",那也是建立在知行合一的基础

上。如若知行不一,想一套,做一套,"心"再大也无舞台可登。

因此,知行合一无论对于个人还是对于社会而言都具有重大的意义。对受教育者来说,知行合一才能实现梦想;对教育来说,知行合一,才能践行立德树人!

(三)知行合一促进身心和谐发展

首先,知行合一与"具身"认知心理学不谋而合。具身认知(embodied cognition),又称为涉身认知,是近年来社会认知心理学研究的热点之一。广义的具身认知是指认知科学研究的一种观点或范式。认为认知是大脑、身体和环境相互作用之产物。心智、大脑、身体和环境(世界)交互作用,构成一体的自组织动力系统。狭义的具身认知则是指身体感受或身体运动与认知(包括情绪和情感)相互影响的现象。

根据具身认知的研究结果,身体行为与社会态度和情绪情感等相互影响,为态度与情绪的调节提供了一个可操作的途径,即可以通过调节身体的感受来影响个体的态度和行为。这个原理为学习和教学提供启发:通过身体参与的"体验"式学习,能建立外部知识与身体经验的联系,有效提高学习的效果。比如,具身德育,就是依据具身认知认为的生理体验与心理状态之间有着强烈的联系而提出。

具身德育是将道德教育具体化、自身化与实践化,将身体及其行动作为教育的载体,是以强烈的道德内心体验为特征的德育范式。具身德育的理念有三层:一是德育具体化,即将抽象的道德规则落实到现实生活与具体情境中去体现;二是德育自身化,即反观自我,将个体自身放入德育过程中,将道德教育的要求转化为对自我的规约与要求;三是德育实践化,即行而后悟,突出德育过程的现实性,只有通过行动,在变革客观世界的过程中才能实现对主观世界的改造。[1]

可见,依据"具身"认知理论而提出的"具身德育"主张"做中学,学中做",在实践中观察和思考,以悟得新知;同时将习得的知识与具体的生活实践相联系,学以致用,活学活用。它还强调正心和劳动是教育立德树人的"根""本",

---

[1]王健敏.具身德育:立德树人背景下德育新理念与新路径[J].中国特殊教育,2017,5:22—26.

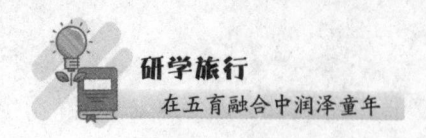

将幸福作为德行修养和为人处事的目标与体验,形成良性生态循环系统。这就是知行合一,遵循人的心理发展规律,更符合脑力劳动与体力劳动和谐发展的马克思主义关于人的全面发展学说。

其次,知行合一与马克思主义哲学观所见略同。一方面,知行相互统一。王阳明"知行合一"论中本然之知与明然之知的区分在逻辑上构成了统一的前提:从本然之知到明然之知的转化,是通过行而实现的,它在总体上表现为一个知—行—明的统一过程。后来,贺麟又提出了"知行合一新论",肯定了知与行的统一:"知有高下,行亦有高下',最高级之知与最高级之行合一,最低级之知与最高级之行合一,这是自然的知行合一论大旨。总而言之,一定等级的知,总是与一定等级的行相结合,知与行的统一展开于不同等级。"

结合马克思主义哲学的观点来分析,即是:实践与认识相互统一。知行合一的道德修养,其最终目的就是要达到知行合一的道德实践,也可以说实践是有意识的实践,是以良知为主体的实践。知即认识,行即实践,实践与认识的统一即知与行的统一。知行合一,和谐发展。

另一方面,知行相互促进。马克思实践与认识观告诉我们实践决定认识,认识是对实践的反应,实践会促进认识的发展,正确的认识也会推动实践的发展。人的认识就是从实践到认识,从认识到实践的不断循环往复。用王阳明的"知行合一"论来说就是,从行到知,从知到行是不断循环反复的。知是行之始,行是知之成!综合两种观点,由行到知是说人们对一个问题通过自己的亲身体验有了从感性到理性的比较全面的认识,然后再回到实践中检验由知到行,是人们根据自己已有的认识,进行新的实践,产生新的认识,然后回到实践中检验使认识进一步深化。实践是认识的来源和基础,是检验认识正确与否的唯一标准,所以认识问题要不断地进行反思、实践,才能更好地进行理性的认识、更好地进行实践,如此螺旋向上,也就获得了成长。

总之,知行合一虽然是王阳明心学的核心思想,但它符合马克思哲学唯物论的观点。知行合一就是做到实践与认识的统一,以认识推动实践的发展,以实践来检验认识的真理性。即知推动行的发展,而行则会进一步促进知的认识,从而达到知与行的统一,促进身心和谐发展。

三、促进成长:区域推进研学旅行的终极目标

一切教育教学互动,最终都是为了实现学生的全面发展,研学旅行也同样如此。我们在进行区域推进研学旅行的设计时,明确地把促进学生更加健康、更加全面的发展作为最终的价值目标。

(一)促进学生培育践行核心价值观

培育和践行社会主义核心价值观就是新时代"立德树人"的必由之路。也正是在这个意义上,习近平同志指出,"核心价值观,其实就是一种德,既是个人的德,也是一种大德,就是国家的德、社会的德。国无德不兴,人无德不立"。"只要是中国人,就应该自觉培育和践行社会主义核心价值观。"而且,他还特别强调,要"让社会主义核心价值观在少年儿童中培育起来",让社会主义核心价值观在学生们心中生根发芽。习总书记指出了新时代培养合格建设者和接班人的明确方向。这就要求我们研学旅行教育必须始终坚持以社会主义核心价值观为主旨,通过组织教育、自主教育、实践活动,更好地为培育和引导中小学生自觉践行社会主义核心价值观服务。因此,坚持以社会主义核心价值观为指导是研学旅行的本质要求。研学旅行的根本任务和目的就是立德树人,切实把社会主义核心价值观教育贯穿落实到研学旅行课程设计、实施和管理服务的各个环节,并通过采用探究式、互动式学习和社会实践教学等创新型教育,真正让学生在研学旅行课程的亲身体验中,通过独立思考,从情感上认同核心价值观,在行为上遵守核心价值观![1]

(二)促进学生核心素养的全面提升

研学旅行作为综合实践育人的一种创新课程和实施载体,是当前我国素质教育教学改革的重要内容,也是发展中小学生核心素养的重要途径和实施策略。

首先,研学旅行课程的实施主要是利用各地现有的一些自然和文化资源,建立相应的研学基地,如旅游景点、历史古迹、大型公共设施、知名院校、工矿企业、科研机构等。研学旅行中,学生通过亲自去看、去听、去感受思考,去动

---

[1] 胡果.研学旅行要突出社会主义核心价值观教育[J].教育与管理,2019,12:9.

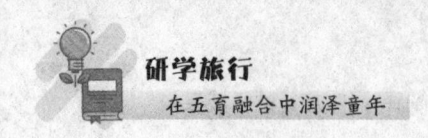

手实践,感受祖国美丽的大好河山、了解国情和优秀的传统文化,发展以人为本的意识和价值理念,增加崇尚真知、涵养文化修养和个人的人文底蕴,激发个人的科学兴趣、启迪科学观念,培养自己的探究精神和科学素养。

其次,研学旅行作为一门综合实践课程,具有集体性和实践性以及探究性的属性。其课程目标的设置以学生的自主发展为主要目的,课程的实施坚持集体"食、宿、学"的方式,学生在老师或者研学导师的带领下一起活动,一起动手,共同体验相互研讨,并学会对自己学习和生活有效控制管理。寓教于行,培养个体的自律、自立和自主能力。

再者,研学旅行要求学生走出校园,走进自然和社会,强调在"行"中"学"。体验性是研学旅行作为一种综合实践育人活动的重要属性,体验式参与是研学的重要途径和内容。这种体验式教育促进了学生在学习活动中的主动参与。培养学生责任感和创新能力,也是研学旅行的课程目标设置的重要内容。在具体的研学活动中,学生通常以小组活动的方式,明确责任分工进行集体协作,每个学生在完成自己的活动任务中,培养自己的责任意识和担当。

第二节

区域推进研学旅行的整体设计

区域推进研学旅行，涉及诸多因素，既有教育内部的，如课程、方式、方法、时空等等；也有教育外部的，如资源、场地等等。因此，必须做好顶层设计，才能保证研学旅行活动真正落实五育融合，促进学生的健康、全面发展。

一、区域推进研学旅行的现实基础

我们设计的研学旅行活动主要是在杭州市区域范围内进行的。为此，就必须对区域范围内的研学资源有所掌握，也就是说，要清楚研学旅行的现实基础。

（一）区域资源优势

上城区是杭州市的中心城区，经济水平发达，居民素养较高，青少年对高品质校外教育活动的需求迫切。同时上城区也是南宋皇城所在地，文化底蕴深厚，人文资源丰富，具有开展青少年研学旅行活动的良好基础。

1. 自然环境独特

从自然环境看，上城区东挽钱塘、南枕吴山、西濒西湖、北接运河，小小城区集西湖、钱塘江、古运河、吴山、玉皇山、凤凰山、江洋畈生态公园等众多自然景观，景在城中、城在景中，是杭州"三面云山一面城"文化景观遗产集聚之地，既具有"西湖时代"精致、和谐的神韵，又兼具"钱塘江时代"大气、开放的风采。

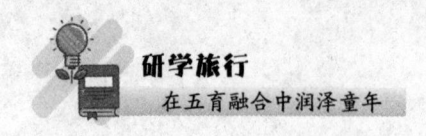

表2-1 精致和谐的西湖

名 称	资 源 内 容
西湖景点	有100多处公园景点,包括三秋桂子、六桥烟柳、九里云松、十里荷花景观,有"西湖十景""新西湖十景""三评西湖十景"之说,有60多处国家、省、市级重点文物保护单位和20多座博物馆。
西湖植物	西湖景区内树龄100年以上的古树共有620株,分属38科65属87种(或变种),其中300年以上一级保护古树有138株。
西湖传说	西湖自古以来便流传着《白蛇传》《梁山伯与祝英台》《苏小小》等民间传说和神话故事。白蛇传中的"断桥相会""白娘子被压雷峰塔"等情节与西湖十景有着联系。
西湖诗画	杭州是南宋都城,集中了一批山水画家,留下了众多名作。由于吴越国及各时期对佛教尊崇,西湖周边群山中多有飞来峰石刻群、烟霞洞造像、慈云岭造像和天龙寺造像等庙宇古刹和佛像石刻。 中国美术学院诞生于西湖湖畔,画家如丰子恺、潘天寿、黄宾虹、刘海粟、林风眠、陆俨少、赵无极等在西湖边长期生活作画。西湖有白居易、苏东坡、林和靖、杨万里、柳永等诗人留下的诗词。
西湖文学	西湖以其湖光山色和人文底蕴,吸引了历代文人墨客的眷顾,留下了《武林掌故丛编》《西湖梦寻》《西湖集览》与新旧《西湖志》《湖山便览》等记载了大量关于西湖和古代杭州的史迹掌故。

表2-2 大气开放的钱塘江

名 称	资 源 内 容
主要支流	钱塘江的主要支流有:休宁河、洽阳河、桂溪、练江、昌溪、寿昌溪、兰江-衢江-常山港-马金溪、金华江-东阳江、清渚港、分水江、大源溪、渌渚江、壶源溪、浦阳江、曹娥江。
水文特征	钱塘江主源出自休宁县大尖山岭北麓的板仓,往东北流贯浙江省北部,至澉浦经杭州湾入东海。澉浦以上河长约500公里,流域面积50100平方公里。流域来水丰沛,河流中含泥沙量小。有丰富的水能资源。天然径流的年内分配很不均匀,4、5、6月份梅汛期水量约占年总量的50%。

续表

名　称	资　源　内　容
文化渊源	钱塘江是吴越分野之地,其中杭州位于钱塘江南北两岸,可称"吴越并载之"。有相关证据表明,位于钱塘江南岸的杭州萧山,是吴越文化的发源地之一。吴越文化是钱塘江文化的根基和母体。钱塘江文化先天秉承了吴越文化的气质。
钱塘江潮	钱塘江潮被誉为"天下第一潮",是世界一大自然奇观。它是天体引力和地球自转的离心作用,加上杭州湾喇叭口的特殊地形所造成的特大涌潮。

表2-3　三面云山一面城

名　称	资　源　内　容
玉皇山	主流全真派圣地,地处西湖与钱塘江之间原名龙山,远望如巨龙横卧,雄姿俊法,史称"万山之祖"。玉皇山腰的紫来洞是清代福星观道长紫东用人工依势开辟而成,又名飞龙洞。玉皇山南麓是南宋皇帝祭祀农耕的地方——八卦田。
吴山	或云以伍子胥故,讹伍为吴。又因此山有子胥祠,遂称胥山。五代吴越中时山上有城隍庙,故亦称城隍山,今通称吴山。 　　吴山庙会是融民间艺术、宗教信仰、物资交流、文化娱乐为一体的传统民俗娱乐文化活动。 　　杭州历史博物馆坐落于古木参天的吴山中麓粮道山。
凤凰山	隋唐在此肇建州治,五代吴越将杭州设为国都,筑子城。南宋宋高宗赵构定都杭州后,在北宋州治旧址修建宫城禁苑。以凤凰山为皇城。东起凤山门,西至凤凰山西麓,南起苕帚湾,北至万松岭,方圆4.5公里。方圆九里之地,兴建殿堂四、楼七、台六、亭十九,此外还有华美的御苑直至凤凰山巅。南宋亡后,宫殿改作寺院。

　　从表2-1到2-3中可以看出,我区所处的自然环境十分独特。不仅有着优美的江河山水,更重要的是,这些山山水水无一不蕴含着丰富的文化因子。从而可以使学生在游历中进行研修,在旅行中进行探究。

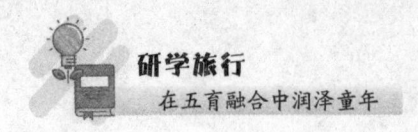

2.人文资源丰富

从历史维度上看,公元907年吴越国王钱镠定都杭州,皇城就坐落于今天的上城区境内,这是上城区作为古都的开端。公元1138年宋室南迁定都杭州,使杭州跃居全国政治、经济、文化中心近140年。当时的南宋皇城也建在现今上城区境内,上城区也与杭城一起由此进入古代杭州的鼎盛时期。上城区不仅有着吴越、南宋两朝的皇城所在地,而且自隋唐一直到民国时期,也一直是杭州的州治所在地。可以说,上城区荟萃了杭州历史文化名城的精华,上城的每一寸土地上都烙有杭州发展的历史痕迹。上城区的历史文化遗产数量众多、种类丰富,远可追溯至隋唐,近可推及近现代,时间跨度逾千年,荟萃了唐、宋、元、明、清、民国、近现代各个历史时期的遗迹。上城区拥有各级文物保护单位(点)74处,其中仅国家重点文物保护单位占全市的近一半;城区所拥有的历史街区和历史地段,分别占全市的2/3和1/2;城区内有保护价值的老房子,占全市老房子总量的60%。除了物质文化遗产以外,上城区还拥有49家行业老字号,是"梁祝"和"白蛇传"两大民间传说的发源地,区内留存着大量的非物质文化遗产。这些历史文化遗产,凝结着数千年来杭州先民的勤劳和智慧,承载着杭州悠久的文化积淀和精神财富,是杭州历史文化名城的"金字招牌",是杭州这座城市的"根"与"魂"。

表2-4 区域人文资源分布

资源类别	资源内容
读上城的人	钱王祠(钱王) 胡雪岩故居(胡雪岩) 潘天寿纪念馆(潘天寿) 钱学森故居(钱学森) 龚自珍纪念馆(龚自珍)
走上城的街	河坊街 小营巷 大塔儿巷(雨巷) 南宋御街 饮马井巷
寻上城古城门	凤山门 望江门 清泰门 清波门 候潮门 涌金门
品上城文化	中医药文化:胡庆余堂中药博物馆 方回春堂 中医药博物馆 南宋官窑文化:南宋官窑 孔庙国学文化:孔庙西子国学馆 杭帮菜文化:杭帮菜博物馆 吴越古陶瓷文化:吴越陶瓷文化馆 田园文化:八卦田公园遗址 非遗文化传承:杭州工艺美术博物馆 社区文化探索:中国社区建设展示中心

从表2-4中可以看出,在我区的范围内,散布着众多的名人故居、文化遗址以及博物馆、陈列馆等等。这些场馆无疑也是中小学生开展研学旅行很好的资源。

3. 教育土壤肥沃

从"学有所教"到"学有优教",从"优质均衡"到"改革创新",回顾近年来上城教育的发展轨迹,上城区始终紧紧围绕着"美好教育"铺开新的教育改革实践,努力实现上城人民对美好生活的向往。

(1)统筹推进"三个强化"政府履职力度。一直以来,上城区人民政府都十分重视优先发展教育,"强化组织领导、强化主体意识、强化政策落地"的统筹来推进履行教育现代化发展中的政府职能,陆续出台《上城区义务教育经费保障机制改革实施方案》《上城区人民政府关于进一步加强教师队伍建设的实施意见》等文件,确保生均教育事业费预算拨款、生均公用经费、全社会教育投入等指标每年持续增长。

教育也是上城区的金名片,上城的教育事业发展也处于全省乃至全国的第一方阵。如今上城正处在争做"四个标杆区"加快建设一流的国际化现代化城区宏大实践之中,创新转型标杆区、文化传承标杆区、生活品质标杆区和社会治理标杆区,每一个领域都与教育息息相关。全区上下以高度的责任感使命感,大力改、大胆试、大步闯,深挖内涵,不断强化区域教育的创新和特色发展,让人民群众享受到更优质的教育资源。

(2)大力推进"美好教育"系列改革行动。上城区教育局围绕推进美好教育三年行动计划,出台了《上城区高品质校园文化创建标准》《上城区中小学教育教学品质服务细则》《关于进一步改进和加强中小学作业管理工作的指导意见》三项配套文件。

课程是实现美好的灵魂。各校以面向国际、面向未来的视角,通过文科综合的戏剧课程、理科综合的STEAM课程、自我认识的生涯规划课程、人际互动的沟通与交往课程等,强化整合丰富选择,促进学生个性化成长。

通过开设特级教师工作室、名师工作坊等方式,把名师资源延伸到最普通的学校,推动学校的均衡化发展,真正实现"名师就在家门口"。

发出了全国第一张家长执照，实现从合法家长向合格家长的引领。关注"美好评价"的标尺，为学生提供多元发展的导向；确保"美好保障"的要素，响应社会呼声，推动校外培训机构治理，还教育一份和谐。

（3）教育现代化发展水平领跑全省。上城教育的全面现代化还在持续深入，最终就是要办好人民满意的教育，让老百姓享受到更高水平的优质均衡的教育服务。

目前上城区已实现了义务教育阶段标准化学校建设比例100%，省二级及以上幼儿园覆盖率100%；校园无线网络覆盖率100%；率先在全市实现了名校集团化办学覆盖率100%和优质教育资源覆盖率100%。今年浙江全省教育大会上，明确提出了在全国率先实现教育现代化的目标。浙江省人民政府督导委员会委托浙江省教育现代化研究与评价中心，对全省的教育现代化发展水平进行监测，上城区在全省排名第一位。

（二）区域大课程的已有尝试

依据中共中央国务院印发的《关于深化教育教学改革全面提高义务教育质量的意见》，以"坚持立德树人，着力培养担当民族复兴大任的时代新人"为指导思想，以"坚持'五育'融合，全面发展素质教育"为操作指南，上城区开设了面向全区、公益为先、人人参与的"守护生命"生存教育课程、"锤炼小兵"国防教育课程、"乐享学农"农事教育课程，意在提高学生基本能力，锤炼坚强意志，培养善于解决问题的实践能力和勇于探索的创新精神。这些区域大课程的率先尝试，为区域推进研学旅行积累了宝贵的经验。

1. 《守护生命》生存教育课程

《守护生命》生存教育课程是以2007年教育部颁布的《中小学公共安全教育指导纲要》为支撑点，以区域开发的教材为基本内容，以杭州市上城区四年级学生参加上城区青少年活动中心生存教育基地组织的生存教育活动为教学载体，以加强区域内学生公共安全教育，培养学生的公共安全意识，提高学生面临突发安全事件时的自救自护应变能力为教学目标的区域活动课程。

生存基地主要负责全区各小学四年级学生生存知识培训和游泳训练，聘请有资质的专业团队设计、操作课程，真正使生存教育规范化、课程化、德育

化。通过一周时间的学习,不仅要使孩子们学会游泳基本技术,更要学会一些基本的生存知识和技能。基地通过图文展览、现场演练等方式,从交通安全、消防安全、人为伤害防范、意外伤害、特殊电话拨打、水灾自救、地震自救等方面,使孩子们掌握生活中意外事故的处理方法,学会避免自然灾害和抵御不法侵害,提高自我保护能力。

《守护生命》教材把握"专题化的主题课程安排""儿童化的语言表述""图文式的内容呈现""技能实效增长"的编写原则,以基地专业教师为主,各学校教师协同开展的方式进行教学,引导学生按照课程的教学进度标准化地开展活动。指导学生进行生存教育时,根据教学内容和学生认知水平,设计"理论知识课""混合型的技能实践课""技能实践课"三种不同类型的课型来完成《守护生命》课程的教学目标。

2.《勇敢娃娃兵》国防教育课程

《勇敢娃娃兵》是上城区区域大课程体系构建中组织开发的一门国防教育实践活动课程。课程依托宋城路5号建立国防教育基地——上城区少年军校总校设计开发"军事伙伴研学挑战"半日营研学、"军事伙伴研学挑战"一日营研学、"军事伙伴研学挑战"二日营研学、"军事伙伴研学挑战"五日营研学、"军事伙伴研学挑战"七日营研学五个系列体验式特色研学课程。课程的总目标为——

(1)全面培养综合素质:磨炼坚强的意志,打造军人的气质,培养自理能力,养成积极向上不畏艰难的生活态度,学会自立学会感恩,让"娃娃兵"得到全方位的历练。

(2)充分体验军营生活:按照军营标准进行准军事化管理,通过为期一周封闭式训练,增进对人民军队的了解与认识,学习基本的国防知识,训练基础的军事技能,初步形成关心国防建设的观念、意识,促进学生主动参与军训拥军等各类活动的积极性。

(3)牢固凝聚集体力量:加强组织纪律性教育,增强团队合作意识,发挥团结一致众志成城的精神,形成较强的社会责任感

(4)深度拓展军营生活:开展军事游戏、翻越障碍、战地救护、学唱军歌、军

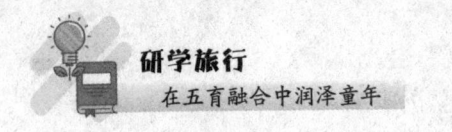

营联欢、知识竞赛等形式多样的活动,在集体活动中渗透爱国主义、集体主义、拥军尚武的教育。

3.《乐享学农》农事教育课程

中小学生农事课程是上城区中小学生社会实践活动课程的一项主要内容,从20世纪90年代开始一直坚持到今天。上城区青少年素质教育学农实践中心始终坚持素质教育为基础、以实践为本位的教育理念,培养学生善于解决问题的实践能力和勇于探索的创新精神,通过给孩子们创造更多的实践和锻炼的机会,让他们在锻炼自己的动手能力的同时增强合作意识。2015-2019年,上城中小学生农事课程开发相关活动课程80余个,共建基地2家,共计参与实践学生人次1万余人。农事课程,成为三十年来上城教育坚持"走班、走校、走社会"的可喜成果,成为上城区"行走德育"的特色品牌。而学农,也已经成上城孩子六年级最兴奋的期盼、毕业时最美好的回忆。

农事教育课程的内容依据《中小学劳技教育基地学生实践指导》和《劳技教育基地教学课程设计》进行设计。活动时间为期一周。主要将包括以下五个系列内容,即以走进乡村,感知农村风土人情主题的民俗教育系列;以播种良好劳动习惯,收获健康人生为主题的养成教育系列;以普及农业科学知识,关注科技前沿为主题的农业科普教育系列;以陶冶艺术情操,展现艺术特长为主题的艺术教育系列;以拓展训练为载体,唤起生存和发展的生命教育系列。

(三)行走德育取得的成果

处于思想萌芽、成长阶段的中小学生要在未来取得成就,必先锤炼出优秀品质,成为"向美而生、向善而行"的一代。2016年9月至2019年12月,上城区立足区域课程改革实践,通过教育引导、文化熏陶、实践养成等方式,使社会主义核心价值观内化为学生的精神追求——向美而生,外化为他们的自觉行动——向善而行,在此基础上探索了一条让社会主义核心价值观有效落地的创新之路——"行走德育",让社会主义核心价值观根植于每个孩子的内心深处,成为孩子的"成长芯片",打造了"行走德育"品牌。

1. 构建社会主义核心价值观体系的行走网图

上城区对标社会主义核心价值观,从"爱家兴国""社会责任""个人成长"

三个维度架构区域行走德育框架。在已经成立的上城区青少年艺术、科技、体育、图书、国防、生存、农事、生活、国学共十二个教育活动基地的基础上,统整辖区校内外德育课程资源,形成了一张全区学生可参与的全覆盖行走"网图"。全区重点打造对应社会主义核心价值观12个关键词的实践体验点,形成了"沿着筑英的足迹""博雅少年""杭州和文化"等30个学校德育精品课程基地,共建了"西湖国学馆""钱王祠""武警钱塘江守桥模范中队"等50个校外研学实践体验基地,以80个行走体验点绘制上城区域的价值观行走地图。

2. 培育践行社会主义核心价值观的行走方式

"行走德育"聚焦社会主义核心价值观的践行,让社会主义核心价值观可触摸、可展示、可落实。全区以主题研学作为培育践行社会主义核心价值观的主要行走方式,进行分学段的主题研学设计,明确任务菜单、分项目标和成果评价。

主题研学项目的整体目标是"体验传统文化之美、传承红色革命之魂、发现祖国建设之策、树立少年报国之志"。研学项目分成四个研学主题来设计,分别是寻根之旅、铸魂之旅、追梦之旅、扬帆之旅。同时,每个研学主题为1-3年级、4-6年级、7-9年级三个学段的学生分别设计研学项目。

这样的设计在循序渐进、螺旋深入地达成整体目标的基础上,保证让学生在义务教育阶段参与总计12次不少于24天的研学旅程,并以贴近学情、活泼生动的实施方式保证学生的德育实践和情感体验。

(1)走校,别样精彩:上城区各中小学精心打造的行走德育基地,是区域的德育实践基地,也是区域的学习中心,可以让优质的学习资源在区域内辐射共享,让更多的孩子参与体验,丰富阅历,提升素养。胜利实验学校的小创客,走向兄弟学校,宣传为校园、为弱势群体研发的创意作品,彰显社会责任心;抚宁巷小学蒋筑英纪念馆全年开放,区内外学校团体、个人都有机会前来参观纪念馆、体验科技智造。

(2)走社会,别有天地:围绕杭城人文历史,上城区的中小学生行走御街、老城,寻访申遗故事,传唱家乡诗词;学校积极提供机会让学生走进社区,探究社区文化,在志愿者行动承载社会的责任与担当;学生走向农工实践基地,经

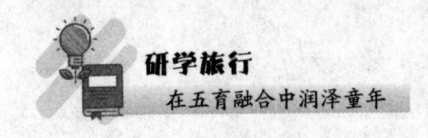

历新劳动教育，培养劳动观念、增长劳动技能，为人生出彩打下底色；一批批学生走出国门开展文化寻力活动，向世界传播中国声音、中国故事。

3. 完善社会主义核心价值观落地的保障措施

首先，区委、区政府高度重视，建立区四套班子领导联系学校制度，每位区领导都与学校、幼儿园结对，定期走访，深入指导学校党建和德育工作，把握教育方向。区政府牵头教育、公检法司、综治、妇联、民政、团委等政府职能部门和社会公益力量，形成上下贯通、左右联动、科学运行的一体化德育格局。

其次，"淘活动"平台全面记录学生"行走"足迹，建立活动电子档案，进行学生研学信息智能化管理，实现"自己的活动自己选，自己的活动自己评"，为社会主义核心价值观研学项目的进一步优化提供数据支撑。

"淘活动"是浙江省第一个全公益性质的学生校外实践活动平台，为主题研学实现三个维度的支持。

一是支持一键搜索。实现电脑和手机APP的兼容登陆，上城区在读的中小学生使用身份证号码（学籍号）作为唯一账号在"淘活动"平台进行登录，即可领取上城区青少年活动中心免费发放的"淘活动"电子券，通过电子券获得活动机会，免费享受公益服务。

二是支持多元选择。不仅提供青少年活动中心自主开发、负责实施的研学实践活动，如"玩转周末""玩转暑（寒）假""玩转春（秋）假"、领袖成长营以及生存、国防、农事实践等，还有充分发挥青少年活动中心联合社会公益机构、文化创意机构、第二课堂场馆、相关单位合作开发的校外研学实践项目。

三是支持成长评价。"淘活动"平台还将研发"淘足迹"系统，建立学生活动电子档案，实现学生信息智能化管理，实现"自己的活动自己选，自己的活动自己评"，为每一个上城孩子留下珍贵的活动记录，同时也为研学旅行项目的优化与调整提供数据支持和分析依据。

二、区域推进研学旅行的基本架构

区域推进研学旅行，其目的是把各个学校零散的研学旅行活动变成一个有序的系统，使区域内的研学旅行活动变得目标更加清晰，内容更加丰富，方式更加多样,这就需要进行整体设计。

(一)区域推进研学旅行的理念

现代学习理论认为,儿童的学习并不仅仅局限于传统的课堂之中,要让学习变得更有意义,就必须让学习在不同的场景下发生。这就是我们在设计区域推进研学旅行时所遵循的理念,即让儿童的学习在不同场景下发生。

1. 儿童认识世界的方式是多样的

儿童所要认识世界是儿童对自己周边环境的了解。如自家所住的小区。随着空间位置的转移,这个"周边的环境"也随之改变,如在汽车上看着窗外的景色和人们的置换等。它们都是一个个世界,这对儿童而言是最根本、最真实、最主观的世界。对它们的了解,也就是对这个世界的认识。

儿童认识世界的方式、方法多种多样。对于眼中的世界,"耳听为虚,眼见为实",什么东西都得亲眼见见才能了解,只有亲身体验才能获得最直接的经验。这是认识世界最好的方式。不难发现,所有的孩子一生下来都会用口来认识世界,然后用手摸。他们靠视觉、味觉、嗅觉、触觉、听觉来认识事物,形成概念,然后再进行概念与概念之间的联结。可以说,儿童整个6岁前都在用这样的方式认识世界。蒙特梭利说:"智力中没有一样东西最初不是源于感觉。"著名心理学家皮亚杰说:"智慧从动作开始,学生的多种感官参与认知活动,可以使信息不断地刺激脑细胞,促使思维活跃,便于储存和提取信息,同时易于激发学生的好奇心和求知欲,产生学习的内驱力。"这也是马克思主义哲学观最好的印证:实践是认识的源泉,认识来源于实践。

当然,这并不排除接受间接经验和学习书本知识。事实上,任何人都不可能也无必要事事都靠直接经验。就每个人的知识而言,大量是从书本世界学来的。书是知识的载体,传承前人的经验。书本中传递的知识和信息也更加系统。走进书本世界,儿童在文字间遨游,获取知识,开阔视野,认识世界。而对于传承的经验,除了阅读书本,口耳相传,从老一辈听说传承了百年甚至上千年的经验,其实也是儿童认识世界的途径。

2. 真实世界中的学习是最有意义的

当前,关于学习的大部分研究表明,镶嵌在有意义的真实情境或基于案例

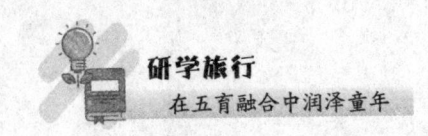

的、基于问题的学习环境中的学习任务不仅更易于理解,同时也更易于迁移到新情境中去。因此,教育者需要在真实的、有用的情境中教授知识和技能,并给学习者提供新的、不同的情境练习以使用这些知识,而不是把它们抽象成规则让学生记忆再应用到预先设置好的问题中。

研学旅行为儿童创设了基于真实世界的学习场景,让学生回归到真实的、自然的现实环境中,用眼睛去观察,用心灵去感受,用头脑去思考,用言语去表达,以研究的视角在真实世界中去探究发现,去获得最真实自然的生长。在研学旅行中,学生所面对的社会环境就是他们学习的大课堂,所遭遇的各种事件就是他们学习的活教材。身处这样的"大课堂",阅读这样的"活教材",学生们的学习是生动而宽泛的,并往往是以无形多于有形、融合多于单一的方式展开。这种学习往往发生在研学点点滴滴的细节之中,有些在研学旅行预设的目标中,而有些则由偶遇的真实情境所引发。这种以社会与生活为对象的学习更凸显学习的生成性和开放性,也更有实际意义。

3. 研学旅行联结了学生的书本世界与生活世界

研学旅行作为一种综合实践活动,超越了学校课堂和书本的局限,引领孩子穿梭在自然中,行走在大街小巷和各类场馆中,既远离课堂,又回归课堂。它把学习引向了开放的大自然、广阔的生活世界,完全让学生的学习"回归生活世界",联结学生的生活世界与书本世界,关注学生的直接经验,打通学生的个体生活与社会生活、书本世界与生活世界、直接经验与间接经验的界限,改革了传统的教育教学不重视学生主体性、不重视学生直接经验的掌握与学习等问题,倡导学习内容和学习方式的变革,鼓励学生参加各种社会实践活动,在实践中学习知识、培养能力、增长智慧,并建构完满丰富的精神世界。简而言之,研学旅行把书本世界、学生的经验世界和鲜活的生活世界紧密联系起来,让学生在广阔的自然、丰富生动的社会生活中,通过观察,实践,体验,感悟,获得学生综合素养的全面提升以及个性健康自由发展。

(二)区域推进研学旅行的原则

研学旅行作为一种有组织、有目的的教育活动,其具体实施又不同于一般的学校中的教育活动,这就需要遵循一些基本原则。

1. 把握正确教育方向,体现立德树人

区域研学旅行的课程开发首先遵循教育部等11部门联合发布《关于推进中小学生研学旅行的意见》(以下简称《意见》)中提出的教育性原则,注重研学旅行内涵打造。要始终坚持将以社会主义核心价值观为指导作为研学旅行的本质要求,紧紧围绕立德树人的根本任务,结合学生身心特点、接受能力和实际需要,注重系统性、知识性、科学性和趣味性,精心设计研学旅行活动课程内容,把乡土乡情,把世界观、人生观、价值观、思想道德教育、文化知识教育融入研学旅行教育中,做到"在行中学,在学中研",促进学生将书本知识和生活经验深度融合。实现将研学旅行作为综合实践活动课程内容纳入区域各中小学教育教学计划,注重与综合实践活动课程的统筹,在兼顾学生年龄特点和各校具体情况以及区域整体安排的基础上,促进研学旅行和学校课程有机融合,并在实践中不断完善研学旅行课程体系,开发出一大批精品研学旅行课程,提升研学旅行的品质。

2. 注重综合载体构建,落实五育融合

研学旅行课程目标的实现必须借助于一定的载体,这个载体就是研学基地。根据研学旅行根本任务和目的以及五育融合的育人理念,研学旅行课程实施一方面要因地制宜,充分挖掘区域特色。《意见》提出要结合域情、校情、生情,以基地为重要依托,建设一批安全适宜的中小学生研学旅行基地。广阔的自然风光和丰富的历史文化遗产、红色教育资源和综合实践基地、工矿企业和知名院校、博物馆和科技馆等场所,自然类、历史类、地理类、科技类、人文类、体验类等内容,都可以作为让学生亲近自然、开阔眼界、增长知识、了解国情的载体。另一方面要加强各个机构、各基地营地和各个部门的互联互通,形成研学旅行的运营体系。要积极推动区域合作和资源共享,打造一批具有影响力和示范性的研学旅行基地和精品线路,逐步形成互联互通的研学旅行网络,积极开展关于研学旅行的研究,尽快建立研学旅行融合机制和融合评价体系,使区域研学旅行形成一套完整的系统,把区域推进五育融合工作落到实处。

3. 建立有效保障机制,重视安全规范

依据《意见》要求,区域推进研学旅行始终坚持安全第一的原则。制订科学有效的研学旅行安全保障方案，建立行之有效的安全责任落实、事故处理、责任界定及纠纷处理等机制，做到层层落实，责任到人。并针对学生制订安全手册，对研学线路中可能发生的安全事件、天气与交通、食品卫生、疾病预防、保险保障等都做好详细说明，提前做好可能突发事故的应急预案。另外，在研学旅行实施过程中，一方面要注意统筹协调，组织有序，做好对研学旅行工作的整体设计，统筹规划，结合区域实际情况制定相应的工作方案，将职责层层分解落实到相关部门和单位，切实做到"活动有方案，行前有备案，应急有预案"；另一方面要注意管理规范，责任清晰，从区域层面制定开展研学旅行的工作规程，明确活动目的与计划、活动管理和人员配备、时间安排、出行线路等，与研学旅行活动各方和家长签订协议书，明确区青少年活动中心、家长、学生及相关协同机构的责任与权利，以规范的管理、清晰的责任确保研学旅行的安全顺利实施。[1]

（三）区域推进研学旅行的基本思路

基于上述理念和原则，我们就如何区域推进研学旅行进行了细致的思考与规划，明确了区域推进的基本思路。

1. 中心引领，落实课程开发

2014年8月21日《关于促进旅游业改革发展的若干意见》中首次明确了"研学旅行"要纳入中小学生日常教育范畴，积极开展研学旅行。按照全面实施素质教育的要求，将研学旅行、夏令营、冬令营等作为青少年爱国主义和革命传统教育、国情教育的重要载体，纳入中小学生日常德育、美育、体育教育范畴，增进学生对自然和社会的认识，培养其社会责任感和实践能力。杭州市上城区青少年活动中心，作为区域校外教育的导助机构，是推进区域研学旅行工作的重要力量，在开发区域研学旅行课程中发挥着主要作用。中心要联合科研院所、教育行政部门、社会力量等多方力量开发研学旅行课程，保证研学旅行活动形神皆备，不仅形式多样，更在于内容的系统性、与书本知识的联系性、学科知识的渗透性、知识与实践的交互性、师生的能动性，真正获得学生喜欢、社会认同。

---

[1] 王晓燕.推进研学旅行需抓住关键环节[J].新课程导学,2019,2:4-5.

在课程开发同时,区域还需要打造专业化的研学旅行导师队伍,让校外教师了解学生的成长规律和教育教学规律,让校内教师学会利用外在的社会资源,进行有效的课程开发。使所有研学旅行导师都能够持证上岗,真正使导师成为整个研学旅行活动的组织者、引导者和合作者。通过专业化的导师队伍力量保证区域研学旅行课程开发与落实。

2. 资源整合,构建研学网图

研学资源整合是指在部门联动和行政资源整合的基础上,先期有效利用区域的自然资源和文化资源,建设具有良好示范带头作用的研学旅行专有基地;进而实现区内区外优质基地的联动组合,形成区域所有学校和学生参加的区域研学旅行跨区精品路线,构建研学网图。这种整合,既依托于区域资源的深入比对和挖掘,更依托于上城区独特的自然生态条件和文化沉淀的纵深结合,还依托于区内外资源的有机勾连。这种整合的有效性取决于基地建设的标高制定和课程活动设计。这样筛选择优后建设的基地和线路行进,最大限度地适合于整个区域的学生知行成长。

3. 部门联动,建立协同网络

部门联动指围绕组织好服务好区域内所有学校及所有学生开展高品质研学旅行活动这个宗旨,充分发挥杭州市上城区青少年活动中心的枢纽作用,遵循中心突出、遵规建制、信息畅通、积极主动、协调互联等原则,建立区域内部门联动机制,充分发挥各部门协作、联动,整体推进区域研学旅行工作,充分保障整个区域的研学旅行工作稳定有序运行。杭州市上城区青少年活动中心区研学旅行负责部门研究协调制定全区研学旅行课程实施政策;建立研学旅行专家库;结合区域实际情况制定相应工作方案,定期检查工作推进情况;加强与区内各校、各部门的联系合作,建立校外多方协作管理机制,加大对研学旅行工作的统筹规划和管理指导。

4. 评价激励,推动五育融合

评价激励就是通过建立比较健全的评价体系和评价机制,对区域内组织研学旅行的情况和成效进行评价;对所有学生参与研学旅行的情况进行评价,把每位学生参加研学旅行的情况,从参与态度、参与过程、学习成果、自我反

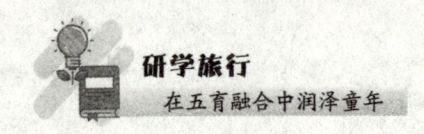

思、获奖情况等角度，进行多主体多维度评价，借助区域研学旅行智能化平台——"淘活动"电子平台实现形成性评价和终结性评价有机结合，将评价结果纳入学生综合素质评价体系；对区内所有研学旅行基地和合作企业进行年度评估。通过评价的阶段性结果，自我对标，调整改进，保证研学旅行能够持续、优质开展。进而，通过高质量的区域研学旅行工作引领其他教育教学工作五育融合的实践，推动区域"立德树人、五育融合"教育工作发展。

三、区域推进研学旅行的运作机制

为了保证研学旅行的常态化开展，推进区域"立德树人、五育融合"工作的开展，需要建立起区内各行政部门、各学校、研学基地、社会各界的研学旅行的发展共同体，从政策统筹、安全保障、信息化管理评价、宣传激励等方面构建科学的运行机制，提升研学旅行的育人质量。

（一）坚持政府统筹，构建研学旅行的五育融合机制

一是部门协同机制。研学旅行是一项复杂的学生社会实践活动，需要教育、旅游、文化、财政、公安、交通、保险、食品药品、共青团等部门的密切配合。为此，需要政府来搭台统筹，相关部门要协调一致、各司其职、协同推进。2016年10月，教育部等11部门联合印发了《关于推进中小学生研学旅行的意见》。杭州市上城区青少年活动中心，作为区域推进研学旅行工作的主要力量，要在《意见》的指导下，积极争取上级行政部门的大力支持，及时建立协调机构或协作机制，来统筹协调各部门的发展规划和配合落实。

二是经费筹措机制。研学旅行活动的实施需要社会投入更多的人力、物力和财力。其中，经费是制约研学旅行活动普遍开展的又一重要因素。为此，必须建立政府、学校、社会、家庭共同承担的多元化经费筹措机制。首先，要利用好国家的政策，将研学旅行经费列入地方教育经费预算之中，确保其稳定的经费来源；其次，参加研学旅行的学生作为受益者，学生家庭理应承担一部分教育成本；再次，要通过交通优惠、基地与机构减免，降低活动成本；同时，鼓励通过社会捐赠、公益性活动等形式支持研学旅行活动的开展。

(二)借助智能平台,建立研学旅行信息化管理机制

上城区是全国现代化教育技术强区,利用这一优势,我们充分利用"互联网+"技术与教育的融合,实现将学生管理、课程资源、课程实施、过程监控、保障体系、安全与应急处理、课程评估等通过信息查询、资源整合、协作共享等手段,推进研学旅行全过程、全方位的信息化管理。

1. 信息化资源管理

为更好地实现研学旅行各方资源的整合,杭州市上城区青少年活动中心开发了研学旅行智能平台——"淘活动"电子平台。借助"淘活动"电子平台,建立研学旅行管理机制。在平台上聚合区域内最优秀的基地、最优质的机构、最特色的资源、最精品的课程,建立研学旅行课程资源库;并通过"淘活动"电子平台推动不同区域之间、不同基地之间、不同行业之间的互动交流,从而提升研学旅行活动的服务能力。

2. 信息化评价机制

研学旅行课程的运行需要科学的评价,才能保证课程开设的科学性和价值性,实现研学旅行课程目标。为此,我们通过"淘活动"电子平台构建研学旅行的科学评价机制。将研学旅行的学生表现纳入学生素质评价的重要内容,通过自己评、同伴评、教师评、机构评、家长评、社会评等多种方式,提高研学旅行的育人效果;通过"淘活动"电子平台开展研学旅行的师资、课程、线路的优化、指导、培训和考核等,从而提升研学旅行的活动水平;并将研学旅行的实施成效纳入学校综合考评的重要内容,推进研学旅行活动的常态化开展。一句话,借助"淘活动"平台来实现研学旅行情况和成效的大数据评价体系。

(三)守住安全底线,完善研学旅行安全保障机制

一是组织管理机制。在研学旅行实施过程中,我们的组织管理一方面要做好对研学旅行工作的整体设计,统筹规划,结合区域实际情况制定相应的工作方案,将职责层层分解落实到相关部门和单位,切实做到"活动有方案,行前有备案,应急有预案"。另一方面要认真制定开展研学旅行的工作规程,明确活动目的与安排、活动管理和人员配备、出行线路、收费标准等,并与活动各方和家长签订协议书,明确区青少年活动中心、家长、学生及研学基地或相关协

同机构的责任与权利,做到管理规范,责任清晰。

二是安全保障机制。学生走出校园参加研学旅行活动,涉及学生安全问题,这是学校教育者最担心的事情,也是阻碍研学旅行活动最重要的因素。为此,我们必须高度重视中小学生参加研学旅行活动的安全问题,要按照安全预案制定在前、安全教育时时开展、安全制度落实到位、商业保险和应急体系予以保障的原则,学校、企业、机构、家庭等各司其职,切实保障活动场地、活动设施设备、活动各个环节的安全运行,确保学生安全。

(四)强化舆论引导,形成研学旅行宣传激励机制

首先,是加大媒体宣传力度。研学旅行是实施素质教育的一种全新方式,是提高学生核心素养的一种有效手段,也是区域践行五育融合的重要载体。为大力发展和积极推广区域研学旅行,不仅在区域层面要加大对开展研学旅行的宣传发动力度,利用电视、报纸等媒体向外界宣传,还要面向区域内学生、家长宣传研学旅行,调动学校、家长积极性,大力支持研学旅行工作,通过问卷调查、"淘活动"平台、微信公众号、杭州市上城区青少年活动中心官网等提高社会对研学旅行的知晓率。

其次,是实施表彰奖励。除了加大媒体宣传,在研学旅行的实施过程中还要积极获得政府各部门、社会各方面的关心,争取各级教育、宣传、媒体等部门加大科学的人才观、教育观和质量观的舆论引导支持。教育行政部门要定期对开展研学旅行取得成效的学校、基地、机构等实施表彰奖励,交流工作经验,展示特色成果,并对研学旅行工作的先进单位、个人进行宣传展示,在共享优秀经验的同时扩大研学旅行的影响力,努力构建杭州市上城区青少年活动中心与基地、与家庭、与学校、与社会之间的紧密合作和融合育人的新格局,形成全社会关心呵护区域学生健康成长的良好氛围。

第三章 课程：区域推进研学旅行的基础建设

课程是一切教育教学活动的基础。在学校教育中，依据教育方针和育人目标来进行课程体系的整体架构，包括课程开发、课程设置、课程实施、课程管理和课程资源等内容。因此，课程建设乃是学校育人体系建设的一个基石，整体撬动着学校育人模式的变革，形成学校办学特色。研学旅行活动，作为有组织、有目的的教育活动，同样需要有课程支撑。只有建设一个较为完善的校外教育课程体系，才能使研学旅行活动走向立德树人，实现五育融合，培育学生的核心素养。

第一节

研学旅行课程的开发

为了更好地满足学生个体发展的多元需求,就有必要改变传统教育局限于校园、课堂的状况,研学旅行无疑就是实现这一育人目的的重要路径。通过地域资源的开发,建设一批适合中小学生的研学旅行课程,才能真正实现促进学生全面发展的课程价值取向,才能在实现学生整体素质全面提高的基础上,同时关注到学生个体自身的发展,关注到人自身的价值。

一、开发原则

研学旅行是由教育部门和学校根据区域特色、学生年龄特点和各学科教学内容需要,以旅行为载体,以校外资源为课堂,通过精心设计,在短期内进行学习的新型教育模式,是学校教育和校外教育相结合的创新探索,对于促进学生全面发展具有十分重要的意义。区域研学旅行课程开发遵循如下原则。

(一)教育性与公益性相结合原则

区域研学旅行课程设计教育性与公益性相结合的原则是指研学旅行坚持"立德树人、五育融合",结合学生身心特点、接受能力和实际需要,注重系统性、知识性、科学性和趣味性,为学生全面发展提供良好成长空间。课程实施坚持公益性质,只收取基本费用,不以营利为目的,对家庭困难学生、残障学生减免费用并提供相应帮扶措施。

1. 价值体认

通过参加研学旅行,亲历社会实践,形成有积极意义的价值体验。能主动分享体验和感受,与老师、同伴交流思想认识,深化社会规则体验、国家认同、文化自信;初步体悟个人成长与职业世界、社会进步、国家发展和人类命运共同体的关系,增强根据自身兴趣专长进行生涯规划的能力;强化对中国共产党的认识和感情,具有中国特色社会主义共同理想和国际视野。

2. 责任担当

通过研学旅行养成独立的生活习惯;愿意参与学校服务活动,增强服务学校的行动能力;形成探究社会问题的意识,形成对自我、学校、社会负责任的态度和社会公德意识,具备法治观念。

3. 问题解决

通过研学旅行,能关注自然、社会、生活中的现象,深入思考并提出有价值的问题,将问题转化为有价值的研究课题,学会运用科学方法开展研究。能主动运用所学知识理解与解决问题,并做出基于证据的解释。[①]

(二)实践性与综合性相结合原则

区域研学旅行课程设计实践性与综合性相结合的原则是指结合学生的年龄特点和个性特征,以促进学生的综合素质全面发展为核心,均衡考虑学生与自然的关系、学生与他人和社会的关系、学生与自我的关系这三个方面的内容。对活动主题的设计要体现个人、社会、自然的内在联系,对以往所学的各学科知识加以综合运用,强化科技、艺术、道德等方面的内在整合。"研学旅行要因地制宜,呈现地域特色,引导学生走出校园,在与日常生活不同的环境中拓宽视野、丰富知识、了解社会、亲近自然、参与体验"[②],达到"以研促学"的教育目的。

1. 课程指向以人为本

区域研学旅行课程实施以学生实践活动为主,走出校园,在旅行中研学,突出体验实践,培养学生社会参与和实践创新能力。

---

① 彭其斌.研学旅行概论[M].济南:山东教育出版社,2019.2.
② 教育部等11部门印发的《关于推进中小学生研学旅行的意见》。

2. 课程目标三维整合

例,课程目标:(1)学习果树(如冬桃)的植物学基础知识及基本的栽培技术。(2)参加果园劳动,体验劳动的乐趣,享受劳动成果的甜美。(3)感受劳动带来的成就感,培养热爱劳动的意识。

3. 课程方式注重体验

研学旅行重在让学生在真实环境中通过亲身参与、亲自体验来拓宽视野、丰富知识、了解社会、亲近自然。

4. 课程组织综合设计

以研学旅行资源及教学内容、方法和师资情况为基础,结合学生认知能力,将综合实践活动课程、第二课堂活动等与研学旅行进行有机整合,夯实课程内容,丰富活动形式,确保研学旅行活动可持续发展。

(三)自主性与开放性结合原则

区域研学旅行课程设计自主性与开放性结合的原则是指研学课程设计面向学生的整个生活世界,具体活动内容具有开放性。研学课程实施过程中以围绕真实情境中的问题展开探索,教师要基于学生已有经验和兴趣专长,为学生自主活动留出余地;引导学生不断拓展活动时空和活动内容,使自己的个性特长、实践能力不断获得发展;激发学生最原始的探索欲望,促进学生主动学习,主动思考,解决现实中的问题;充分尊重学生主体地位,通过"淘活动"智能化平台自主搜索选择活动的过程,培养学生选择的能力。

研学活动方式与活动过程、评价与结果也均具有自主性和开放性,包括:活动内容要有广泛性、选择性,让学生有自主空间;活动过程是师生开放的、动态的、生成的生命体验,活动展示具有多样性;评价方法要有开放性、灵活性;活动结果要有发展的差异性。

二、课程目标

中小学生研学旅行是由教育部门和学校有计划地组织安排,以培养学生生活技能、集体观念、创新精神和实践能力为目标,主要通过学校组织的集体

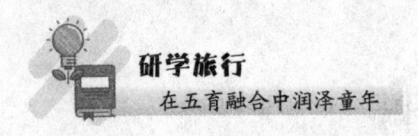

旅行或家庭亲子旅行、安排在外食宿等方式开展的研究性学习和旅行体验相结合的校外综合实践活动。

开展区域研学旅行课程,旨在贯彻党的十九大精神,落实立德树人根本任务,培育和践行社会主义核心价值观,全面实施素质教育,聚焦中小学生发展核心素养,通过践行"读万卷书、行万里路",发挥研学旅行在拓宽育人途径、转变学习方式、改进实践育人、创新人才培养模式等方面的作用,厚植学生家国情怀,增强社会责任感,提高创新精神、实践能力和人文素养,促进学生德智体美劳全面发展,培养"身心健康、品德优良、学业上乘、素质全面、个性鲜明"的上城学子。

(一)课程总目标

区域研学旅行课程的总目标是通过亲近和探究自然,接触和融入社会,关注和反省自我,体验和感受集体生活,使中小学生养成价值认同、实践内化、身心健康、责任担当等意识和能力。

1. 价值认同

通过欣赏祖国大好河山、走访各文化场馆、历史博物馆和爱国主义教育基地等,感受中国传统美德和传统文化之美,体验社会经济巨大发展成就,尊重中华民族优秀文明成果,了解中国共产党的历史和光荣传统,传承红色革命之魂,发现祖国建设之策,理解、接受并践行社会主义核心价值观,形成国家意识、文化自信和拥护党的意识和行动,培养家国情怀和人文底蕴,树立少年报国之志。

2. 实践内化

在校外真实情境中,经历问题研究的过程,获得探究体验和经验,形成发现问题、提出问题、分析问题、解决问题的志趣和能力,在实践中内化、提升知识和素养,培养批判质疑、勇于创新的科学精神。

3. 身心健康

缓解学业紧张和压力,放松身心,提高审美情趣;磨炼体魄和意志,培养吃苦的耐劳精神和抗挫能力;培养安全意识,提高自我保护和生存能力;体验社会文明建设,养成健康的行为习惯和生活方式;学会生活,提高生活质量和

品位。

4. 责任担当

适应集体生活和研学，形成团队意识和互助精神；学会交流和分享研学成果和创意，提高与人交往能力；养成规则与法制意识，明辨是非，自尊自律；养成文明礼貌、宽和待人的品格以及积极参与和谐社会建设的意愿和能力；形成社会责任感以及积极履行公民义务的意识和能力；在现实情境中培育可持续发展理念、绿色生活方式和行动能力。

(二) 课程分类目标

中国学生发展核心素养以培养"全面发展的人"为核心，分为文化基础、自主发展、社会参与三个方面，综合表现为人文底蕴、科学精神、学会学习、健康生活、责任担当、实践创新等六大素养，具体细化为国家认同等18个基本要点。各素养之间相互联系、互相补充、相互促进，在不同情境中整体发挥作用。根据这一总体框架，区域研学旅行课程按"文化基础、自主发展、社会参与"三个类别进行设计。各类别课程目标如下：

1. 文化基础

文化是人存在的根和魂。文化基础，重在强调能习得人文、科学等各领域的知识和技能，掌握和运用人类优秀智慧成果，涵养内在精神，追求真善美的统一，发展成为有宽厚文化基础、有更高精神追求的人。

(1) 人文底蕴：主要是学生在学习、理解、运用人文领域知识和技能等方面所形成的基本能力、情感态度和价值取向。具体包括人文积淀、人文情怀和审美情趣等基本要点。

(2) 科学精神：主要是学生在学习、理解、运用科学知识和技能等方面所形成的价值标准、思维方式和行为表现。具体包括理性思维、批判质疑、勇于探究等基本要点。

2. 自主发展

自主性是人作为主体的根本属性。自主发展，重在强调能有效管理自己的学习和生活，认识和发现自我价值，发掘自身潜力，有效应对复杂多变的环境，成就出彩人生，发展成为有明确人生方向、有生活品质的人。

(1)学会学习：主要是学生在学习意识形成、学习方式方法选择、学习进程评估调控等方面的综合表现。具体包括乐学善学、勤于反思、信息意识等基本要点。

(2)健康生活：主要是学生在认识自我、发展身心、规划人生等方面的综合表现。具体包括珍爱生命、健全人格、自我管理等基本要点。

3. 社会参与

社会性是人的本质属性。社会参与，重在强调能处理好自我与社会的关系，养成现代公民所必须遵守和履行的道德准则和行为规范，增强社会责任感，提升创新精神和实践能力，促进个人价值实现，推动社会发展进步，发展成为有理想信念、敢于担当的人。

(1)责任担当：主要是学生在处理与社会、国家、国际等关系方面所形成的情感态度、价值取向和行为方式。具体包括社会责任、国家认同、国际理解等基本要点。

(2)实践创新：主要是学生在日常活动、问题解决、适应挑战等方面所形成的实践能力、创新意识和行为表现。具体包括劳动意识、问题解决、技术应用等基本要点。

三、课程架构

研学旅行课程既不同于国家规定的基础性课程，也不同于学校自主开发的一般性拓展课程，作为一种强调实践性的课程，有其特殊性。因此，在研学旅行课程开发的过程中，我们对课程定位、开发思路等进行了认真地思考与设计。

(一)课程定位

本课程是基于区域学生核心素养提升的五育融合的研学旅行课程。培育学生核心素养归根结底需要通过课程建设和教学改革来实现，五育融合的课程化研学旅行作为一种新的综合实践活动课程，倡导学生在行动中探索，在实践中体验和感悟，从而获得知识和经验，契合了学生核心素养培育的主题要义，是培育学生核心素养的一条重要路径；强化了学生的社会责任感、创新精

神和实践能力,让学生在行走的课堂里更好地成长。正如美国教育家杜威所言,知识的获得不是个体"旁观"的过程,而是个体在与某种不确定的情境相联系时所产生的解决问题的行动,是主动探究的过程。基于这种实用主义的教育哲学,他强调学校教育应实现"三个转移",即从以教师为中心转向以学生为中心、从以课堂为中心转向以活动为中心、从以教材为中心转向以经验为中心。

基于区域学生核心素养提升的五育融合的研学旅行课程,倡导在旅行中探究、在探究中运用、在运用中学习,其有效实施有助于消除学校课程和现实社会的壁垒,打通知识世界与生活世界的联系,为学生提供丰富多彩的探究情境、多种多样的学习机会、富有挑战的课程经验,使学校课程回归生活的本位和课程的原点。

(二)核心概念界定

"核心素养"指学生应具备的适应终身发展和社会发展需要的必备品格和关键能力,突出强调个人修养、社会关爱、家国情怀,更加注重自主发展、合作参与、创新实践。正式发布的"中国学生发展核心素养"共分为文化基础、自主发展、社会参与三个方面,综合表现为人文底蕴、科学精神、学会学习、健康生活、责任担当、实践创新6大素养,具体细化为国家认同等18个基本要点。上城区制定的《上城区美好教育行动指南》,依据"中国学生发展核心素养",提出了上城学子培养目标:将上城学生培养为"身心健康、品质优秀、学业上乘、素质全面、个性鲜明"的社会主义事业合格建设者和可靠接班人。

"五育融合"是在"五育并举"的前提下提出的。"五育并举"强调德智体美劳缺一不可,是对教育的整体性或完整性的倡导,"五育融合"则着重于实践方式或落实方式,致力于在贯通融合中实现"五育并举"。它预设人的成长发展,不仅是全面发展,更是融合发展。所有教育活动对人产生的育人成效,很难截然分离为这是德育,那是智育、体育,或者美育仅在这里体现,劳育只在那里浮现……实际上,每一种教育教学行为,都可能对孩子的生命成长具有综合影响,产生综合效应,各育的成长效应往往是相互贯穿、相互渗透和相互滋养的。

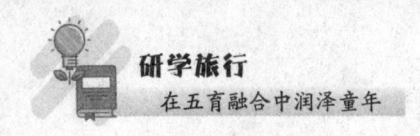

(三)基本思路

在明确了课程定位后,我们从整体上就研学旅行课程的开发进行了思考,确定了三条基本思路。

1. 立足核心素养,围绕五育融合

研学旅行作为一种新的综合实践活动课程,提倡实践、探究、合作、反思等多样化的学习方式,注重知识与经验的整合,注重发展学生的创新精神、实践能力、社会责任感以及良好的个性品质,对学生核心素养的培育具有特殊价值。

本课程的内容选择,将切实把学生核心素养的培养贯穿在研学旅行课程的建设和实施中。本研学旅行课程内容的筛选,将围绕"德、智、体、美、劳"全面融合的主线,体现德育为先、能力为重,认知为基础,强调社会责任感、创新精神和实践能力,注重研学活动的文化性、科学性、自主性和社会性,让学生通过研学旅行,在自然和社会的大课堂中提升终身发展所需的情商和智商,做全面发展的人。

2. 立足乡土资源,适度辐射外延

乡土资源是一个区域重要的资源,依托乡土资源,开展"研学旅行"成为当今中小学教育的一大助力。《关于推进中小学生研学旅行的意见》明确要求各地的中小学应该依据所在地区的实际情况及地方特色,以本地的乡土乡情为基础开发研学旅行活动,推动本地研学旅行课程的体系化,使之能够覆盖自然、历史、地理、人文和体验等多个领域的内容。长期以来,上城区在社会经济、特色产品、民俗文化、人文地理、旅游发展等多个方面积累了丰富的乡土资源,以这些资源为基础开发具有上城区区域特色的研学旅行活动项目,能够增进本区域中小学生对家乡及其文化的了解与认同,从而培养他们的乡土情怀,提升他们对家乡文化的自觉与自信。

对本地乡土资源进行开发,目的在于以这些乡土资源为基础,开发系统、科学、趣味和充满体验与互动的研学旅行实践活动及相关课程,使学生能了解乡土人情及文化,提升生活实践能力及文化自觉意识,提升对上城区、杭州市乡土乡情及乡土文化的熟悉度,掌握其中的精髓和重要内容,在获得愉悦体验

的同时,加深爱国情怀、夯实文化基础、锻炼各项能力,形成正确的世界观、人生观与价值观。

3. 立足行走课堂,强化知行合一

社会是另一个学校和课堂,生活是另一种课程和教材,实践是另一种重要的学习方式和途径,这就是行走的课堂。我们要架构的五育融合的研学旅行课程内容就是要把学生带到真实的情景中去,让学生发现问题,提出问题,解决问题。让学生与文物古迹对话,与身处在场景中的各方交流、讨论,这是学习的一种碰撞过程。所有的知识产生都是现场的生成,我们希望通过这样的活动过程,让学生获得的知识变得有温度。

我们希望我们设计的课程内容在定位上细化,针对上城区的适龄学生做出符合上城区域特色的设计,并在深度上适应学生的文化层次,结合现代旅游的体验性属性,使研学知识形象化、生动化和时尚化,让书本里的东西活起来,地下的东西走出来。让研学旅行从"游学合一"真正走向"研学合一",最后达到"知行合一",这才是我们的终极目的。

(四)内容结构

区域推进研学旅行的课程架构不同于一所学校的课程开发,为了能够满足不同学校学生的需求,需要开发一批各种类型、各种内容的课程,因此,我们开发了三类研学旅行的课程。

根据教育部等11部门《关于推进中小学生研学旅行的意见》和《中小学德育工作指南》《中小学综合实践活动课程指导纲要》以及浙江省教育厅、浙江省旅游局等10部门《关于推进中小学生研学旅行的实施意见》、杭州市委办公厅市政府办公厅《关于深化基础教育改革建设"美好教育"的实施意见》、杭州市教育局《杭州市中小学"美好成长"计划实施方案(2018—2020)》、上城区教育局《上城区美好教育行动指南》等文件精神,结合上城区实际区情,架构上城区中小学生研学旅行课程。

```
                              ┌─────────────┐
                              │  研学课程   │
                              └──────┬──────┘
              ┌──────────────────────┼──────────────────────┐
         ┌────┴────┐            ┌────┴────┐            ┌────┴────┐
         │ 文化之旅│            │ 实践之旅│            │ 探索之旅│
         └─────────┘            └─────────┘            └─────────┘
```

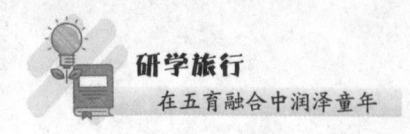

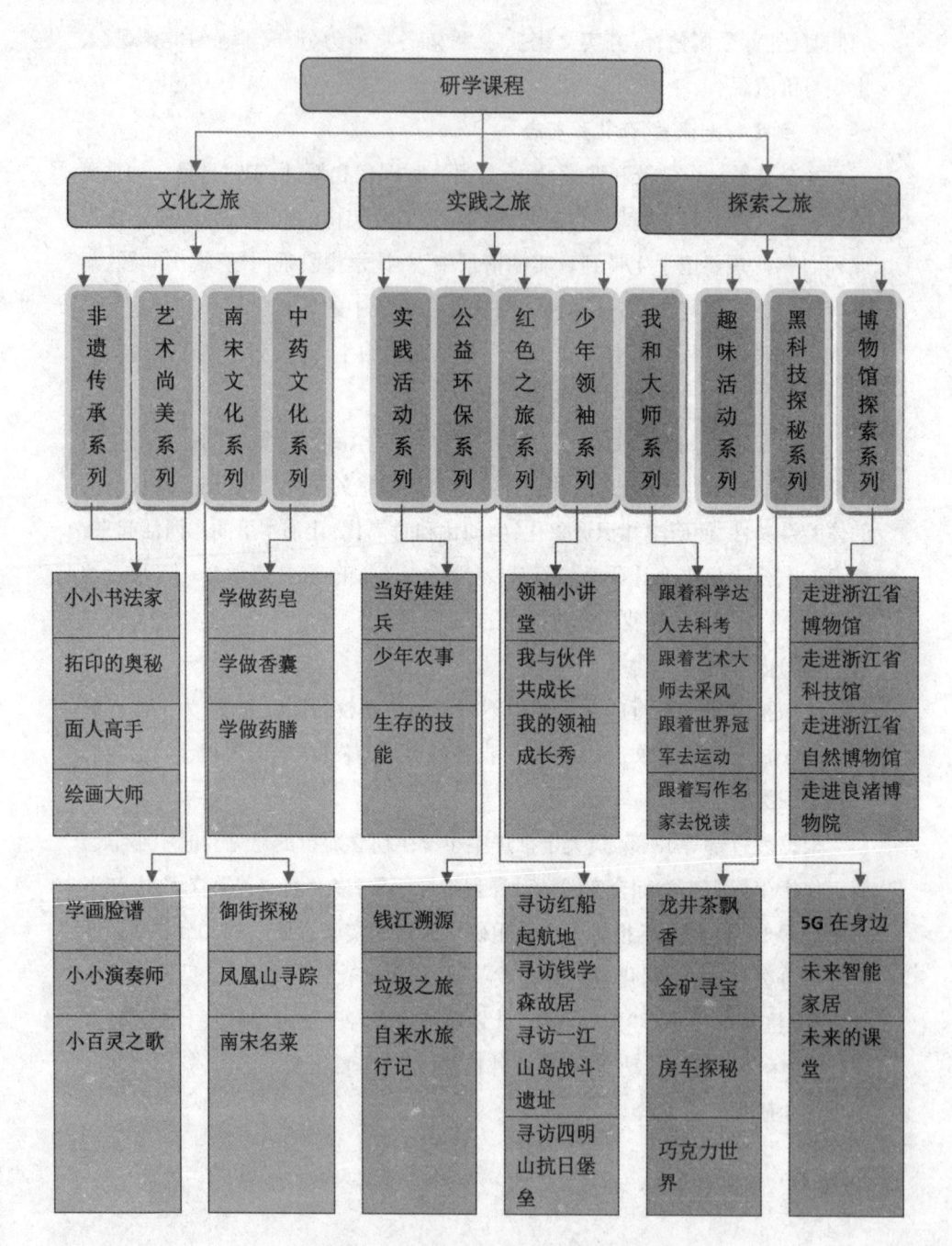

图3-1 区域推进研学旅行的课程架构

文化之旅：非遗传承系列、艺术尚美系列、南宋文化系列、中药文化系列

实践之旅：实践活动系列、公益环保系列、红色之旅系列、少年领袖系列

探索之旅：我和大师系列、趣味活动系列、黑科技探秘系列、博物馆探索系列

系列	课程内容
非遗传承系列	小小书法家；拓印的奥秘；面人高手；绘画大师；学画脸谱；小小演奏师；小百灵之歌
艺术尚美系列	（见上）
南宋文化系列	学做药皂；学做香囊；学做药膳；御街探秘；凤凰山寻踪；南宋名菜
中药文化系列	（见上）
实践活动系列	当好娃娃兵；少年农事；生存的技能；钱江溯源；垃圾之旅；自来水旅行记
公益环保系列	（见上）
红色之旅系列	领袖小讲堂；我与伙伴共成长；我的领袖成长秀；寻访红船起航地；寻访钱学森故居；寻访一江山岛战斗遗址；寻访四明山抗日堡垒
少年领袖系列	（见上）
我和大师系列	跟着科学达人去科考；跟着艺术大师去采风；跟着世界冠军去运动；跟着写作名家去悦读
趣味活动系列	龙井茶飘香；金矿寻宝；房车探秘；巧克力世界
黑科技探秘系列	走进浙江省博物馆；走进浙江省科技馆；走进浙江省自然博物馆；走进良渚博物院；5G在身边；未来智能家居；未来的课堂
博物馆探索系列	（见上）

从上图可以看出,我们开发的中小学研学旅行课程分为文化之旅、实践之旅、探索之旅三大类,分别对应"中国学生发展核心素养"的自主发展、社会参与、文化基础三个发展目标。本研学旅行课程的内容不进行学段的细分,各学段开展研学旅行时可根据需要选择适宜的课程内容进行。

1. 基于自主发展目标的文化之旅

自主发展重在强调学生能有效管理自己的学习和生活,认识和发现自我价值,发掘自身潜力,有效应对复杂多变的环境,发展成为有明确人生方向、有生活品质的人,从而成就精彩人生。学生自主发展目标的实现需要依托学会学习和健康生活两大核心素养的培育来完成。行走课堂中的体验式学习,让学习者自主探究,并合作解决一个真实世界中的问题,逐渐掌握解决问题的技能和自主学习的能力。

研学旅行直面学生的现实生活,倡导学生在生活中,通过生活来获得教育。研学旅行让学生走出校园,走进鲜活的生活中去,通过自我管理、自我规划、自我约束等自主方式开展学习,对学生自我管理能力的培养及健全人格的修习具有重要的价值。在学习方式上,学生摆脱了纯粹书本学习的束缚,学习伴随着活动自然进行,自然世界的丰富多彩、社会生活的五彩缤纷内在地驱动着学生去探究、追问,学习的兴趣油然而生,自主学习占据主导,此时,学生的学习超越了学会的层面,走向会学、乐学的更高境地。可以说研学旅行很好地契合了核心素养中学会学习的主题要义。

表3-1 文化之旅具体安排

课程系列	课程内容	内容标准	活动建议
非遗传承系列	小小书法家	●感受和体验非物质文化遗产的历史背景和文化传统。 ●现场体验非物质文化遗产的魅力。	●观摩非物质文化遗产展示。 ●学习和体验非物质文化遗产工艺。 ●举办非物质文化遗产宣传展示和汇报演示活动。 ●举办非物质文化遗产传承拜师活动。
	拓印的奥秘		
	面人高手		
	糖画大师		

续表

课程系列	课程内容	内容标准	活动建议
艺术尚美系列	学画脸谱 小小演奏师 小百灵之歌	●感受、欣赏各类艺术形式。 ●初步学习各类艺术创作。	●亲自感受各类艺术活动。 ●观摩、学习各类艺术活动创作过程。 ●走访文艺创作和演艺等相关机构。
南宋文化系列	御街探秘 凤凰山寻踪 南宋名菜	●现场识别南宋历史遗迹。 ●还原南宋遗迹的历史环境，了解名人名事。	●参观南宋遗迹，走访民族、宗教、文化与旅游等相关管理部门和图书、方志、档案、文史相关机构。 ●访问相关网站，收集南宋文献、影视等资料。 ●参与模拟考古、实地考察，参加南宋文化专题研讨会。
中药文化系列	学做药皂 学做香囊 学做药膳	●现场感受传统中药文化魅力。 ●了解和学习传统中药文化知识。	●参观胡庆余堂、方回春堂、五柳巷中药一条街等中药活动场所。 ●访问相关网站，收集与中医中药等相关的资料。 ●参与中药文化专题活动。

2. 基于社会参与目标的实践之旅

社会参与重在强调学生能处理好自我与社会的关系，养成现代公民所必须遵守和履行的道德准则和行为规范，增强社会责任感，提升创新精神和实践能力，促进个人价值实现，推动社会发展进步，发展成为有理想信念、敢于担当的人。学生社会参与集中体现在责任担当和实践创新两大核心素养上。

研学旅行过程中的山水游览、文化体验、民俗体验等将极大地促进学生对祖国文化、传统和山水的热爱，激发其爱国、爱乡情怀。正如顾明远先生所言，研学旅行是让学生走出学校、走向大自然、走向社会、走向世界，是拓宽学生视野、增进学识、锤炼意识的好举措，也是让学生了解认识祖国的魅力山河、中华民族优秀文化传统的好方式。学生通过研学旅行，瞻仰革命圣地，考察社会民

情,用眼睛去观察,用心灵去感受祖国大好河山的壮丽,体会华夏文明的博大精深,了解祖国改革开放取得的伟大成就,在潜移默化中激发学生对祖国的眷恋之情,增强学生的民族自尊心、自信心和自豪感。研学旅行中的所闻所见能够深深鼓舞学生的斗志,激励学生担当责任。同时,学生通过研学旅行,可以在参与社会实践过程中应对各种挑战,在问题解决中不断提升实践创新能力。

表3-2 实践之旅具体安排

课程系列	课程内容	内容标准	活动建议
实践活动系列	当好娃娃兵 少年农事 生存的技能	●了解和学习学军、学农、学生存的相关知识。 ●亲自实践学军、学农、学生存。	●观摩学军、学农、学生存的相关展示。 ●举办学军、学农、学生存宣传展示和汇报表演活动。
公益环保系列	钱江溯源 垃圾之旅 自来水旅行记	●了解各类公益环保活动开展的意义。 ●亲自践行各类公益环保活动。	●举办各类公益环保活动夏令营、冬令营等活动。 ●收集、宣传各类公益环保活动先进人物事迹、故事等。 ●走访各类公益环保组织。
红色之旅系列	寻访红船起航地 寻访钱学森故居 寻访一江山岛战斗遗址 寻访四明山抗日堡垒	●了解红色纪念场所的纪念意义。 ●弘扬红色纪念场所的精神和价值观。	●参观革命根据地、战争遗址、红色名人纪念场所。 ●访问相关网站,收集红色故事、红色影视等资料。 ●举办革命节庆或纪念活动、革命传统活动、红色故事会、红色文化采风等丰富多彩的活动。
少年领袖系列	领袖小讲堂 我与伙伴共成长 我的领袖成长秀	●建立团队合作的理念,掌握激励他人的技巧,具备成为领袖的素质,建立责任感,培养担当精神。 ●学会如何在公众面前表达的方法。	●通过情景模拟等形式,解决人际交往和沟通实践的一系列问题。 ●走访各行各业有影响力人物,了解他们的成长历程。 ●举办红领巾学院思政讲堂、才艺展示秀等活动。

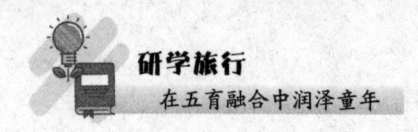

3. 基于文化基础目标的探索之旅

《中国学生发展核心素养报告》指出：文化基础重在强调学生能习得人文、科学等各领域的知识和技能，掌握和运用人类优秀智慧成果，涵养内在精神，追求真善美的统一，发展成为有宽厚文化基础、有更高精神追求的人。文化基础夯实的着力点体现在人文底蕴和科学精神两大核心素养上。

上城区研学旅行课程之探索之旅，是通过组织学生走进博物馆、博览会，走进丰富多彩的自然世界和社会生活，去了解、感受乡土乡情、县情市情、省情国情；感受祖国大好河山，感受中华传统美德，感受革命光荣历史，感受改革开放伟大成就等。通过活动，让学生能在旅行的过程中陶冶情操，增长见识，体验不同的自然和人文环境，提高学习兴趣，提升中小学生的人文底蕴。此外，研学旅行中的"研学"，是学生基于自身兴趣，在教师指导下，从自然、社会和学生自身生活中选择和确定研究专题，主动地获取知识、应用知识、解决问题的学习领域。本研学旅行课程中的研究性学习强调学生通过实践，增强探究和创新意识，学习科学方法，发展综合运用知识的能力。

表3-3　探索之旅具体安排

课程系列	课程内容	内容标准	活动建议
我和大师系列	跟着科学达人去科考	●感受各行各业大师们的魅力和风采。 ●现场体验大师们的绝活。	●观摩、学习各行各业大师们的绝活。 ●和大师们一起策划、举行各类特色活动。 ●举办"我和大师"系列宣传展示和汇报演示活动。 ●举办传承拜师等活动。
	跟着艺术大师去采风		
	跟着世界冠军去运动		
	跟着写作名家去悦读		
趣味活动系列	龙井茶飘香	●了解各类趣味活动开展的意义。 ●亲自践行各类趣味系列活动。	●举办各类趣味活动夏令营、冬令营、春秋假等活动。 ●策划、开展各类适合学生的专项趣味活动。
	金矿寻宝		
	房车探秘		
	巧克力世界		

续表

课程系列	课程内容	内容标准	活动建议
黑科技探秘系列	5G在身边 未来智能家居 未来的课堂	●了解和初步学习科技研发程序、方法。 ●参与、实践科技创新。	●参观高新技术区、高科技企业、高新农业产业园等地方,走访相关专家。 ●访问相关网站,收集各类"黑科技"资料。 ●举办"科技与社会""科技与我们""科技与环境""科技与艺术"等主题讨论会、辩论会。
博物馆探索系列	走进浙江省博物馆 走进浙江省科技馆 走进浙江省自然博物馆 走进良渚博物院	●实地认知各类博物馆的发展过程及区域特征。 ●参与博物馆各类建设,对当地博物馆建设提出意见和建议。	●参观各类博物馆、听取解说、参与互动。 ●访问相关网站,收集相关的资料。调查各类博物馆在当地的受众,撰写调查报告,向有关部门提出合理化意见和建议。 ●参与"自然笔记"等专题活动。

从表3-1到3-3中可以看出,我们为了满足不同学校、学生的需要,开发了三类40多门具体的研学旅行课程,供学校、学生选择。在这些课程中,结合学生的培养目标,充分利用了区域所在的各类资源,以实现五育融合。

四、开发路径

研学旅行课程资源来自各个方面,有利用地域文化资源开发的,也有利用博物馆等场馆资源开发的。我们在区域推进研学旅行课程开发时,主要通过以下三条路径。

(一)依托基地开发的普修课程

2016年,教育部等11部门发布了《关于推进中小学生研学旅行的意见》,

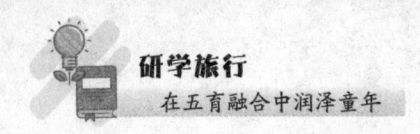

在此之前,上城区早就开始了研学旅行的摸索和尝试,建立了聚焦自主研学能力的普修课程,依据促进学生全面发展的培养目标,立足区域特点,面向全区、公益为先、人人参与。意在提高学生基本能力,锤炼坚强意志,培养善于解决问题的实践能力和勇于探索的创新精神。同时,我们设立了生存教育、国防教育、国学教育等基地,小学生从四年级开始,每年都有一周以上的专门时间走出学校去参与实践活动,四年级学生存,五年级学军,六年级学农。

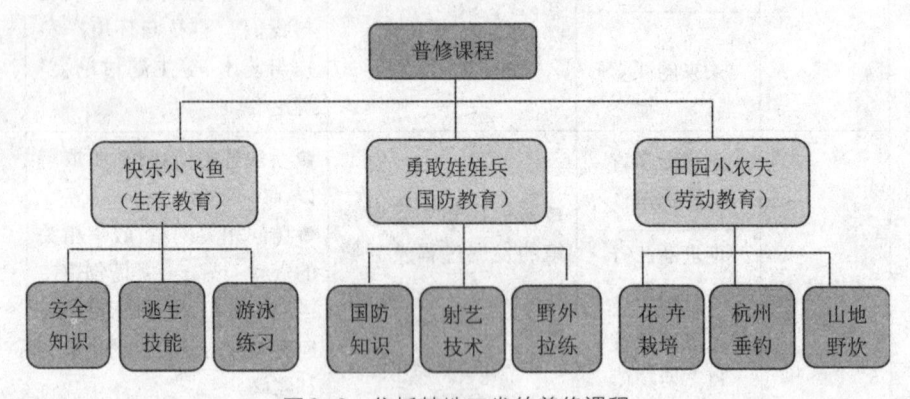

图3-2 依托基地开发的普修课程

从上图可以看出,依托基地开发的研学普修课程,主要分为生存教育、国防教育、劳动教育这三大类,下面分别予以说明:

1. 依托生存教育基地开发的课程

上城区生存教育研学基地主要负责全区各小学四年级学生生存知识培训和游泳训练,聘请有资质的专业团队设计、操作课程,真正使生存教育规范化、课程化、德育化。通过一周时间的学习,不仅要使孩子们学会游泳基本技术,更要学会一些基本的生存知识和技能,基地将通过图文展览、现场演练等方式,从交通安全、消防安全、人为伤害防范、意外伤害、特殊电话拨打、水灾自救、地震自救等方面,使孩子们掌握生活中意外事故的处理方法,学会避免自然灾害和抵御不法侵害,提高自我保护能力。

【案例3-1】 生存教育课程《守护生命》

(1)根据学习目标的要求来选择和设计教学内容

《守护生命》构建了本门课程的学习目标体系和评价原则,以学生对安全应急知识、技能的需要为中心,来选择和设计教学内容,全面地贯彻和落实教育部颁布的《中小学公共安全教育指导纲要》的精神。

(2)选择教学内容的基本要求

《守护生命》课程设计过程中将根据每个学习领域的教学目标设计不同等级的教学要求,根据安全应急课程的基本理念,教学内容的选择要符合以下要求:

A.符合四年级学生的身心发展、认知能力的特征;

B.教学的形式应该具有多样性,满足不同等级学生的需要;

C.教学内容具有与生活实际需要紧密联系的实效性;

D.能有效地运用基地现有的教学资源与教学条件开展教学活动;

E.教学内容以强化安全应急技能为主。

为了适应不同等级学生的身心特征,提高学生学习的兴趣,安排规划一些安全场地,并进行一些拓展性的学习研究,结合一些安全故事提高学生的安全意识。

(3)确定教学内容以及课时数的原则

在制定教学计划时,基地根据以下原则来确定教学内容的时数比例。

A.实践性原则

B.灵活性原则

C.注重技能培训为主的原则

目前,课时的确定是四年级的学生参加一周20课时的生存教育活动,其中安全应急教育10课时和游泳教学10个课时。

(4)教学内容的组合与搭配

依据《守护生命》教材的重点,把握"专题化的主题课程安排""儿童化的语言表述""图文式的内容呈现""技能实效增长"的编写原则,以基地专业教师为

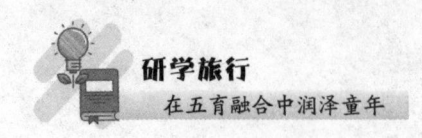

主,各学校教师协同开展的方式进行教学,引导学生按照课程的教学进度标准化地开展活动。

(5)课型分类

指导学生进行生存教育时,根据教学内容和学生认知水平,设计"理论知识课""混合型的技能实践课""技能实践课"三种不同类型的课型来完成《守护生命》课程的教学目标。

课型名称		教学取向	教学时间与流程
安全应急教育	理论知识课	聚焦安全知识要点,让学生系统地了解与安全教育相关的基础知识,提高学生对安全问题的思考力和判断力。	80分钟 安全小故事导入→安全知识屋→总结安全知识点→动漫演示身边的安全盲点(如内轮差等)→强化安全意识
	混合型的技能实践课	聚焦每堂课的安全技能,设计互动交流的环节,展开多维度的技能展示,让学生体会技能的掌握流程。	80分钟 安全知识屋→总结安全知识点→动漫演示安全技能(如绳结的多种打法)→强化技能要点→结合"安全小广播"的环节强化与实际结合→"让我动动手"环节强化学生动手操作→互助交流→课堂检测
游泳教学	技能实践课	初步掌握漂行、滑行、驱动等游泳的基本技能,强化蛙泳腿技术的"收、翻、蹬"技术要点,进一步激发学生对游泳活动的兴趣。	80分钟 如课例一:憋气练习→换气练习→陆上模仿练习→下水滑行→蛙泳蹬腿练习→蛙泳蹬腿前进→蛙泳蹬腿换气练习→强化水中的"收、翻、蹬"技术要点→互助交流→课堂检测

从上面这个案例中可以看出,依托生存教育基地开发的课程主要是让学生学会一些基本的生存技能,如游泳、火灾逃生、安全事项等等,学生通过这类课程的研学,掌握自护、自救的基本能力。

2. 依托国防教育基地开发的课程

根据区域学生的需要,勇敢娃娃兵研学基地共开发了"一日营、两日营、五日营"等课程。同时,五日营课程为区域内五年级学生的"必修课"。

【案例3-2】 国防教育课程《勇敢娃娃兵》

勇敢娃娃兵研学课程分为"军事伙伴研学挑战"半日营、一日营、两日营、五日营、七日营研学活动,激发学员对军事研学的兴趣,提供不同服务式体验"菜单",引领学员迈入国防研学的庄严殿堂。

半日营根据学员的情况和要求,提供CS红蓝对抗赛、射艺大比拼、激光打靶三种主要活动菜单。

时间	项目	对象	内容	要求
半日	CS红蓝对抗赛	适合4-6年级	专业教练指导,进行三场对战,分开阔场地对抗战、野外场地游击战、指定目标斩首战。	身体健康,遵守纪律,勇敢拼搏。
半日	射艺大比拼	适合4-6年级	设计四种射术大PK,分别是激光打靶、彩蛋射击、弯弓射箭、南宋沙包。每项都有成绩,以总成绩决出胜负名次。	身体健康,遵守纪律,勇敢拼搏。
半日	激光打靶	适合1-6年级	学习三种不同的射击姿势,冷静稳定地打好每一枪,争做神枪手。等待时间穿插军事游戏。	身体健康,遵守纪律,勇敢拼搏。

一日营根据培养对象,提供小小特种兵训练营1、小小特种兵训练营2、无人机研学、军营大走访、军事领袖成长训练营五种活动菜单。

时间	项目	对象	内容	要求
一天	小小特种兵训练营1	适合4-6年级	专业部队教官指导,上午进行体能训练和擒敌拳(或匕首操)技能学习。下午进行翻越障碍和卧姿射击(或狙击射击)技能学习。	身体健康,遵守纪律,勇敢拼搏。
一天	小小特种兵训练营2	适合4-6年级	专业部队教官指导,上午进行CS红蓝对抗赛,下午进行射艺大比拼。	身体健康,遵守纪律,勇敢拼搏。
一天	无人机研学	适合4-6年级	上午研学无人机的基本原理、了解军事运用现状、介绍发展前景等,初步学习操纵技能。下午人人进行操控学习,考核并比赛操控技能。	身体健康,遵守纪律,勇敢拼搏。

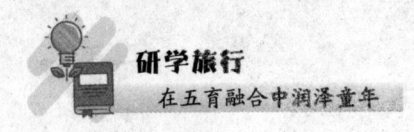

续表

时间	项目	对象	内容	要求
一天	军营大走访	适合4-6年级	上午和下午分别走访不同的部队,深入营地体验部队文化,近距离感受军营的风采。	身体健康,遵守纪律,勇敢拼搏
一天	军事领袖成长训练营	适合1-6年级	上午登高远瞻,凤凰寻古(圣果寺古迹、忠实碑、十八罗汉、三尊大佛、月岩、云栖寺、梵天寺历史古迹),了解吴越王国、南宋旧貌等,感知杭州深厚的历史文化底蕴,激发保家卫国的情怀,为领袖成长打下坚实的根基。下午激光打靶、团队游戏,增强团队精神和合作意识,培养冷静沉着果敢的领袖性格。	身体健康,遵守纪律,勇敢拼搏

两日营根据学员的现状和拓展意愿,提供军事达人成长营和勇敢娃娃兵训练营两种菜单。

时间	项目	对象	内容	要求
两天一晚	军事达人成长营	适合4-6年级	第一日上午破冰活动、团队游戏,军事游戏;下午射艺大比拼(南宋沙包投掷、弯弓射击、彩蛋射击、激光射击)。晚上学习叠被子、战地救护技能。第二日上午开展CS红蓝对抗赛,下午翻越障碍、体能训练、擒敌拳(或匕首操)技能学习。	身体健康,遵守纪律,勇敢拼搏
两天一晚	勇敢娃娃兵训练营	适合1-6年级	第一日上午破冰活动、团队游戏、军事游戏;下午凤凰寻古(或考察气象体验馆或参观空军、陆军某部)。晚上学习叠被子、战地救护技能。第二日上午进行体能训练和擒敌拳(或匕首操)技能学习。下午参观军事陈列馆、国防教育馆、禁毒馆,队列训练,军事游戏,翻越障碍等。	身体健康,遵守纪律,勇敢拼搏

第三章 课程:区域推进研学旅行的基础建设

五日营根据培养目标,提供国防教育军魂铸造研学营和国防教育军事体验研学营两种菜单。军魂铸造研学五日营活动,适合小学高段学生,侧重锤炼坚毅品质,锻造军人阳刚性格,打造合格小军人;国防教育军事体验研学五日营,适合小学各段学生,活动侧重军营文化熏陶、部队军事体验,激发拥军爱军情怀。

时间	项目	对象	内容	要求
五天四晚	国防教育军魂铸造研学营	适合4-6年级	主要包括四大类(一)国防知识研学(二)军事活动研学(三)军营文化体验研学(四)团队建设体验。具体涵盖:参观军事陈列馆、国防教育馆并研学;抗日战争知识研学;军兵种知识研学;国防知识竞赛;参观上城区少儿禁毒馆并研学;树立蓝天梦想,研学航天知识;野外生存拉练;擒敌拳学习;翻越障碍训练;激光打靶比赛;战地救护研学;学习部队内务整理;学会叠军被;练习军容军姿;训练基本队列;革命传统历史研学;军人岗位研学体验(哨兵、纠察员、排长、桌长、寝室长、炊事员、卫生员、升旗手等岗位体验);开展军事游戏;亲情感恩教育;学唱部队歌曲,军营拉歌;军营联欢等。	身体健康,遵守纪律,勇敢拼搏。
五天四晚	国防教育军事体验研学营	适合1-6年级	主要包括四大类(一)国防知识研学(二)军事活动研学(三)军营文化体验研学(四)团队建设体验。具体涵盖:参观军事陈列馆、国防教育馆并研学;抗日战争知识研学;军兵种知识研学;国防知识竞赛;参观上城区少儿禁毒馆并研学;树立蓝天梦想,研学航天知识;野外生存拉练;擒敌拳学习;翻越障碍训练;激光打靶比赛;CS红蓝对抗;无人机研学;战地救护研学;学习部队内务整理;学会叠军被;体验军容军姿;练习基本队列;革命传统历史研学;军人岗位研学体验(哨兵、纠察员、排长、桌长、寝室长、炊事员、卫生员、升旗手等岗位体验);外出参观杭州市气象体验馆和气象观测站,并研学;团队破冰,开展军事游戏;亲情感恩教育;学唱部队歌曲,军营拉歌;军营联欢等。	身体健康,遵守纪律,勇敢拼搏。

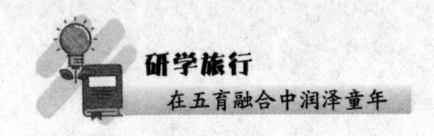

在暑期提供国防教育军魂铸造研学七日营,增加外出实地考察部队的活动。

时间	项目	对象	内容	要求
七天六晚	暑期国防教育军魂铸造研学营	适合4-6年级	主要包括五大类(一)国防知识研学(二)军事活动研学(三)军营文化体验研学(四)团队建设体验(五)外出实地参观部队营地。活动侧重锤炼坚毅品质,锻造军人阳刚性格,注重军营文化熏陶、部队军事体验,激发拥军爱军情怀。	身体健康,遵守纪律,勇敢拼搏。

在上面这个案例中,我们分别介绍了从半天一直到7天的国防教育课程内容。在实践中,根据学生的年龄特点,选择相应的研学时间。通过各种形式,让学生了解基本的国防知识,锤炼学生的意志品质。

3. 依托学农基地开发的劳动教育课程

目前我们开发的农事课程有80余项,共建基地2家,通过给孩子们创造更多的实践和锻炼的机会,培养学生善于解决问题的实践能力和勇于探索的创新精神,让他们在锻炼自己动手能力的同时增强合作意识。

表3-4 学农基地开发的学农课程

类别	课程名称	课程简介
农耕主题实践	农耕农趣	本课主要介绍元代诸暨籍乡贤王冕"农耕农趣"的突出表现和杰出成绩,激发学生勤奋学习,奋发图强。
农耕主题实践	稻米故事	追寻一粒米的生命之旅,体味悠久的农耕文化。中国是世界上最早栽培水稻的国家,作为一个农业国家,谷穗也出现在中国的国徽上。可是现在很多孩子对自己天天吃的粮食都停留在粗浅的认识上,或是一无所知,甚至是对米饭感到腻烦。本课程从探究"一粒米"的故事开始,激发孩子们探究的兴趣,并通过自己的探索、研究、实践、总结等真正感悟到这一碗饭背后的真正意义。唤醒孩子对食物、对自然的敬畏。(90分钟)

续表

类别	课程名称	课程简介
农耕主题实践	大地种植	现在很多孩子对餐桌上的蔬菜瓜果的了解甚少,甚至有些孩子连基本农作物都不认识。本课程通过挖番薯等农田活动为开始,激发学生对农作的兴趣,再有趣味游戏大地寻宝让学生了解认识部分农作物,学习种植农作物的基本方法,体会人与农作物相互依存的关系,体会农业生产的辛劳与快乐,养成爱护农作物、爱惜盘中餐、不浪费粮食蔬菜作物的良好行为习惯。
农耕主题实践	手编草艺	稻草艺术编织,是以稻草为原料加工编制的工艺品。稻草生长地域广泛,而且易得易作,故稻草编工艺在中国民间十分普及。可以编织各种图案,也可以编好后加印装饰纹样。既经济实用,又美观大方。本节课是让同学学习了解草绳的作用与编制方法,课程操作环节以稻草为主要材料辅以布条,利用古老索盘和摇杆,让学生自己动手绞合绳子。通过本课不仅可以提升学生动手能力,也能了解古老绞绳技法和草绳在生活当中的应用,更能唤起大家的环保意识。
农耕主题实践	欢庆丰收	当传统文化与经典将成为绝响,当乡土与村落将成为遥远的记忆,人们开始走进乡土追寻理想中"诗意的栖居"随着现代文明的渗透超越,古老的农耕文化距离我们越来越陌生和遥远。现代的农业都是机械化古法秋收的方法已经慢慢遗失。开设这堂课程目标是让学生感受农村丰收稻谷的喜悦,了解并体验农村古法秋收的过程。体会粮食的来之不易。让学生真正懂粮、爱粮、节粮。
农耕主题实践	果蔬育苗	扦插育苗是指从植物母体上切取茎,根和叶的一部分,在适宜的环境条件下促使成为独立的新植株的育苗方法。它具有保持母株的优良基因,不易产生变异,而且苗木生长迅速,利于苗木繁殖。本节课正是为了适应这一趋势而进行的,通过课程可以让同学们了解并掌握果树育苗的意义及方法--扦插与嫁接。

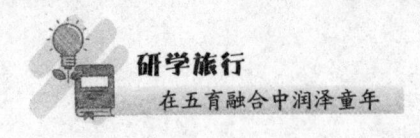

续表

类别	课程名称	课程简介
农耕主题实践	古法捕鱼	在农耕文化时代，打渔狩猎是人们的谋生手段，经过千百年的经验和智慧的累积，发明了许多捕鱼方法。不过这些古老手法人们已经不再使用，更多使用炸鱼、毒鱼等方法，但这些方法对环境造成了很大的破坏。本课程的内容介绍了龙骨水车捕鱼的过程和原理，给学生展现古代捕鱼的场景。
农耕主题实践	撒网捕鱼	使用捕捞工具捕获经济水生动物的生产活动，是水产业最主要的组成部分。中国的渔捕历史悠久，使用撒网捕鱼是最常见的一种方式。通过这节课使同学们了解撒网的技术、材质、构造，了解古代人民的聪明才智、勤劳善良。
农耕主题实践	挑水灌溉	灌溉是以人为措施从水源取水补给到农田的方法。灌溉不仅可以满足作物对水分的需要，而且能调节土壤空气、热量和养分状况。本课堂通过"挑水灌溉"游戏，让学生学习担水过程中平衡用力和用双手的技巧，学习浇灌农作物的简单技术，体验菜农田间劳动的艰辛，珍惜菜农的劳动成果，在日常生活中爱惜食物，同时增强学生的团队意识。学会团队合作，体验劳动的快乐。
农耕主题实践	动手筑篱	篱笆以前在农村是常见的，可随着农村环境的改变，现在农村也很少见了。不要说孩子没见过，就连平常的百姓也很少筑了。本课程通过趣味活动，让孩子动手筑篱，让他们体会了解筑篱的过程，激发他们热爱劳动力的热情。(90分钟)
农耕主题实践	颗粒归仓	中华民族一直自称为最勤俭节约的民族，"颗粒归仓"一词是我们优秀的祖先给人类的文化贡献，可当前，这个泱泱大国最稀缺的恰恰就是节约，很多资源已经枯竭或面临枯竭。对浪费习惯了的国人来说，"节约精神"一词似乎已起不到警示作用，必须强调"颗粒归仓精神"，也就是说对于任何资源都要有"一点一滴的节约精神"。

从总体上看，由于多年来的建设，我区的基地已经较为成熟，因此，依托基地开发的研学旅行课程也已经比较完善。

(二)依托场馆开发的选修课程

充分发挥区域内第二课堂场馆众多、文化旅游景点密集、学生活动资源丰富的优势,加强部门之间的积极联动,加强场馆之间的资源整合。根据研学主题的不同、场馆功能的不同、交通方式的不同、地域分布的不同,设计形成串点成线、布局合理、互联互通的研学选修课程,构建具有区域特色的研学旅行网络地图。

作为浙江省第一批整体推进中小学生研学旅行工作试点市县,上城区教育局挂牌成立了30个研学基地。充分发挥区域场馆优势,开发各具特色的选修课程。以社会主义核心价值观的研究性学习为线索,实现时空的以点连线;结合上城区深厚的历史文化底蕴,在研发研学线路的同时共建研学实践活动场地,实现研学活动的连线拓面。

表3-5 研学场馆选修课程

课程名称	主题	场馆
小小郎中诞生记	感受中医药文化 增强民族自豪感	方回春堂
我是非遗印学传承人	体会印学文化 传承非遗精神	西泠印社
豪宅寻宝乐无穷	解谜瑰宝 文化传承	胡雪岩故居
寻宝练摊儿 争做小掌柜	领略药王风采 传承医者仁心	胡庆余堂
寻梦运河	融汇杭州文化 感知工匠精神	运河博物馆
清凉伞上微微雨	赏"清明上河图" 探"中国伞文化"	中国伞博物馆
清廉尚德 清风常在	学习清廉榜样 践行清廉品质	于谦故居、清风廉政文化教育基地、毛泽东视察小营巷纪念馆等

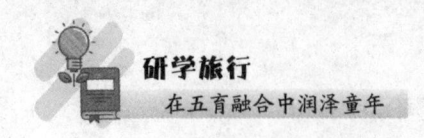

以上呈现的是基于场馆开发的部分选修课程。在内容设计中注重激发学生的参与兴趣，在丰富的活动中，实现"做中学"，提升学生思维和能力发展。随着实践的深入，相关课程仍在不断优化升级。面对学生不断变化的需求，还会根据实际情况继续开发新的选修课程，从而更好为全区师生提供服务。

(三)依托青少年活动中心开发的个性课程

体验学习是体验、感知、认知与行为四个方面的整合。即关注学生的真实体验，将体验中领悟的新想法、新观念归纳应用于实践中去，从而达到自我成长目的的统一的过程。研学旅行的课程既不是把学习看作是对抽象符号进行回忆与加工的理性主义，也不是把学习当成刺激=反应联合的行动主义，而是一种体验学习。

上城区聚焦兴趣体验的选修课程组群就是依据学生综合素养的发展目标，从满足学生的实际需求出发，设计注重学生个体体验，培养学生兴趣爱好的上城"学玩+"选修课程。课程由学生自主报名参加。

表3-6　依托青少年活动中心开发的个性课程

课程类别	课程名称
玩转传统文化	沐浴入泮礼传承古文化
	小小郎中传承中医文化
	非遗印学继承人
	立冬茶染
	南宋茶韵
玩转现代科技	编程小能手
	"鲲鹏展翅雄鹰振羽"航空研学
	生命物语　田园匠心
	小主人发现营
	小小科考家

第三章 课程:区域推进研学旅行的基础建设

续表

课程类别	课程名称
玩转体育艺术	花式击剑小能手
	小百灵之歌
	马勺绘画
	京剧脸谱
玩转个性体验	领袖成长营
	注意力训练营
	好习惯俱乐部
	未来名家
	悦读小达人

如《小小科考家》研学课程是基于大自然能够引发青少年无限的好奇心,引导他们探究世界,获得成就。我们开始的科考研学课程给予学生更大的学习天地,让他们走出校园,走进自然,以科考、科普为重心,从动植物学、地质地理学和野外生存技能等方面,为孩子们铺开美丽大自然的精彩画卷,让自然成为孩子们丰富阅历、增长学识的导师。

《未来名家》研学课程针对区域内有艺术特长、科技特长、体育特长的学生分别设置的课程,给他们展示的平台,更给予他们拓展提升的机会。

《领袖成长营》研学课程培养面向未来的综合型人才,陶冶领袖气质,主要有以下活动系列:领袖小讲堂——我的领袖情怀,欢乐记者站——聆听他们的声音,领袖大家庭——我与伙伴共成长,实践最前锋——走在时代最前端,我的展示台——我的领袖成长季。

《悦读小达人》研学课程开展多样的阅读活动,激发阅读兴趣,培养阅读习惯,提升阅读能力,帮助学生在阅读中享受快乐,活动系列主要包括:"国学知识我了解""民俗文化我知道""西湖诗词我来赏""书吧文化我体验""作家与我面对面"等。

《好习惯俱乐部》研学课程遵循"拥抱每一个孩子的潜能"的理念,以好习

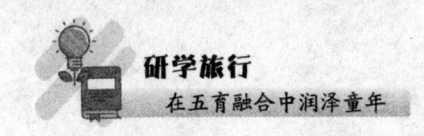

惯目标为行为养成指向，以个性化《好习惯成长手册》为行为养成记录，设置好习惯之EQ训练课程，开设魔力学习课程，重点针对7-10岁青少年，让孩子在体验中获得感悟，在感悟中学会成长，在成长中体味幸福。

《注意力训练营》研学课程通过游戏活动，引导孩子觉察、管理、缓解恐惧（害怕紧张）、愤怒、悲伤与忧郁沮丧的情绪，提升与快乐情绪整合的能力，训练倾听与模仿能力，强化注意力集中行为。

以青少年活动中心开发的个性化课程满足了上城学子的个性需求，助力上城学子阳光成长。

第二节

研学旅行课程的实施

任何课程都需要付诸教学实施,才会在学生身上起到作用。从一定意义上说,设计的再好的课程,如果没有付诸实施,仍然没有意义。因此,研学旅行课程的建设,不仅包括课程的开发,更重要的是课程的实施。通过课程实施,使研学旅行真正体现立德树人的根本宗旨,促进学生健康、全面的发展。

一、研学旅行实施流程

研学旅行课程作为一种实践性很强的课程,它的实施有别于一般的课堂教学。因此,我们通过对实践的总结,归纳了研学旅行课程实施的一般流程,以保证研学旅行课程实施的规范性和有效性。

(一)研学旅行课程实施依据

研学旅行,在国外又称为修学旅游、教育旅游。在16~17世纪的欧洲地区,兴起的"大游学(Grand Tour)"运动是教育旅行的前身,不少国家开始崇尚"漫游式修学旅行"。第二次世界大战后,欧美国家发展营地教育,日本于1946年发展修学旅行,到1960年修学旅行已成为日本中小学校的常规教育活动。迄今为止,已有许多国家将研学旅行作为学校系统内能拓展大中小学生视野、提高跨文化理解能力的一种教育方式,并且积累了有益经验。学习国外的研学旅行经验,我们发现:研学旅行作为一种融体验性、社会性、生活性、教育性为一体的德育实践活动,其遵循的理念完全符合具身德育理念。因此,我们把

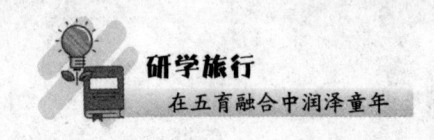

研学旅行作为区域德育的新样式,提出了"研学旅行——行走的德育"。

研学旅行课程的设计意在丰富课余生活,助力全面发展。具身德育课程八个落实为研学旅行课程实施依据。落到身心实处(身体力行 身心健康);落到自然实处(即德育要回归自然原生态。也包含两层意思,一是道法自然,二是融入自然);落到生活实处(从生活中学习、从经验中学习);落到学校实处(从校园文化、班级文化、德育课程、文化课程、学科教学、课堂内外全方位入手,系统设计,兼顾整体性和阶段性,使核心课程与外围课程、隐形课程与显形课程相得益彰,彰显全员全时空全过程全学科的学生主体性和德育实效性。);落到家庭实处(家长言传身教);落到社会实处(社会现实才是真德育的百科全书,"社会即学校""学校即社会",社会是具身德育的大课堂,要从公共规则、公共秩序、公共卫生、公共文明等具体实事入手,避免学校德育的"孤岛""温室"现象);落到国家实处(要落实到热爱国家领土、热爱人民、热爱自己民族的语言文化、热爱政府等具体方面,热爱国家的过去、现在和未来,将爱国与爱家、爱乡、爱校有机结合起来。爱国主义教育基地就是德育具身化的最好场所);落到国际实处(从身边的传统文化遗产触发中国人对世界贡献的自豪感,从气候、环境等看得见、摸得着的现象体验保护共同生活的地球的重要性等)。《三论新时代具身德育》。

(二)研学旅行课程的一般流程

课程是研学旅行实践活动成功的核心要素,研学旅行手册是从研学活动转为研学课程的基本保障和重要标志。根据研学课程物化研学旅行手册,在研学活动结束也可以作为研学旅行的成果呈现,同时也是区域层面考评各校研学旅行成果的一个重要方面。

为规范研学旅行组织管理,各地教育行政部门和中小学要探索制定中小学生研学旅行工作规程,做到"活动有方案,行前有备案,应急有预案"。区域组织开展研学旅行可采取自行开展或委托开展的形式,提前拟定活动计划并按管理权限报教育行政部门备案,通过家长委员会、致家长的一封信或召开家长会等形式告知家长活动意义、时间安排、出行线路、费用收支、注意事项等信息,加强学生和教师的研学旅行事前培训和事后考核。

研学旅行课程的一般流程范式包括了:研学基本信息——告家长书——注意事项——课程安排——活动方案——过程记录——学习评价——成果展示等8个基本环节。有必要说明,随着课程内容的变化,这些环节会有相应的调整。下面,分别对这些环节进行介绍。

1. 研学基本信息

研学基本信息包括学生个人信息、研学地点介绍、研学目标等。学生在参与研学活动前,填写研学基本信息、了解研学活动的地点等信息。同时在行前了解自己同行的小伙伴,为研学旅行的顺利开展提供保障。以学生的发展为本是德育实施中的基础和核心,了解研学路线的相关资料,知道研学基地及其资源禀赋的内涵式,为学生后期活动提供了更广阔的空间,从而实现更强大的教育功能,更有利于促进学生发展。

【案例3-4】 胡雪岩故居研学信息

A. 地理位置

胡雪岩故居,位于杭州市河坊街、大井巷历史文化保护区东部的元宝街,建于清同治十一年(1872年)。落成的故居是一座富有中国传统建筑特色又颇具西方建筑风格的美轮美奂的宅第,整个建筑南北长东西宽,占地面积10.8亩,建筑面积5815平方米。

B. 历史背景

故居建造正值胡雪岩事业的巅峰时期,当时豪宅工程历时3年,于1875年竣工。胡雪岩故居整个建筑布局紧凑,构思精巧,居室与园林交融,建筑材料可媲美皇帝故宫,可谓无材不珍。

但1885年,煊赫荣显一时的胡雪岩在穷困潦倒与忧惧中结束了传奇的一生,1903年胡家无奈以区区10万两白银将豪宅抵债给刑部尚书协办大学士文煜,后又转让蒋家,此后日渐破败。及至故居修复前,故居先后成为工厂、企业单位、学校和民居,故居东部的和乐堂与清雅堂更是入住居民100多户,故居年久失修,早已面目皆非,到处是一副破败的景象,文物建筑受到严重破坏。

2001年1月20日,胡雪岩故居经过500多位工人16个月的日夜施工后正

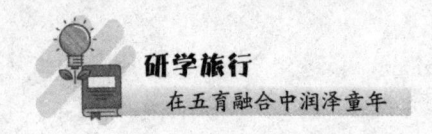

式对外开放。故居经过测绘、考古、设计和维修,总计耗资6亿元。

C. 社会影响

从历史大背景看,胡雪岩的衰败也是一个时代的悲剧。以"红顶商人"谓之,就明白道出了他的致富途径乃是官商之间的权钱勾结,这即使胡雪岩能够迅速堆积起如山的财富,又使他不可避免地卷入肮脏的政治漩涡。加之,处于19世纪中后期,西方殖民者已经打开中国大门,胡雪岩受到强大洋商们的挤压,其失败也属必然。他的衰败更增添了几分时代悲剧色彩。流连胡宅,不禁感慨系之。每一个游客从它的窗光水影里,从不同角度,可以感受到不同的东西,政治的、经济的、文化艺术的,留给人们许多有益的思考。

D. 参观指南

①胡雪岩故居采用了我国传统宅第的对称布局。中轴区为待客厅堂,由轿厅、正厅(即百狮楼)、四面厅组成;右边是居室庭院,由楠木厅、鸳鸯厅、清雅堂、和乐堂、颐夏院、融冬院组成,供成群妻妾居住;左边是芝园,其间有回廊相连,曲池相通。亭、台、楼、阁,高低错落,清雅和谐。更有碑廊、红军石栏、小桥、水亭,款款用心,步步是景。2.园中假山下建有国内现存最大的人工溶洞,曲折迂回,巧夺天工。

②园内木雕、砖雕、石雕、灰塑彩绘,工艺高超,可谓无品不精。

③故居内还有董其昌、郑板桥、唐伯虎、文征明等名家的书法石刻作品,轿厅内的两顶做工考究的红木官轿很是值得欣赏一番。

从上面这个案例中可以看出,研学基本信息向学生提供了研学点的地理位置、历史背景以及参观指南等,从而帮助学生先行了解研学点的有关情况,以更好地完成研学任务。在实践中,我们对每一个研学点都做了这样的信息提供。

2. 告家长书

研学旅行是传承中华文化的重要途径,是提升学生综合素质的一项重要举措。研学旅行是让学生在与平常不同的社会生活环境中拓宽视野,增长见识,学习研究,加深对自然、对社会、对中国文化的亲切感,激发学生的学习兴

趣。开展研学旅行活动，有利于培养学生的自立能力、生存能力、组织协调能力，培养学生的合作精神和集体主义观念，学会正确的处理人际关系，对于正在成长中的学生的人生观、世界观、价值观的形成具有极为重要的意义。家长作为学生的监护人，有权利和义务了解研学旅行的相关情况。在研学手册中把需要告知家长及需要家长共同配合支持的相关事项告知家长，有益于后续活动的顺利进行。

【案例3-5】 学生学农活动告知书

尊敬的各位家长：

为培养学生创新精神与社会实践能力，促进学生综合能力的全面发展的机会。学校将于2016年 4月18日至4月22日组织我校六年级学生前往上城区青少年素质教育实践中心(萧山青少年素质教育基地)参加学农社会实践活动。在一周的实践活动中，学生将亲密接触自然、了解社会，培养热爱劳动和艰苦奋斗精神。基地将为我们安排花卉栽培、新农村考察、陶艺制作、野炊拓展等丰富多彩的活动，让每一个学员充分体验参加农业劳动的乐趣。请家长在自愿参与的前提下积极配合做好下列相关准备：

一、活动费用

活动费用每位300元(含伙食费、住宿费、活动实践指导费、保险费、洗澡等)。

二、收费方式

学员将个人支付费用，在参加活动时带到上城区青少年素质教育实践中心，由实践基地直接收取并开具发票。

三、学员自带物品清单

住宿一周的换洗内衣裤和袜子、室内拖鞋一双、球鞋(最好2双)、洗漱用品(脸盆1-2个，毛巾两块、牙刷、牙膏、肥皂盒、肥皂)、茶杯。学习用品(课外书、笔记本、笔、信纸)和必备药品。(基地有统一的被套和枕套。若要自备被套1.5米×2.0米)

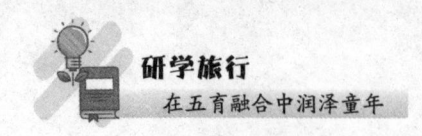

四、注意事项

1.学员不准带贵重物品、零花钱、零食进入基地。

2.特殊病史(如心脏病、癫痫、精神性疾病等)的同学不建议参加此项活动,身体不适的学员要及时告知教师,以便跟踪关心(体温超过38° 由家长接回就诊)。

3.杭州市的困难家庭子女持有效证明的复印件给予减免活动费(但需要交伙食费100元)。

4.所带行李尽量轻便,便于提拿。

五、接送时间

出发时间:4月18日上午8点00分　返校时间:4月22日下午1点30分

接送地点:学校门口 。

杭州市×××小学

家　长　回　执:

学生姓名		性别		是否自愿参加	
住宅电话		家长手机		有无特殊病史	
是否特困生		家长签名			

　　从上面这个案例中可以看出,通过告家长书这种形式,我们把研学活动中的相关事项告知家长,让家长了解研学活动的目的、注意事项等,以配合我们做好研学活动。

3. 注意事项

　　研学旅行可以拓宽视野,丰富知识,提高素质、判断以及学会团队合作和自理能力,进一步提升创新智慧等。研学是旅行的目的,旅行是研学的载体。研学旅行的意义在于,为青少年搭建理论通向实践的桥梁,为了解中华以及国外文化提供交流交往的平台。研学旅行不同于普通课程,它相对存在一些安全因素,在研学旅行前,有必要把研学旅行中的相关事项告知学生、家长,为保障研学旅行顺利开展。

【案例3-6】《小战狼活动须知》

1. 学生自愿参加,家长支持。

2. 参加的学生必须身体健康,无先天性疾病、遗传性疾病、心脏病、癫痫病、梦游症、严重心理障碍和传染性疾病等特殊情况。因隐瞒以上情况引起的纠纷、后果,责任均由学员法定监护人自行承担。

3. 为确保安全,活动进行封闭式管理,学生在活动中必须遵守国防教育基地活动要求,爱护公共设施。家长接送时建议绿色出行,按照要求进出活动场所。

4. 活动期间学员不准带贵重物品、零花钱、零食进入军营基地。

5. 因特殊原因临时无法参加活动,需在平台办理退订手续或与基地联系人联系。

6. 学生自带换洗内衣裤、袜子、洗漱用品毛巾、牙杯、牙刷,其他洗漱用品洗发水、沐浴露基地配备。

7. 为方便活动,请学员穿运动鞋和适合运动的服装。戴眼镜的同学应备有防跌镜架,以防活动中眼镜脱落。

8. 基地提供直饮水,请学员自带水杯或水壶(不要玻璃杯)。

9. 学员活动过程中产生的照片、录影等肖像,活动主办单位有权用于公益性宣传活动。

10. 请正确填写报名信息,我们将按信息购买活动保险。

11. 活动日,凭报名成功短信到现场进行报到。

12. 提前10分钟,送(接)孩子到活动地点。绿色出行,注意安全。

从上面这个案例中可以看出,注意事项主要是事先告知学生参加研学活动时要遵守的一些规定。在实践中,我们对每一项研学活动都对参与的学生提出了明确的注意事项,以保证研学活动能够安全进行。

4. 课程安排

课程是研学旅行实践活动成功的核心要素,各校应将研学旅行纳入学校

教育计划。以"六结合"策略研发课程，与国家课程相结合，与其他综合实践课程相结合，与国际交流相结合，与校本课程相结合，与班团队活动相结合，与地方课程相结合。与国家课程相结合，为学生提供学以致用的机会；与地方课程相结合，为地方课程带来新的活力；与校本课程相结合，成为"长"出来的课程生命力。每校都应在区域研学课程的架构下，结合学校特色进行校本研学旅行活动课程的开发。研学旅行中涉及的相关课程活动安排，用表格等形式告知学生、家长，让学生在活动中始终明确自己即将或正在进行的课程安排。

【案例3-7】 生涯规划：助力美丽成长

为培养能敬业为公，自由为学，责任为国，符合社会主义核心价值观的学生。面向未来，他们应该有明确的目标、浓厚的兴趣和良好的心理准备；立足现实，他们要为未来的人生做好准备、打好基础。因此生涯规划课程目标设计为：增强学生自我了解、自我决策以及对自己未来进行规划的意识和能力；强化自我学习的能力及终身学习的态度；树立正确的人生观、价值观和社会观，唤醒自我意识，培养自律品质、提升自主管理能力。生涯规划研学课程内容以主题为线索。

以七年级"我是谁"为例，研学课程内容如下：

主题	课程主题	课程目标
我是谁	我的自画像	通过SWORT分析了解自己的气质类型，明确不同特质适应不同职业。了解自己的优缺点，学会正确评价自我。
	兴趣、能力	了解自己的兴趣，培养相关的能力，让兴趣和能力为未来发展储备力量。
	家族职业树	了解家族成员的职业情况，家庭对个人愿景的影响。
	价值拍卖会	初步确立正确的价值观，了解发展规划对人生的重要意义。

从上面这个案例中可以看出，课程安排主要是对研学活动内容的安排与告知，这样，可以让参加的学生事先了解研学活动的具体内容，以便做好学习的准备。

5. 活动方案

浙江省文化和旅游厅副厅长卢跃东副厅长说:研学旅行,既不是单纯的旅游,也不是单纯的学习,它是一种探究性学习与教育性旅行的融合,更是文化和旅游融合的最好载体。坚持以人为本全面实施素质教育是教育改革发展的主题,是贯彻党的教育方针的时代要求,其核心是解决好培养什么人、怎样培养人、为谁培养人的重大问题。在研学活动方案设计中也要坚持德育为先、立德树人,把社会主义核心价值体系融入教育全过程,把德育渗透于研学活动的各个环节。

【案例3-8】 小战狼 铸军魂:2019年勇敢娃娃兵研学基地秋假研学活动方案

一、指导思想

为贯彻习近平同志关于培育和践行社会主义核心价值观的重要指示精神,落实省市研学旅行实施意见,立足浙江省"勇敢娃娃兵"研学实践教育基地,通过"小战狼,铸军魂"研学活动,培育青少年崇尚英雄、立志报国的精神和信念。提升品质,推动研学规范、健康、发展,探索基地在国防教育方面的研学育人新路径、新做法。

二、活动目的

借助杭州中小学生秋假时间,开展"小战狼,铸军魂"研学活动,以"驻军营""立军愿""做勇士"等活动为载体,引导学生树立正确的人生观、价值观,明确人生目标,做一个有理想、有文化、有责任、有品德的美好少年。积极构筑青少年崇尚英雄、血性阳刚、爱军习武、立志报国的精神和信念,向祖国70华诞献礼。

三、活动安排

1. 活动时间: 2019年9月29日8:30—30日15:30

2. 活动地点:上城区青少年活动中心勇敢娃娃兵研学基地(馒头山社区宋城路5号)

3. 活动项目与费用:(1)"小战狼铸军魂"研学(帐篷宿营),费用350元(含

伙食、材料、教官、服装和帐篷等);(2)"小战狼铸军魂"研学(室内宿营),费用250元(含住宿、伙食、材料、教官和服装等)。

4.活动对象与人数:全省4-6年级小学生180位,其中:(1)"小战狼铸军魂"研学(帐篷宿营)参与人员80人;(2)"小战狼铸军魂"研学(室内宿营)参与人员100人。

5.报名途径:"淘活动平台"(微信公众号:上城区青少年活动中心)

6.报名时间:2019年9月24日(中午12:00起)—27日(下午16:00止)

从上面这个案例可以看出,活动方案这一环节指研学旅行中相关组织方所要进行的相关活动的具体安排。把具体的时间、内容告知学生、家长,提前做好相关准备工作,也有助于活动的顺利开展。

6.过程记录

研学旅行依托自然和文化遗产资源、红色教育资源和综合实践基地等,让广大中小学生在研学旅行中实地感受祖国大好河山、感受中华传统美德、感受革命光荣历史、感受改革开放伟大成就,激发学生对党、对国家、对人民的热爱之情,增强对坚定"四个自信"的理解与认同,是加强中小学德育、培育和践行社会主义核心价值观的重要载体。在研学手册中学生把自己参与的活动内容记录下来,让研学旅行不仅停留于脚间,在笔间记录下来,让研学旅行成为学生最难忘的回忆。

【案例3-9】《"小战狼,铸军魂"研学活动体验单》

我们是驰骋沙场的骏马,心存高远志向,怀揣强军梦想,展现强者风采,让我们"勇敢娃娃兵"在浙江省研学基地积极研学,苦学军事本领,充分体验做"勇敢娃娃兵"的乐趣吧!同时在参与活动中应注意以下几点:

1.热爱集体,团结同学,互相帮助。关心他人。

2.遵守作息时间、活动纪律和活动操作顺序,服从指导老师安排。

3.爱护公物,注意环境及个人卫生,文明用餐,节约粮食,就餐时不高声喧哗。

第三章 课程:区域推进研学旅行的基础建设

4.有事报告,履行请假程序,不准无故离开基地活动。

5.洗漱、洗澡文明有序进行,节约用水。

6身体有不适现象及时向教官、班主任和医生报告。

描绘蓝图	绘制《小兵迎建国70周年》巨画,配合的考验,智慧的拓展,艺术的别样碰撞。百人齐画,人人参与,人人都是这场画卷的执笔者,你一笔,我一划,共同绘制出我们未来美好蓝图!
我的研究	
同伴评价	
我的收获	
温馨小屋	不惧挑战,伙伴合作,完成帐篷的搭建和拆除;学会合作,学会自理内务,叠出豆腐干形状棉被。就地扎根军营,过一个终生难忘的夜晚;
我的研究	
同伴评价	
我的收获	
朝阳越野	清晨迎着曙光,穿越小径,翻越凤凰山,了解家乡的人文历史。凤凰山是吴越王国和南宋王朝建宫的所在地,长达700年都是杭州政治的中心,凤凰山可以说是杭州的"圆明园",这里名胜遗迹众多,文化积淀深厚。清晨一起在大自然中开阔胸怀强健体魄,一起感知杭州深厚的历史文化底蕴。
我的研究	
同伴评价	
我的收获	
血战独树镇	以真人CS活动形式,模拟长征途中红军战士保卫独树镇,英雄作战,夺取胜利的场景,与小伙伴一起讨论战术战法,锤炼小战狼精神,树立保家卫国的情怀。
我的研究	
同伴评价	
我的收获	

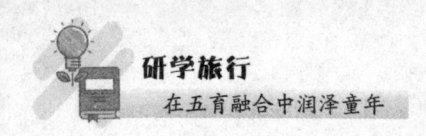

续表

勇敢征程	长征是人类历史的伟大奇迹,中央红军共进行了380余次战斗,走过荒草地,翻过雪山,行程约二万五千里。让我们"重走长征路",体验跋山涉水、勇走峭壁、钻铁丝网、勇夺泸定桥的艰难,激励学员不惧艰险挑战,去战胜一个又一个的困难,让长征精神指引我们"不忘初心、继续前进"。
我的研究	
同伴评价	
我的收获	
我的活动感受和建议:	

从上面这个案例中可以看出,我们通过《体验单》这种形式,让学生把研学活动中的基本情况以及感受体验等简单的记录下来。这样,既可以为学生在游学活动结束后进行总结提供素材;也能帮助我们从学生的记录中对课程内容进行反思、调整,从而使研学内容更加符合学生的需要。

7. 学习评价

教育部等11部门联合印发了《关于推进中小学生研学旅行的意见》中指出要求各地要建立健全中小学生参加研学旅行的评价机制,把中小学组织学生参加研学旅行的情况和成效作为学校综合考评体系的重要内容。学校要在充分尊重个性差异、鼓励多元发展的前提下,对学生参加研学旅行的情况和成效进行科学评价,并将评价结果逐步纳入学生学分管理体系和学生综合素质评价体系。

建立学生自评、同伴互评、辅导员评价三位一体结合的评价方式,参与研学的学生本人、一起研学的伙伴以及组织研学的辅导员老师通过各自账号登录平台进行评价,评价学生在研学活动中的表现,从而实现评价的科学性、客观性和全面性。

【案例3-10】《研学实践手册》的研学评价部分

一、活动整体评价

评价内容	评价结果
活动时间的安排是否合理	合理（ ） 还可以（ ） 不够合理（ ）
活动组织与准备工作是否满意	满意（ ） 一般般（ ） 不满意（ ）
活动中你觉得最好的地方在哪方面，不足之处在哪方面？	好的方面： 不足之处：
本次活动中你最大的收获和感受是什么？	收获： 感受：
对本次活动有何意见和建议？	意见： 建议：

二、学生参与活动整体评价

评价内容	自我评价	教师评价	家长评价
我在研学活动中的表现优异	同意（ ） 部分同意（ ） 不同意（ ）	同意（ ） 部分同意（ ） 不同意（ ）	同意（ ） 部分同意（ ） 不同意（ ）
我在研学活动中有巨大的收获	同意（ ） 部分同意（ ） 不同意（ ）	同意（ ） 部分同意（ ） 不同意（ ）	同意（ ） 部分同意（ ） 不同意（ ）
我在研学活动中发现很多的不足	同意（ ） 部分同意（ ） 不同意（ ）	同意（ ） 部分同意（ ） 不同意（ ）	同意（ ） 部分同意（ ） 不同意（ ）
未来，我已经找到努力的方向	同意（ ） 部分同意（ ） 不同意（ ）	同意（ ） 部分同意（ ） 不同意（ ）	同意（ ） 部分同意（ ） 不同意（ ）

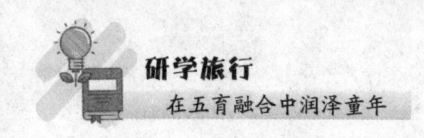

三、学生参与活动分项评价

项目	评价要点	自评	互评	师评
活动参与	认真参加每一次活动。	☆☆☆	☆☆☆	☆☆☆
	对组织的每一项活动始终保持浓厚的兴趣。	☆☆☆	☆☆☆	☆☆☆
	认真观察思考、动手动脑、探索掌握各种学习方式。	☆☆☆	☆☆☆	☆☆☆
	能克服困难,保质、保量完成任务。	☆☆☆	☆☆☆	☆☆☆
	主动提出自己的设想建议	☆☆☆	☆☆☆	☆☆☆
	参与活动过程中不怕困难和辛苦	☆☆☆	☆☆☆	☆☆☆
合作交流	活动过程中主动和同学配合	☆☆☆	☆☆☆	☆☆☆
	活动过程中乐于帮助同学	☆☆☆	☆☆☆	☆☆☆
	认真倾听同学的观点和意见	☆☆☆	☆☆☆	☆☆☆
体验获得	活动过程中积极动脑、动口、动手参与	☆☆☆	☆☆☆	☆☆☆
	活动过程中会与别人交往	☆☆☆	☆☆☆	☆☆☆
	活动过程中有新意	☆☆☆	☆☆☆	☆☆☆
	活动过程中能做到垃圾分类	☆☆☆	☆☆☆	☆☆☆
	活动过程中能照顾好自己的日常起居	☆☆☆	☆☆☆	☆☆☆
方法应用	能用多种方法搜集处理信息	☆☆☆	☆☆☆	☆☆☆
	实践方法、方式多样	☆☆☆	☆☆☆	☆☆☆
成果展示	能主动展示自己	☆☆☆	☆☆☆	☆☆☆
	展示成果有新意	☆☆☆	☆☆☆	☆☆☆

评价等级:

请根据你的评价等级为☆涂上颜色,三星,非常好;两星,好;一星,欠好;零星,不好。

四、小组"合作交流"观察表

评价内容 \ 组别	组1 优秀	组1 良好	组1 加油	组2 优秀	组2 良好	组2 加油	组3 优秀	组3 良好	组3 加油	组4 优秀	组4 良好	组4 加油
主动和同学配合												
乐于帮助同学												
认真倾听别人的观点												
对伙伴学习做出贡献												

从上面的案例中可以看出，我们对学生参加研学活动的情况设计了较为完整的评价，包括学生对研学活动内容的评价、学生对自己参加研学活动情况的总体评价、分项评价等等。通过这样的评价，帮助我们不断改进研学活动。

8. 成果展示

成果展示的过程是反馈交流的过程，是经验共享的过程，是调整深化的过程。成果展示所展示的不仅仅是成果，更是一种情感的交流、思维的交锋、过程的体现，即成果喜悦分享和探索的困惑分解和分忧。通过展示，认识到自己实践活动在生活和社会中的价值意义，增进自我成就感，进一步培养学生的自我成就愿望、社会角色感，增进积极的情感体验。

【案例3-11】 "血战独树镇"研学体验单

学校		姓名	
年级		性别	
在此次研学活动中你的射击最好成绩是多少？			
你对攻击城池有什么好的建议？			
你对防守城池有什么好的建议？			
在本次攻守城池的战斗中你冲锋陷阵的精神吗？你是如何帮助团队完成任务的？			

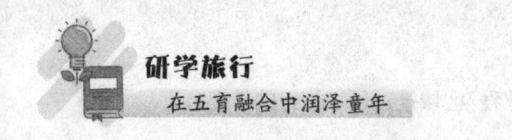

从上面的案例中可以看出,成果展示实际上是在研学活动结束后,我们通过学生的《体验单》记录,组织学生进行交流分享的环节。通过这样一个环节,使学生对研学活动进行反思,一方面加深体验;另一方面,也帮助我们不断改进、完善研学活动。

二、研学旅行课程的实施载体

研学旅行继承和发展了我国传统游学、"读万卷书,行万里路"的教育理念和人文精神,学生基于自身兴趣,在教师帮助指导下,从自然科学、社会和生活实践中选择和确定主题,在动手做、做中学的过程中,主动获取知识、应用知识、解决问题的集体学习活动。所以,这就对我们的教师,我们的学校,甚至相关行政职能部门都提出了更高的要求,我们要更多的取长补短,要更加专注的研究,要把更多的教育形式进行融合。为此,我们设计了研学旅行的两大载体。

(一)组群:实施研学旅行的组织载体

研学组群,是指根据课程的不同属性而组建的研学组织。实践中,我们依据学生基本能力发展需求,研究设计了三个层次的研学组群,分别聚焦基本能力、聚焦兴趣体验、聚焦个性发展。

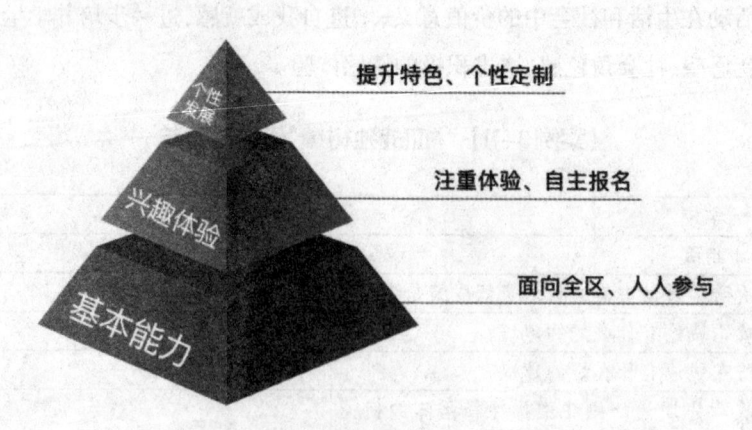

图3-3 研学组群三级结构图

1. 指向基本能力培养的研学组群

上城区中小学校外实践教育和校外实践育人一直以来都是在政府的推动下进行的,政府通过校外教育场所建设、校外实践育人基地建设、校外教育资源整合、校外教师师资配备和校外实践信息化建设等为上城区中小学校外实践育人活动的开展奠定坚实的基础和保障。此外,政府还应制定政策和措施,确保中小学校外实践育人的有序推进;联合社会各界人士及校外教育资源,包括学校和家长,使其共同参与到校外实践育人活动中来,共同营造良好的校外实践教育氛围,为促进中小学生思想道德建设而共同努力。这都体现了政府的主导作用。在政府的主导作用下,各校外实践教育基地积极与学校进行对接,进行合力育人,并调动家长的参与,开展亲子互动体验活动,家、校、社这三个最重要的育人主体,形成育人合力,积极开展合力育人工作。因此,中小学校外实践模式应该是"政府主导、三力合一"。

2. 指向兴趣体验的研学群组

近年来,各地掀起了开展中小学生研学旅行的热潮,但实施过程中出现较多只"旅"不"研"、忽视学生真实体验的现象,表现出活动体验浅层化、课程目标虚设化、应用体验短暂化等不足,影响了研学旅行活动的有效性。"体验性"是研学旅行活动的本质性规定,如何使研学旅行做到"研旅结合",从体验学习理论的视角,对研学旅行课程设计做出相应的应对与进度,十分有必要。

【案例3-12】 "小小郎中诞生记"体验活动(节选)

一、研学体验目标

1.通过参观学习等方式,了解杭州方回春堂河坊街馆内前门大厅、国药馆、膏方馆等场地,了解其发展历史及中药文化,感受中华老字号的独特魅力。

2.在丰富的主题活动中,近距离实践体验望闻问切的中医问诊方式,在趣味游戏中学习辨识中药,实现活动育人目标,体会中医国粹的博大精深,感受传统中医药的文化魅力。

3.引导学生齐心协力拼标志,同伴合作学做操,在互助中交上新朋友,在合作中能相互体谅,学会处理好自我与团队的关系,锻炼品格,做健康生活的

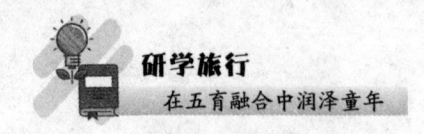

主人,不断增强社会参与能力。

4.通过举办中小学生研学活动,让同学们了解中医药传统文化的悠久历史和博大精深,激发广大青少年的中医药情怀,继承和弘扬中华优秀传统中医文化,不断增强文化自信心和民族自豪感,为普及和推动中医药文化发展和创新做出积极贡献。

通过走进实地场馆,进行系列实践活动,体验望闻问切的中医问诊方式、趣味游戏学习辨识中药、齐心协力拼标志、同伴合作学做操,在互助中交上新朋友,学会处理好自我与团队的关系,不断增强社会参与能力。活动实践中了解中医药文化的博大精深,当一个中医文化的传承人。

体验式研学旅行课程注重学习的过程性,关注学习是如何发生的、如何发展的。传统的理性主义教育更关注的是结果,保罗·弗莱尔称这种教育理念是"银行"式的观念,学生是储藏东西的仓库,教师是存款人,关注更多的是教材及实施的存放。体验式研学旅行课程不仅注重过程性,更重要的是这一过程是以体验为基础的持续不断的过程,因为知识在学习者的体验中连续地发生并被检验。

例如在"鲲鹏展翅雄鹰振羽"航空研学活动中,孩子们在活动中走进机场、观察飞机起降、体验模拟飞行、感受飞行器、参与飞行员的综合素养的建立,了解航空知识,实操科学实验。

通过这些体验,让对航空航天感兴趣的孩子在心中有了一颗航空的种子,让他们了解航空、走进航空,从而对航空产生兴趣,期待这个种子能够发芽、长大,未来成为一名飞行员、飞行器设计师、机务人员、空管指挥员等等。孩子的未来可能是无限的,活动中的实操体验,还开启了孩子的探索精神,增强了动手能力,建立了团队合作意识,培养了爱国主义素养情操。

不仅如此,孩子们了解到要想做一名飞行员,不仅仅要有强大的头脑、冷静的思维、敏捷的思路,还需要有强健的体魄。通过针对性的训练,提升孩子专注力与耐力,也让孩子明白健康是实现梦想的前提,有了好的身体才能更好地学习、生活。

3. 指向个性发展的研学组群

指向个性发展的研学群组一般与社团相结合,针对区域内有特长的学生,通过个性化的课程内容,为学生提供更高的展示平台。

(1)完善课程结构,关注学生的个性需求。指向个性发展的研学群组是根据学生共同意愿和兴趣爱好组建起来的组织,成员的组成会跨越班级和年级,教师在指导学生开展活动时,要充分考虑到学生的需求,并据此调整、完善研学内容,从而为不同学校、不同学习能力、不同年龄、性别、不同性格特点,却拥有同样兴趣爱好的学生搭建一个交往的平台,提供异质交往机会,有效提高学生的能力。

(2)增强导师指导。指向个性发展的研学群虽然是一个兴趣组织,但是想要保持长久的生命力,要能够对学生的知识、能力各方面有提升作用,就离不开专业教师的专业指导。

研学旅行课程的研学导师,除了由区域内的各中小学的骨干教师培养而成,我们还将借助各个机构、场馆的第二课堂讲解员、文教人员。这些非教育专业的人员通过参与研学旅行课程的实施,最终将成为数量极为庞大的研学导师队伍。他们在借力于我们成长的同时也为我们的研学旅行课程实施助力。

例如,在学生进入初中生活后,感觉学习竞争压力越来越大,许多学生为了能在考场上取得更好的成绩,在同学向自己求助时,或推诿或敷衍。学生之间,无形中就产生了隔阂,让原来纯正充满斗志的"竞争"发生了扭曲。在这样的背景下,开展专门针对初中生竞争与合作的辅导"让竞争与合作一起微笑",聘请专业的心理团辅老师组织活动。团体热身、团体转化、团体工作、团体结束四个阶段有序进行,通过团体游戏、头脑风暴、观看案例视频、情景剧等活动让学生们知道成功不但来自个人的不懈努力,更需要一个团队的精诚合作,知道正确的竞争可以激发自己的潜能,可以克服自己的不良个性,可以增强学习兴趣,理解"双赢"的实际意义。

另外,为了营造长期稳定的群组文化氛围,我们要定期组织群组文化节。对一段时间内发展较好的群组进行表彰,并选出几个精品群组,给予资金和政

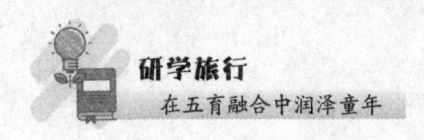

策的支持,帮助他们解决群组管理和活动组织的经费问题,保护群组的长期发展。

(3)丰富活动内容,注重研学能力的提升。从教育的终极目标来看,挖掘学生的潜能远比提高学生考卷上的分数更重要,因此,在群组的活动形式和内容上,我们进行调整,帮助群组走上社会。比如,我们可以主动与当地的社区、企业、高校等沟通,为学生搭建群组与社会的桥梁,开展学校间研学组群文化大比拼的活动,扩大学生的视野。另外,群组活动要注重学生研学能力的培养,采用激励的方法引导学生创建新的活动,对于学生提出的想法要多鼓励,充分发挥他们的想象,为社团活动添砖加瓦。

研学组群的建设和发展能够全方位地培养学生的综合能力,对于完善学生人格、开阔学生眼界、发掘学生潜能具有重要作用。机构与教师要改变陈旧观念,帮助学生建好组群、管理好组群、服务好组群,多措并举地发展学生研学组群。

(二)网图:实施研学旅行的路线载体

在区域推进研学旅行的过程中,我们逐渐把学校研学基地、第二课堂、研学实践基地串点成线,形成了连线成网的新格局,设计研学旅行线路130余条,点面结合、布局合理、互联互通的研学网图初步形成。

1. 研学网图的内涵

每个学生都是独特的,因此发展需求也是多样化的。各个研学点在发挥自身的独特优势时,不可避免地存在弊端,即无法满足所有学生的多元化需求。因此,需要有效统筹基地资源,实现资源互补,充分发挥"1+1"大于2的合作效应。

研学网图的构建使得区域资源利用率大大提高,各基地之间的互动合作变得更加频繁,使得基地发展焕发出新的朝气和活力,有效促进基地的自我完善。在合作中发挥更加强大的教育功能,有利于打造"区域品牌"优势。

构建研学网图是深入研学活动的必由之路,也是实践中不断优化的必然结果。在各方力量的支持下,上城区研学网图的建设仍然在不断研究实践中,需要我们教育工作者不断努力去创新、去拓展,以期能够服务更多学生,让学

生在研学活动中真正学会做人、学会做事、学会与人相处、学会学习。

2. 研学网图的基本特征

我们建立的研学网图具有三个基本的特点：一是多向拓展。研学网图的建构对丰富学生的实践体验有着巨大的影响。原本在某一个实践基地，学生能够体验的活动总是有限的，而研学网图的构建，为学生开辟了更加广阔的空间，使得学生能够体验更加丰富多彩的活动形式，接触更加全面的信息资源，从而形成对事物更加客观、丰富的认知。

以"职业体验研学之旅"为例。职业体验是将教育与生产劳动、社会实践相结合的内容与路径。职业体验具有认识职业、认识自我的认识论意义，兼具职业性活动和过程的实践特质。职业性、体验性、教育性构成中小学生职业体验的主要特征，发挥着育人价值、学校价值和职业教育价值。从"人与自我、人与社会、人与职业"三对关系来看，中小学职业体验能促进人的自我认识、社会化和职业认知；有助于传播职业文化，对职业教育起到提高吸引力的显性作用。

表3-7 "职业体验"研学之旅内容简介

职业体验研学之旅			
序号	研学地点	体验职业	体验内容
1	杭州市方回春堂	小郎中	了解医者"治病救人、不需卖假"的准则；记药材名称，了解中药材的功效，体验"望闻问切"四诊方法；了解膏方的制作方法，传播国家级非物质文化遗产。
2	胡庆余堂中药博物馆	药剂师	通过故居寻宝活动了解胡庆余堂历史，在小组接力配对活动中了解中国古代十大中医名人，学会按需抓药、称药、包药，学做"小小药剂师"。
3	中国财税博物馆	理财师	认识古今钱币、了解传统社会分工形态，感知古往今来财税与社会政治、经济、文化等多领域间的紧密联系，加深对"劳动创造财富，劳动创造幸福"等主流价值观念的理解。

续表

序号	研学地点	体验职业	体验内容
4	吴越人家.一新坊	手工艺师	学染萧山过江布、陶艺、版画、剪纸,体验作为手工艺人,传承非物质文化遗产。
5	胡雪岩故居	小掌柜	感受清末中国巨商第一宅之繁华,知道胡雪岩的为人与经商之道——崇尚戒欺经营,"真不二价",诚实守信,乃其正身之本。
6	上城区小学新劳动实践力体验中心	农艺师	通过完成耕田、种菜、收菜、做饭等经验,体会自给自足的快乐,了解农民伯伯的艰辛,养成节约粮食、劳动光荣的好习惯。

通过不同基地的实践经历,学生能够体会到多种职业的魅力。该研学路线设计中涉及了"仕""农""工""商"等各类职业,为学生提供了比较丰富多元的体验。

二是深度体验。在研学路线的设计中,还特别注重学生对体验的深度挖掘,从而帮助他们获得更加深刻的感悟。这遵循学生学习的普遍规律,由表及里不断深入。在开发研学路线中,根据学生核心素养发展要求,提炼出在实践中得以落实的主题,围绕主题,精心串联相关的研学基地。

以清廉教育为例。清正廉洁是中华民族自古崇尚的一种美德,也是我国古代廉政文化的构成核心。清廉浙江既是人民的期盼,也是时代的呼唤。上城区作为浙江省"首善之区",理应争当先锋,更进一步,更深一层。区委下发的《关于全面推进清廉上城建设的实施意见》,描绘了上城朝着海晏河清、朗朗乾坤的美好前景阔步迈进的蓝图。面对这份蓝图与使命,校外研学清风之旅应运而生。该研学之旅充分运用上城区及周边丰富的教育资源,选取了与"清廉"教育内涵相关的场馆,依据"古城名士颂清廉,治江伟业赞清廉,钱江名胜探清廉"的角度,选取了八条研学路线,开展以诚实、正直、节俭和有责任心为基础的核心价值观的"廉政"启蒙教育,以达到继承并落实传统美德教育的需要。

表3-8 "清廉"教育研学路线设计

序号	"清廉"内涵要点	研学地点
一	诚实守信,正身之本	胡庆余堂中药博物馆 胡雪岩故居
二	克勤克俭,爱国崇学	钱学森故居
三	以笔作枪,顽强正直	郁达夫故居
四	廉洁守法,两袖清风	于谦故居、于谦祠
五	品行清廉,洁身自好	吴山清风廉政文化教育基地
六	克己复礼,微处自谨	杭州孔庙(碑林)
七	讲究卫生,守护文明	毛泽东同志视察小营巷纪念馆
八	志存高远、奉献社会	浙江革命烈士纪念馆 杭州革命烈士陵园

当代学生对于"清廉"的概念可能比较陌生,但是通过内涵的深入挖掘,在研学中将概念化的认知变成实践后的体验,使得"清廉"的内涵更加深入人心,也为学生将"清廉"内化为自身的道德品质提供了可行的路径,像是在学生心中播撒下了一颗种子,在未来的人生中持续蔓延生长。

三是全面发展。所有研学路线的设计都有利于启发学生的思想,促使其在特定的环境中学会发现问题、思考问题、处理问题。有利于培养学生的创造能力与想象能力,使其具备良好的团队意识与合作意识,从而促进学生全面发展。

3. 研学网图的运用

首先,要全面了解学生的发展需求。研学路线设计中的一类是依据学生发展需求精心设计的,目的在于更好地服务上城学子。坚持以人为本全面实施素质教育是教育改革发展的主题,是贯彻党的教育方针的时代要求,其核心是解决好培养什么人、怎样培养人、为谁培养人的重大问题。在研学活动设计中也要坚持德育为先,立德树人,把社会主义核心价值体系融入教育全过程,把德育渗透于研学活动的各个环节。

以学生的发展为本是德育实施中的基础和核心,在研学路线设计的前期,

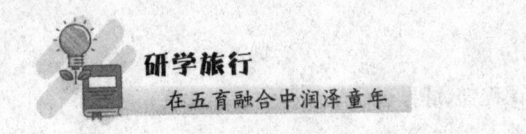

会通过各种渠道充分了解学生的发展需求,力求做到面向全体学生,因材施教,实现精准化设计。例如每个学期,我们都会联系上城区各个学校相关负责人,了解学生校外实践活动需求,帮助量身定制一些适合上城学生的研学实践活动。在实践过程中,也会通过淘平台活动的反馈和学生参与情况综合考量活动设计方案,使之能够满足学生的多样化发展需求。

其次,是充分挖掘基地教育功能。研学路线设计中,还有一类是依据研学基地特有资源而设计的,重点在于充分发挥资源优势。任何一个研学基地及其资源都是有所侧重的,有的侧重自然、有的侧重科技、有的侧重人文历史等。有的基地资源相对单一,有的则比较丰富。无论是单一型还是综合型,我们在设计研学路线时都需要对资源进行深挖细研,进行内涵式发展。

在构建研学网图的过程中,研学基地的串联不是机械的累加,而是在深入挖掘基地内涵的前提下,将其有效地整合在一起,使之能够发挥更大的教育功效。实践结果表明,在研学网图的构建中,每一个研学基地的资源利用率大大提高,有效促进了基地自身发展,也为学生活动提供了更广阔的空间,从而实现更强大的教育功能,更有利于促进学生发展。

复次,要有效开发区域教师资源。研学路线设计时,还会调动区域优秀教师资源,由教师自主设计有实践意义的研学路线。上城区名师荟萃,教育教学质量名列前茅。在上城教育的这篇沃土中,教师的力量是无穷大的,因此在开发研学路线的过程中,也需要充分利用好这一资源。让在教学一线的教师们参与路线设计和实施反馈,使得方案得以不断优化,且更能激发学生的参与兴趣,增强体验乐趣,丰富体验收获。上城教师通过志愿者服务平台即可报名参与研学活动,从方案策划到实践反馈各个层面,都能贡献出自己的智慧和力量。

4. 研学网图的建设

网图作为研学旅行的实施载体,从一定意义上决定着研学旅行具体实施的质量。因此,我们十分重视研学网图的建设。

(1)依托课程开发,构建研学网图。依托课程开发,研学路线的设计和网图构建得以不断深化。

研学旅行系列课程的定位是鼓励广大青少年行走社会大课堂,利用旅行、实践、游戏等机会引导青少年学生走出校园,走向社会、走入自然。青少年活动中心充分发挥在校外教育资源整合方面的优势,与社会公益机构、文化创意机构、第二课堂场馆进行合作联动,与相关单位合作开展校外研学实践活动。依托上城区地处历史文化发展中心,第二课堂场馆众多、文化旅游景点密集,并拥有清河坊商业特色圈、中山路中医药特色街等,学生活动资源非常丰富。根据研学主题的不同、场馆功能的不同、交通方式的不同、地域分布的不同,设计形成串点成线、布局合理、互联互通的研学旅行线路。目前中心已与30家机构合作,挂牌10家第二课堂活动基地,构建具有上城特色的研学旅行网络地图。如结合中山路附近云集胡庆余堂、胡雪岩故居、方回春堂等第二课堂资源,以"胡府小郎中""膏方非遗传承人""小小药剂师"等活动串点成线完成"传统中医药文化研学之旅"与"非遗实践研学之旅"。又如与工艺美术博物馆合作的"工美学堂研学之旅"、与钱王祠合作的"钱氏文化之旅"、与西湖国学馆合作的"国学启蒙之旅"、与胡庆余堂中药博物馆合作的"小小药剂师课程"、与胡雪岩故居合作的"诚信文化之旅"等等。

(2)借助基地资源,构建研学网图。通过"项目申报-评审立项-建设运作-展示评估-授牌推广"的流程培育了三类基地共84个。其中,中小学学校基地的功能重在开放德育活动,共享德育师资、课程和资源,实现德育课程群的体系建构;第二课堂活动基地以社会主义核心价值观的研究性学习为线索,实现德育时空的以点连线;结合上城区深厚的历史文化底蕴,在研发研学线路的同时共建研学实践活动基地,实现研学行走方式的连线拓面。

三、研学旅行的具体实施

研学旅行的内容十分丰富,不同的内容,其具体实施方式也是不一样的。一般说来,我们在选择研学旅行的方式时,主要依据研学对象而定。

(一)依托基地的研学旅行实施

依托基地的研学旅行实施,重在根据基地特色,因地制宜地开展相关活动,以实现基地资源利用的最大化,发挥基地在育人功能中的独特作用。在实

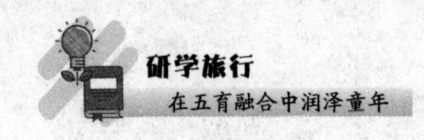

施过程中,提高学生的参与度,加强体验感,呈现更有深度的基地研学旅行内容。

【案例3-13】 学农大型亲子团队活动

一、活动目标:

1.依托基地资源,参与各项特色活动,锻炼动手、动脑能力,增强身体协调性。在团队合作中,加强合作能力。

2.在丰富的趣味游戏中,培养孩子面对困难时解决问题的信心,锻炼思维方式,提高解决问题的能力。

3.在亲子合作中实现有效沟通,促进亲子关系的和谐发展,营造良好家庭氛围,共建和谐社会。

二、活动主题:"玩转趣味游戏,共建和谐家庭"

三、活动地点:米果果基地

四、活动内容

1.竹竿舞蹈

在竹竿的缝隙里翻飞、跳跃,潇洒自然,别具风韵的竹竿舞表演把人们带到了一个安详欢乐、团结凝聚的境地。个人挑战与团队协作相结合,伴随着愉快的音乐,让比赛化于无形,为了共同的目标,竹竿舞带你体验完美团队的合作魅力。

2.杯子舞

一群没有音乐背景的人在不使用任何乐器的前提下,只用一只杯子合奏出美丽的音乐。通过合奏打造有效团队活动,鼓舞士气、激励斗志、异中求同并促进信任与融合。通过每组成员之间,组与组之间反复磨合。让每一个参与者融入团队波澜壮阔的旋律之中。

3.穿衣接力

一件衣服一群人,在最短的时间内完成穿脱。在不断磨合中激发出自身拼搏创新的动力,提升团队协作能力,使团队更富凝聚力。

4.古法捕鱼

撒网捕鱼、车水捕鱼、浑水摸鱼……抡袖子捞裤脚,在泥巴田里抓鱼,体验

古法捕鱼乐趣。

5.大田插秧

挽起袖子,捞起裤脚,踏进浑浊的水田,感受盘中餐的来之不易从体验水田插秧开始。

上面这个案例就是依托学农基地进行的研学活动,仅呈现了部分活动内容。学生在活动中利用基地提供的资源进行学农实践,如古法捕鱼、大田插秧等,能够帮助学生亲近农事活动,体会劳动乐趣。而且在各种有趣的团队活动中,如穿衣接力、杯子舞等,促进了学生的团队合作能力,加强了亲子互动沟通,为营造和谐家庭氛围奠定了良好基础。

(二)依托场馆的研学旅行实施

依托场馆的研学旅行实施方式主要有参观考察、寻访等,通过这些方式,帮助学生了解、体验、感受乡土乡情、县情市情、省情国情;感受祖国大好河山,感受中华传统美德,感受革命光荣历史,感受改革开放伟大成就等。通过活动,让学生能在旅行的过程中陶冶情操、增长见识,体验不同的自然和人文环境,提高学习兴趣,提升中小学生的人文底蕴。

【案例3-14】 胡庆余堂中药博物馆研学

A. **地理位置**

"江南药王"胡庆余堂,系清末"红顶商人"胡雪岩于公元一八七四年(清同治十三年)创建,地处杭州历史文化街区清河坊。

B. **历史背景**

从南宋建都临安(今杭州)到明、清两代,清河坊一带形成了一条药铺长廊。其中如 南宋的保和堂、明朝的朱养心膏药店;晚清的"六大家"胡庆余堂、叶种德堂、方回春堂等。胡庆余堂全面继承了南宋官方制定的《太平惠民和剂局方》制药技艺和行业规范。从这一意义上讲,杭州是"古代中医药典"的发迹之地,而胡庆余堂则秉承了这一良好的传统。胡庆余堂以宋代皇家药典《太平惠民和济药局方》为基础,收集各种古方、验方和秘方,并结合临床实践经验,

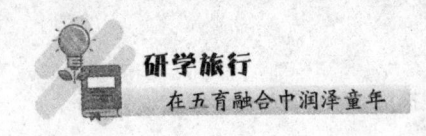

精心调制庆余丸、散、膏、丹、胶、露、油、药酒方四百多种,著有专书《胡庆余堂雪记丸散全集》传世。至今仍继承祖传验方和传统制药技术,保留了大批的传统名牌产品。胡雪岩故世后,胡庆余堂曾数次易主,但店名仍冠以"胡"字,"胡庆余堂"信誉声名远扬。

C. 社会影响

一百四十多年过去了,胡庆余堂国药号始终秉承"戒欺"祖训、"真不二价"的经营方针,已成为保护、继承、发展、传播祖国五千年中药文化精粹的重要场所,是杭州人文历史文化不可或缺的重要组成部分。

1988年胡庆余堂被国务院定为全国重点文物保护单位;2002年,胡庆余堂上榜中国驰名商标;2003年,"胡庆余堂"被认定为浙江省首届知名商号;2006年,胡庆余堂中药文化入围首批国家级非物质文化遗产名录、国药号也被商务部认定为首批中华老字号,党和国家领导人江泽民、李鹏、朱镕基、尉建行、李瑞环、李岚清等先后亲临博物馆,并挥毫题词,殷勤勉励。

D. 参观指南

①国内保存最完好的晚清工商型古建筑群,系徽派建筑风格之典范。

②胡庆余堂内的中药博物馆是我国唯一的国家级中药专业博物馆,建筑面积四千多平方米,分别由陈列展厅,中药手工作坊厅,养生保健门诊,营业厅和药膳餐厅等五大部分组成。

陈列展厅:就能从大量的介绍和宝物中,了解中国医药学的发展历史,了解华佗、扁鹊、李时珍等历代名人的轶闻趣事,在观赏到胡庆余堂现存的各种珍贵的制药文物的同时,领略全国著名中成药厂的风采。

中药手工作坊厅:经验丰富的老药工将观众做精彩的现场手工和中药材切片等操作表演。有兴趣的人,可以在"兴趣室"里用传统的手工操作工具,亲自体验古代的制药工艺,从中获得乐趣。

养生保健门诊:身怀绝技的中医药名家将为参观者提供各项医药保健服务。

营业厅:是胡庆余堂对外营业的一个窗口,这是中药博物馆向参观者提供的选购药物的场所。

药膳餐厅:是中药博物馆的一个有机组成部分。它取中药之功能,中菜之风味,将闻名世界的中国菜与中医药科学地结合起来,使人们在品尝佳肴中领略防病强身,延年益寿之妙趣。

上面这个案例就是依托场馆进行的研学活动,学生通过在胡庆余堂这一百年老店以及设在店内的中药博物馆的游学,了解了我国中医药的发展历史,知道了华佗、扁鹊、李时珍等历代中医名人,体验了古代的制药工艺,从而对我国的中药文化有了更深的感受。

(三)依托青少年活动中心的研学实施

依托青少年活动中心的研学活动,主要是针对区域内有艺术特长、科技特长、体育特长的学生开设的,通过设置专门的课程,搭建展示的平台,给这些学生拓展提升的机会。

【案例3-15】《我是非遗印学传承人》

一、研学目标

1.通过观察展品、聆听讲解、看图索"印"、辨别印材等活动了解印章的作用和发展历史以及印材的种类,感受印学文化的悠久历史和博大精深,产生文化认同感和传承中华传统文化的责任感。

2.在实践操作中,学习篆刻的方法,体验篆刻活动的趣味和篆刻艺术的魅力,使之发展为一种兴趣爱好。

3.参观天下第一名社——西泠印社,聆听讲解,了解西泠印社的历史和地位。通过描绘亭台楼阁、山水花鸟,感受独特的人文景观和建筑风格。

4.以小组形展开活动,寻找印章信息、摄影、彩笔创作,在丰富的活动中结交新朋友,提升合作、沟通、交往的能力。

二、研学主题:我是非遗印学传承人

三、研学实施对象:4-6年级学生

四、研学活动实施

研学活动围绕着"我是非遗印学传承人"展开,学生需要完成各项活动挑

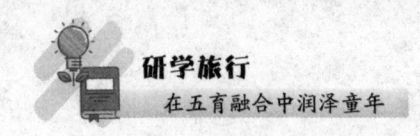

战,并获取相应积分,才能授予"非遗印学传承人"的光荣称号。

活动开始前,每位学生领取"任务卡",填写好个人信息,组建小队。主持人介绍"非遗印学传承人"的活动规则——了解印学知识,掌握篆刻技能。在任务卡上累计获得8颗星即可获评"非遗印学传承人"的称号。

研学活动一:按图索"印",了解印学知识

(一)研学活动目标

1.以小组为单位,完成寻找印章对应信息的挑战任务,在活动中交上新朋友,同时在主动学习的过程中产生学习印章知识的兴趣,初步了解印学知识。

2.参观中国印学博物馆,观摩历代以及各流派的印章,聆听讲解员的介绍,进一步系统地了解印章的作用和发展历史。

(二)研学活动实施

1.按图索"印":小组领取一份任务单(如下),10分钟时间在馆厅里寻找印章信息。

2.跟随讲解员参观中国印学博物馆历代玺印厅、流派印章厅、印学厅,并聆听讲解员的介绍。没有找对信息的小组可以边听边找自己需要的信息。

3.准确完成的小组可得到三颗星星。

(三)设计意图

中国印学博物馆里辟有历代玺印厅、篆刻流派厅、书画厅、印学厅、印材厅等,以历史演变和引学发展为脉络,陈列了各个时期不同的印章种类,其中有不少藏品是各个时期或流派的经典之作。让学生以有趣的挑战任务——按图索"印",在寻找印章信息的过程中,主动浏览各个展厅的印章和相关信息。在学生对印学知识有了初步的了解,讲解员再进行讲解,学生们对印学知识的掌握更牢固、也更系统。没有按时找到信息的小组将带着任务聆听讲解,专注力得到了保障。第一个任务就让大家以小组的形式展开,帮助组内成员快速熟悉彼此,结交伙伴。

研学活动二:慧眼识材,了解印材特点

(一)研学活动目标

通过参观印材馆、观摩实物、聆听讲解员的介绍,认识印材的种类;辨别印

材,进一步区别不同印材的特点。

(二)研学活动实施

1.参观中国印学博物馆印材厅,聆听讲解员的讲解,了解印材的种类和演变历史。

2.挑战任务:活动点提供青田石、昌化石(鸡血石)、寿山石、巴林石、犀角、象牙、蜜蜡、牛角等印材实物,学生触摸、观察,正确辨别四种印材即可得到三颗星。

(三)设计意图

学生通过触摸感受印材的软硬程度,用双眼观察图案纹路,多感官驱动下的挑战任务激发学生的学习兴趣,玩中学,辨别印材的区别与特色。通过聆听讲解了解印材随着时代的发展和使用的目的,种类不断丰富。

研学活动三:操刀治印,感受方寸之美

(一)研学活动目标

1.通过观摩专业老师的篆刻过程,激发学生学习篆刻的兴趣。

2.通过专业老师的现场指导,设计并篆刻一方自己的印章,学习篆刻的基本步骤和技法,感受篆刻的乐趣和篆刻艺术的魅力。

(二)研学活动实施

1.观摩专业老师的篆刻过程。

2.聆听专业老师讲解篆刻方法和技巧

3.体验篆刻

(1)设计印稿(自行原创或者临摹名家作品)

(2)印稿上石

(3)操刀治印

(4)钤印作品

(三)设计意图

篆刻艺术是书法、章法、刀法三者完美的结合,于方寸间施展技艺,抒发情感,可称得上"方寸之间、气象万千"。学生在观摩的过程中近距离感受篆刻是文字书体之美和篆刻技巧相结合的艺术。亲身实践篆刻,在真实的体验中激发学生学习篆刻的兴趣和传承中华传统文化的责任感。让学生爱上篆刻,甚至培养成自己的一项特长,继承并发扬我国的篆刻艺术。

研学活动四:西泠印象,彩笔绘我心

(一)研学活动目标

1.实地参观西泠印社孤山社址,感受天下第一社的魅力。

2.小组合作,拍摄景点照、伙伴风景照,为研学旅程留下美好的记忆,在互助中增进友谊。

3.小组共同彩绘创作《西泠印象》,用画笔记录西泠印社的美丽,在团队活动中提升合作、沟通、交往能力。

(二)研学活动实施

1.参观天下第一名社——西泠印社。聆听专业讲解,了解印社的历史发展。

2.小组有序合作,拍摄沿途的亭台楼阁、伙伴风景照、小组合照等。

3.以照片为参考,小组共同商议,选取经典建筑,绘制一幅《西泠印象》。(活动点提供彩笔和画纸)

4.选出优秀作品进行展示交流。完成活动并将作品参与展示获得三颗星。

(三)设计意图

西泠印社作为金石篆刻的发祥地已经被列为第一批国家级非物质文化遗产名录。社址坐落于浙江省杭州市西湖景区孤山南麓,东至白堤,西近西泠桥,北邻里西湖,南接外西湖。亭台楼阁皆因山势高低而错落有致,一层叠一层,井然有序,堪称江南园林之佳作。学生在绘画的过程中感受不同建筑的各自魅力。小组合作拍照、创作,既是为活动留下一个美好的纪念,更是一次提升合作能力、沟通能力的机会。展示交流的过程中学会客观评价自己和他人的作品。

五、研学活动总结阶段

总结学生任务达成情况,统计星星数量,得到8颗星及以上授予"非遗印学传承人"称号。

上面这个案例介绍的就是依托青少年活动中心开展的研学活动,其中有参观、观摩,也有动手操作。通过这些方式,使学生了解中国传统的印学知识和篆刻艺术,学习篆刻的基本技术,感受中国传统艺术的美感。

第四章 教师：区域推进研学旅行的队伍建设

纵观世界各国教育，不论是发达国家还是发展中国家，无一不把教师的培养看作是教育工作的重中之重。确实，教育的发展，关键在教师。无论是学校的课程建设、教育教学活动开展，还是班级建设、学生管理，都离不开教师。可以肯定，只有建设一支高素质的教师队伍，才能有高质量的教育，才能使学生得到全面、健康的成长。研学旅行，作为学校教育活动的重要组成部分，同样需要有一支德才兼备的教师队伍，才能发挥研学旅行在促进学生成长中的作用。因此，我们从两个维度入手，努力建设一支适应研学旅行活动的教师队伍。

第四章 教师:区域推进研学旅行的队伍建设

第一节

校内研学导师队伍的建设

研学旅行是一种区别于传统的团体旅游和一般的课堂教学的新型学习任务。研学导师是集导游、安全员、辅导员、教师于一身的综合性岗位,既要善于观察学生情绪的变化,及时进行生活及心理辅导,确保学生在研学旅行活动中围绕研学主题;又要根据研学课程的要求,通过模拟体验、游戏互动、手工制作等多种活动,通过分工协作的形式完成创设的研学情境,点评学生完成的情况;还要具备导游的基本素质,熟悉各类旅游文化和资源,进行组织和讲解;最重要的是研学导师要履行学生安全责任人及承担救生员的职责。因此,研学导师是需要有多种能力素质的综合性的专业人才。

一、角色转变:从学校教师走向"研学导师"

众所周知,一个优秀的教师应具备甘于奉献的职业理想和精神、扎实的学科教学知识和能力。因此,学校在教师队伍建设中,往往十分重视师德、教学技能等方面的培训。并且,这些培训往往是和课堂教学相联系的。而研学旅行,是一种新的教育活动,无论是活动的内容、方式都和传统的课堂教学不同,这就向教师提出了一个新的挑战:如何从一个讲台上的教师走向一个行走中的研学导师。

(一)实现角色转变

从研学旅行的内涵来看,其涉及教育界与旅游界两大领域,因此完整的研

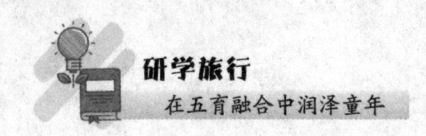

学旅行课程的开展既需要学校教师等人员的全力参与,也对旅行社等相关企业、机构提出了一定的要求。作为研学旅行课程开展中举足轻重的主体,就需要教师从"教师"和"导游"走向"研学导师"。然而在新型课程观、教师观、学生观的引领之下,诸多教师未实现传统角色的转变,针对课程开展能力不足、未认识到师生关系的理解性与教育性,因而对于研学旅行课程的开展束手无策。

联合国教育发展委员会的负责人库姆斯指出:课程开发需要跨越物质的障碍、行政管理的障碍、哲学的障碍、心理的障碍。这一过程的复杂与艰难构成了教师课程开发能力的重要影响因素。作为课程开发障碍之一,教师在课程开发中的传统角色定位成了研学旅行课程开发的主要阻碍。在我国传统高度集中型教育体制、社会文化、经济发展水平、教育决策和管理等因素的影响下,教师作为"传道、授业、解惑者"的角色根深蒂固,教师一直作为课程计划的忠实执行者、课程知识与内容的传授者、学生学习效果的裁判员等。传统的教师角色与新课程改革所倡导的新型学生观、教师观、师生观等不断产生冲突,而如何磨合、平衡以完成教师角色从传统的机械执行者到现代化的合作者转变,对于研学旅行课程的开发尤为重要。

教师是实施研学旅行过程中的重要力量,对研学旅行的效果有重要影响。教师要努力创设问题情境,指导学生科学选题。教师在教学过程中要有促进学生学习方式改善的意识,主要包括学习方法、学习习惯、学习意识、学习态度、学习品质。教师要激发学生对研学旅行的学习兴趣,帮助学生保持学习和探究的热情,帮助学生端正学习态度,掌握科学的学习方法。教师的能力水平及素质优劣会直接影响课程实施的质量,我们认为教师至少要从以下几个方面做出改变:

一是要转变认识,认识到研学旅行的重要性,以促进学生的全面发展为目标。积极配合学校各个方面工作的开展,比如课程实施前,班主任要落实三个教育:安全教育、文明教育、文化教育。

二是要善于仔细观察,在研学旅行的过程中加强监督。监督好学生的纪律、考勤、安全等工作。

三是要重视交流,积极指导,帮助学生解决心理困惑,促进交流。在研学

旅行前,做好与家长的沟通工作,以《致家长的一封信》的形式告知家长,尽量取得家长对研学旅行的理解和支持。

四是要认真负责,协调配合。研学旅行过程中,教师要认真负责,负责学生的上车下车,按时点名,耐心地组织学生进行研学旅行,并与其他教师保持沟通联系,做到协调配合。

当今社会是一个学习型社会,每一个人,包括教师都要实现自我超越。未来的教师应当成为学习型的人,具有现代教育理念,精通教学内容,掌握现代教育技术和方法,并以积极健康的人格魅力和高超的教学技艺指导学生学习。随着研学教育的不断推进,教师要通过不断的学习来更新观念、充实知识、掌握方法,在客观审视现实的同时不断超越自我。

(二)提升基本能力

在研学教育背景下,听说读写基本技能、教学技能、专业技能,都缺一不可,教师不仅仅应该提高教学技能,还应该注重自身的专业发展,具备研发精品课程的能力,这样才让学生学到真正的知识。

1. 基本教学能力

研学旅行是以校外旅行活动为载体,提前设定相应的教学目标和教学任务,以研学手册为教材,结合学生知识层次、教学发展和心理特征进行的综合性教学活动。因此研学导师作为活动的主要实施者,应具备基本的教学技能。

2. 组织协调、总结引导能力

研学旅行的安排不再限定于相对封闭的室内,更多的是在广阔的户外,与大自然和文化亲密接触。而中小学生的自主性并不强,这就需要研学导师具备较强的组织协调能力。导师应组织学生将其在研学过程的感想、感悟进行总结并分享,这也是增强研学旅行教育意义的重要途径。

3. 现场指导能力

研学导师除应具备导游应有的优质服务、讲解及事故处理等基本素质之外,还应根据学生不同年龄阶段的心理特点和思维模式,将讲解内容故事化、趣味化;应根据研学课程的安排进行亲自示范操作,让学生更直观地

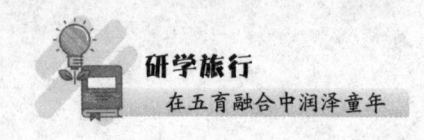

了解研学项目；同时应根据学生的认知水平及现场反应做出适时的调整,把控全局。

4. 安全意识及急救能力

出行安全是研学旅行中学校和家长最关注的问题。在出行前,研学导师要细心安排每一个环节,确保万无一失。旅途中要时刻观察每一位学生的状态,每个环节都设置对应的安全保护措施,维护学生秩序,发现问题及时解决,将安保落在实处,保障学生安全,还应具备一定的野外生存救护技能和急救常识。旅途结束后及时清点人数,将学生安全送回学校,让旅行安全成为学校和家长最放心的部分。

综上所述,研学导师应具备多方面能力的实践型的综合性人才。一般的导游或教师很难完全胜任这一岗位,因此研学导师进行专门的培训势在必行。

二、校内研学导师专业技能培训

研学旅行是以旅游活动为载体进行的探究式学习和体验式教育,因此研学导师的培训可以采用动态式体验培训、走访式体验培训、引导式体验培训等模式进行,这不仅能深化导师对研学课程的教学认知,也能培养导师的急救能力、团队意识和动手能力等。

(一)动态式体验培训

研学旅行课程开发是一个自上而下与自下而上相结合、相呼应的过程。学校是研学旅行课程开发的基本单位,是研学旅行课程积极生成的土壤。因此,作为研学旅行课程开发的重要参与者,教师的研学课程开发意识和能力尤为重要。鉴于此,切实增强教师的研学旅行课程化的意识,同时提升他们在研学旅行课程的规划、设计、实施、评价等方面的能力,以促进研学旅行课程的普及化。

教师课程意识的确立首先有赖于教师对课程生成性中作用和地位的认识。以学生为主体、注重学生在研学旅行课程中的体验性、关注研学旅行课程的生成性是研学旅行课程开发的出发点和归宿,而教师作为该课程的重要引导者,其参与课程开发的意识已成为促进学生全面发展的必然诉求。鉴于此,我们可通过对全体教师进行研学旅行课程化理念的通识培训,将研学旅行课程开发作为重点在学校的日常会议上进行宣传和强调,向教师传递该课程的背景、意义、目标等,以寻求教师的理解和支持,加强其研学课程开发的敏感性和自觉性。

上城区青少年活动中心开展研学培训时,会组织中心教师及学校骨干教师到共建基地或第二课堂场馆进行动态式的体验培训。

【案例4-1】 方回春堂研学课程之教师培训活动方案

一、培训目的

1.教师通过实地参观学习,深入了解杭州方回春堂河坊街馆内前门大厅、国药馆、膏方馆等场地,了解其发展历史及中药文化,感受中华老字号的独特魅力,在理论基础上增加实践经验。

2.教师动态体验丰富的主题活动中,近距离实践体验望闻问切的中医问诊方式,在趣味游戏中学习辨识中药,体会中医国粹的博大精深,感受传统中医药的文化魅力。

3.通过动态式体验培训,研学骨干志愿者教师们进一步了解中医药传统文化的悠久历史和博大精深,更能在研学中激发广大青少年的中医药情怀,继承和弘扬中华优秀传统中医文化,不断增强文化自信心和民族自豪感,为普及和推动中医药文化发展和创新做出积极贡献。

二、培训对象:中心教师及研学骨干志愿者教师

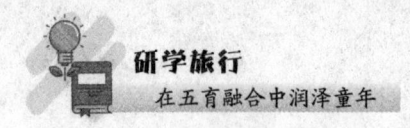

三、培训课程内容

主题	活动目标	设计意图	活动实施
齐心协力拼标志	(1)在参观和讲解中,了解方回春堂的发展历史,认识其标志,理解其内涵,感受"不许卖假"的诚信之风。 (2)在趣味的拼图实践中,锻炼动手能力,边拼边感受中华老字号的独特魅力。 (3)在合作中促进同伴交往能力,懂得通过自己的努力为小组赢得成果,并在产生问题时,锻炼沟通能力。	"方回春堂"自创立之初,就严从古代良方,精选道地药材,依法炮制各种丸散膏丹。复馆十八年,方回春堂始终遵循"许可赚钱、不许卖假"的祖训,将"名医好药"作为立馆之本,精选道地药材。 骨干志愿者教师们走进"方回春堂",通过拼图,动手实践,进一步加深对其具有代表意义的标志的理解和感悟,并且在协作中培养合作意识。了解中药文化典范,内化诚信之本,是成为郎中的入门第一课。	(1)参观门头"回春堂",聆听方回春堂的发展历史、祖训、立馆之本。 (2)认识"方回春堂"的标志,聆听其含义。 (3)动手拼标志。教师分组,约4-6人一组,领取拼图材料,现场拼图。 (4)领取任务积分。
闻香识药知功效	(1)通过聆听介绍,了解中药材的价值,对生活中常用的中药材有所了解。 (2)观察药材的外观形态、气味,识记药材名称,初步了解中药材的功效。 (3)在识别药材的体验中,巩固对中药材认识的理解,对中医药文化加强认同感和自豪感。	凝聚中华文明五千年的智慧结晶,中医药文化体系源远流长。中医药的形成经历了漫长的过程,是人们不断同自然和疾病做斗争中获得的宝贵经验。通过对大量临床实践和规律的总结,形成独具特色的中医学体系。	(1)中医讲解常用中药材的名称和功效,指导骨干志愿者教师通过实物观察,了解中药材的外观形态,气味,使用方法和注意事项。 (2)挑战游戏。 (3)领取任务积分。
望闻问切学行医	(1)通过中医讲解,了解四诊包括"望闻问切"以及初步了解其内涵。 (2)了解中医在治疗疾病方面与西医的差别,及中医治疗疾病的原则和治法。 (3)在中医指导下学习把脉以及一些简单的理疗手法。	中医学博大精深,"望而知之谓之神,闻而知之谓之圣,问而知之谓之工,切而知之谓之巧",是古代中医看病的四种形式的概括。通过观一个人的气色就知道其症结所在的大夫称之为神;通过听患者的呼吸、气味就知道其症结所在的大夫称之为圣;通过对患者进行症问询而知其症结所在的大夫称之为工;通过把脉而知患者症结所在的大夫只能称之为巧匠了。	(1)介绍中医基础理论包括"望闻问切"的四诊,以及多种治疗手段。 (2)模拟诊脉环节:在中医指导下学习把脉等理疗手法。 (3)领取任务积分。

续表

主题	活动目标	设计意图	活动实施
同伴互助学做操	(1)通过聆听讲解，了解颈椎以及颈椎可能会发生的疾病，知道颈椎操的基本功效。 (2)在跟学动作和同伴互助练习动作的过程中，基本掌握颈椎操的动作要领，能够独立做完一整套颈椎操。在同伴出现困难时，能及时给予帮助，提高互助能力。 (3)试着在生活中指导同伴或者家人一起做颈椎操。	现如今，很多人有颈椎病，教师伏案办公、在长时间低头工作的过程中，也非常容易产生与颈椎有关的疾病。	(1)播放颈椎操视频。 (2)学做颈椎操。 (3)医生模拟上岗练习。 (4)医生颈椎操考核。 (5)领取任务积分。
了解膏方传文化	(1)参观学习膏方熬制过程，了解选料、熬制过程中的严格和艰辛。了解膏方馆比较热门的膏方类型，大致了解其功效。 (2)通过答题竞猜的方式，进一步了解膏方能够被列入国家级非物质文化遗产代表性项目名录的原因，对传播中药文化贡献自己的力量。 (3)感受方回春堂"不可卖假"的祖训、对药材和工艺年复一年精益求精的态度，内化为自己的诚信追求。	教师们在参观学习中，了解膏方的制作过程和基本功效，丰富了自己的课外知识，也对国家级非物质文化遗产有了更加深入的理解，对传播中药文化有着深远影响。	(1)聆听讲解，了解膏方馆发展历史。 (2)跟着师傅参观学习膏方熬制过程。 (3)志愿者教师知识竞答。 (4)领取任务积分。

在上面这个案例中可以看出,研学教师通过实地参观学习等方式,首先了解杭州方回春堂河坊街馆内前门大厅、国药馆、膏方馆等场地,了解其发展历史及中药文化,认识其标志,理解其内涵,感受"不许卖假"的诚信之风。接着,通过聆听介绍,了解中药材的价值,对生活中常用的中药材有所了解。观察药材的外观形态、气味,识记药材名称,初步了解中药材的功效。在真正动手识别药材的体验中,巩固对中药材的认识的理解,对中医药文化加强认同感和自豪感。通过中医讲解,了解四诊包括"望闻问切"以及初步了解其内涵;了解中医在治疗疾病方面与西医的差别,及中医治疗疾病的原则和治法。在模拟诊脉环节,在中医指导下自己学习把脉以及一些简单的理疗手法,在中医指导下学习简单的自己可操作的中医治疗手段。在跟学动作和同伴互助练习动作的过程中,基本掌握颈椎操的动作要领,能够独立做完一整套颈椎操。最后,参观学习膏方熬制过程,了解选料、熬制过程中的严格和艰辛。了解膏方馆比较热门的膏方类型,大致了解其功效。通过答题竞猜的方式,进一步了解膏方能够被列入国家级非物质文化遗产代表性项目名录的原因,对传播中药文化贡献自己的力量。感受方回春堂"不可卖假"的祖训、对药材和工艺年复一年精益求精的态度,内化为自己的诚信追求。

志愿者教师者在丰富的理论知识之余增加了实践体验。通过这样的方式,让教师在多个专业主题培训中深刻感受到我国优秀的传统文化,由此提升专业能力,开发课程设计出更好的研学路线。

(二)走访式体验培训

佐藤学[1]对课程进行重新定位:即"教师构想的课程""作为儿童学习经验之总体的课程""作为师生创造性经验之手段与产物的课程"。研学旅行课程开发在增强学生体验性、促进其直接经验的积累的同时,对于教师的专业发展也具有十分显著的作用。新课程改革背景之下,教师已由传统的课程执行者转向课程的创生者,已从"教书匠"变成"研学导师"。研学旅行课程是一门体验式实践类课程,更需要教师打破惯常的课程思维,在实践中不断迈向课程的创生性目标。鉴于此,教师要转变"等、要、靠"的传统观念,将自己作为课程编

---

[1] [日]佐藤学.课程与教师[M].钟启泉译.北京:教育科学出版社,2003.

制中的一员,从身边的小事做起,自觉地投身到研学旅行课程开发的实践中去。此外,研学课程开发指导小组需针对研学旅行课程的开发特点,将研学旅行课程开发与教师专业发展计划链接起来,以鼓励教师广泛参与该课程的开发。

培养教师课程开发的能力,寻求课程开发的途径,教师的课程开发能力贯穿于教师进行课程开发的全过程。教师的课程开发能力发展有其固定的阶段性特征,一般被划分为四个发展阶段:潜发展阶段、自觉探索阶段、能力开发阶段、专业化发展阶段。潜发展阶段是指教师正式进行课程开发之前的阶段,这个阶段教师没有明确的课程开发意识,但却对之后的课程开发具有潜在的影响和作用;自觉探索阶段是指教师开始自觉、积极主动地进行课程开发探索,具有一定课程开发意识;能力开发阶段的教师已具有一定的课程开发知识和技能,并逐渐向专业化方向发展;当前,很多教师都出于能力开发阶段,尽管具有了一定的课程开发的知识,但是对于课程的开发还不能应对自如,因此,教师应积极丰富自身的教育实践,通过不断的培训学习提升教育研究能力。教师参与研学旅行课程开发,应具备一定的课程开发能力和技术。

上城区在培训教师时会带领区域研学骨干教师根据主题到相关地点实地走访,设计研学线路。在设计2019年校外清风研学之旅时,就希望通过研学教师能够挖掘校内外已有的教育资源,通过学科渗透、主题活动、课外阅读等等形式以廉洁为主题开展理想信念、道德观念和法制意识的学习活动。

【案例4-2】《清廉尚德 清风常伴》之清风研学之旅骨干教师培训活动方案

一、培训目标

清正廉洁是中华民族自古崇尚的一种美德,也是我国古代廉政文化的构成核心。它不仅是一种道德观念,还是一种价值尺度。浙江省委教育工委、浙江省教育厅按照建设"清廉浙江"的总体要求,出台了《关于全面推进"清廉教育"建设的实施意见》,就推进教育系统党的建设新的伟大工程,积极打造"清廉教育"提出了一系列新提法、新举措、新要求、新部署。清廉教育,就是通过

对公民进行廉洁方面的教育,来营造廉洁奉公、诚信守法的社会氛围,以达到规范和约束个体行为的目的。

本次培训通过带领骨干志愿者教师实地考察上城区与清风廉洁有关的场所,设计清风之旅研学路线,深入挖掘校内外已有的教育资源,通过学科渗透、主题活动、课外阅读等等形式以廉洁为主题开展理想信念、道德观念和法治意识的学习活动。

二、培训主题及地点

清廉浙江既是人民的期盼,也是时代的呼唤。上城区作为浙江省"首善之区",理应争当先锋,更进一步、更深一层。区委下发的《关于全面推进清廉上城建设的实施意见》,描绘了上城朝着海晏河清、朗朗乾坤的美好前景阔步迈进的蓝图。面对这份蓝图与使命,校外研学清风之旅应运而生。本次研学之旅志愿者教师通过实地走访上城区及周边丰富的教育资源,选取了与"清廉"教育内涵相关的场馆,依据"古城名士颂清廉,治江伟业赞清廉,钱江名胜探清廉"的角度,选取了八条研学路线,开展以诚实、正直、节俭和有责任心为基础的核心价值观的"廉政"启蒙教育,以达到继承并落实传统美德教育的需要。

培训主题和地点如下:

序号	研学主题	研学地点
一	诚实守信,正身之本	胡庆余堂中药博物馆 胡雪岩故居
二	克勤克俭,爱国崇学	钱学森故居
三	以笔作枪,顽强正直	郁达夫故居
四	廉洁守法,两袖清风	于谦故居 于谦祠
五	品行清廉,洁身自好	吴山清风廉政文化教育基地
六	克己复礼,微处自谨	杭州孔庙(碑林)
七	讲究卫生,守护文明	毛泽东同志视察小营巷纪念馆
八	志存高远、奉献社会	浙江革命烈士纪念馆 杭州革命烈士陵园

三、培训内容与实施

研学主题	研学地点	研学内容及目标	预期成果
诚实守信 正身之本	胡庆余堂中药博物馆 胡雪岩故居	1.查阅资料，了解胡雪岩故居、胡庆余堂的历史背景和文化、家族人物的变化和发展。 2.以"小组研习""行走考察"等方式进行研学体验活动，感受清末中国巨商第一宅之繁华，了解中医药相关知识，知道胡雪岩的为人与经商之道。 3.通过行后总结和内化，理解"诚实守信，正身之本"的内涵。	1.合作完成学习单。 2.深入体会"诚实守信"，并在自身实践中努力践行。
克勤克俭 爱国崇学	钱学森故居	1.查阅资料，了解钱学森纪念馆的历史背景和文化、学习其精研的科学精神。 2.以"小组研习""行走考察"等方式进行研学体验活动，感受钱氏家族严谨的家风，勤俭持家，于大道中行自我，严于律己，爱国崇学。 3.通过学习和总结，理解"克勤克俭，爱国崇学"的内涵，懂得在生活中勤奋简约，不浮躁，专心自己所学，争取学有所得，实现自己的东西也为祖国的兴盛尽一份力。	1.在故居中感受伟人成长过程中优良家风对其人格形成的重要影响。 2.进一步体会严于律己的重要性。
以笔作枪 顽强正直	郁达夫故居	1.查阅资料，了解郁达夫杭州故居的历史背景和文化、郁达夫的文章和生平事迹。 2.以"小组研习""行走考察"等方式进行研学体验活动，感受郁达夫杭州故居的建筑魅力，了解郁达夫的生平事迹和文学魅力。 3.通过行后总结和内化，理解"以笔作枪，顽强正直"的内涵，懂得顽强正直是中华民族的传统美德，做一个学好知识、勇敢顽强、正直无私的新时代好学生。	1.了解郁达夫简朴的居住环境和顽强的抗争精神。 2.感受敢于拼搏、无私奉献的价值观。

续表

研学主题	研学地点	研学内容及目标	预期成果
廉洁守法两袖清风	于谦故居于谦祠	1.学习资料包以及《石灰吟》,在参观前能够对于谦有初步的认知。 2.以实地参观等方式进行研学体验活动,通过参观于谦故居的建筑和装饰,感受于谦勤俭、清廉之风。通过进一步了解于谦生平故事和历代歌颂楹联等,感受其高尚的品格、卓越的功绩以及悲壮的人生。 3.通过行后总结和内化,理解"两袖清风"的内涵,并内化为自己的价值追求。联系自己的生活实际,通过制定自己的"勤俭"计划表,将学习收获落实到实际中去,努力成为一个勤俭节约的好少年。	在感悟和交流中将于谦勤俭、廉洁的品质内化为自己的价值追求。 2.联系自己的生活,制定"勤俭"计划表。
品行清廉洁身自好	吴山清风廉政文化教育基地	1.查阅资料,大致了解吴山清风廉政文化教育基地周新祠、阮公祠、三茅观于谦读书处的历史背景和人物的生平事迹。 2.以"小组研习""行走考察"等方式进行研学体验活动,感受明清时期的廉洁文化。 3.通过行后总结和内化,理解"品行清廉、洁身自好"的内涵,增强廉洁自律,洁身自好的意识,做一个品行端正、风清气正、遵守纪律的小公民。	1.了解周新、阮元的生平事迹。 2.培养学生品行端正,刚正不阿、洁身自好的价值观。
克己复礼微处自谨	杭州孔庙（碑林）	1.查阅资料,了解孔庙(碑林)的历史背景和文化、变迁沿革,在南宋最高学府中体会国学精神。 2.以"小组研习""行走考察"等方式进行研学体验活动,感受孔庙中宁静肃穆的国学氛围,碑林中承载历史的碑刻,体会儒学之道,懂得克己复礼,于细微处做到自警自省。 3.通过学习和总结,理解"克己复礼,微处自谨"的内涵,懂得自我认识、自我学习和自我反省,做一个克制自己,自警自省的新时代好学生。	1.从孔庙的建立与修复中,感受我国自古对待学习的重视。

续表

研学主题	研学地点	研学内容及目标	预期成果
讲究卫生守护文明	毛主席视察小营巷纪念馆	1.查阅资料，了解毛主席视察小营巷纪念馆的历史背景知识，了解20世纪50年代，小营巷居民在卫生工作上的做法。 2.以"小组研习""行走考察"等方式进行研学体验活动，感受小营巷爱国卫生运动的先进经验，了解健康是民生之源，讲究卫生、守护文明是城市发展的重要基础。 3.通过实地行走后对知识经验的总结和内化，理解"讲究卫生，守护文明"的内涵，懂得卫生建设的重要性，了解自身行为与环境卫生息息相关，做一个讲卫生、懂文明的小公民。	1.学习小营巷在卫生建设、保障居民身体健康上的系列做法。 2.从自身做起，垃圾不乱扔、严格要求自己。
志存高远奉献社会	浙江革命烈士纪念馆 杭州革命烈士陵园	1.查阅资料，了解浙江革命烈士纪念馆的历史背景、景区分布概况，以及各个时期中华人民的革命斗争历史。 2.以"小组研习""行走考察"等方式进行研学体验活动，了解革命烈士悲壮、动人的事迹和精神内涵，感受全社会缅怀烈士、崇尚烈士、学习烈士的浓厚氛围。 3.通过行后总结和内化，理解"志存高远，贡献社会"的内涵，弘扬中华民族慎终追远的优良传统，永远铭记为民族独立、人民解放、国家富强、人民幸福英勇献身的烈士，培育和践行社会主义核心价值观。	1.了解浙江革命烈士纪念馆的历史背景。 2.永远铭记为民族独立、人民幸福英勇献身的烈士，培育和践行社会主义核心价值观。

    区内的骨干研学导师们依据研学主题与特点，通过多次的实地走访体验与专业培训，设计研学目标及路线实施。在设计研学路线时，实地考察每个地点的研学探究价值，努力使研学课程的设计真正体现育人价值。

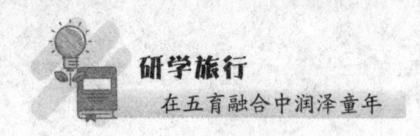

（三）引导式体验培训

首先，研学旅行课程开发指导小组要帮助教师准确地理解教育部颁发的关于研学旅行纳入中小学教育教学计划的意见，帮助其形成有联系所处环境解读国家课程计划的能力，同时要引导教师理解并明确研学旅行课程开发的要素和程序。其次，积极开发以校本培训为主的教育行动研究。教育行动研究能够有效解决教育中理论脱离实践的问题，也就是将教师培养成为研究者和实践者相融合的角色。

研学专业培训主要是采用在职教师现场培训的方式，将教育教学理论与教师的教学实践进行充分的整合，使教师能够结合自己的教育教学情境进行教育研究。一方面，可采取"以点带面，典型引路"的方式。课程指导小组挑选若干个研学旅行课程开发的案例，通过案例，让教师感知并理解研学旅行课程开发的方法和程序，从而思考自己的开发行为；另一方面，采取"同步培训"的方式。研学旅行课程重在体验和过程，课程的每一个实施环节都关乎学生的素质发展。因此，有必要加强对该课程开发的每一个阶段进行跟踪调研，召开相应的发布会，针对一线教师在开发中存在和遇到的问题进行实时指导和培训，让教师在课程开发的过程中学会及时总结和积累经验。最后，可采取"校本教研"的方式。我们可定期邀请相关的课程专家来校进行专家理论引领讲座，并针对现有的学校研学课程开发的案例进行问题中心式的研讨，让教师在吸取相关理论的同时进行课程开发反思。

上城区在培训学校教师时会邀请非遗传人、传统文化的专业人士到学校对教师进行动手操作的实践培训。如上城区在设计《中医药文化》研学项目时，充分发挥青少年活动中心的德育功能，体现公益为先的良好形象，进一步扩大区青少年活动中心的辐射效应。努力让基层学校的老师一起参与优质的校外教育活动项目的培训。2019学年上半年组织以"传承中医文化 体验参与学习"为主题的研学培训活动，在丰富的主题培训活动中、在趣味实践体验中学习辨识中药，以更好地实现活动育人目标，体会中医国粹的博大精深，感受传统中医药的文化魅力。

【案例4-3】 中医药文化研学活动之教师培训活动方案

一、培训目的

为充分发挥青少年活动中心的德育功能,体现公益为先的良好形象,进一步扩大区青少年活动中心的辐射效应。让基层学校的教师在实践培训中了解研学各项过程,更好地实现研学实践活动育人的目标。上城区青少年活动中心现,以"整合社会资源,打造公益活动社会化平台"的工作理念,助力上城美好教育的深入实施。

二、培训对象

上城区各学校研学教师

三、培训主题及内容

本学期组织以"传承中医文化 体验参与学习"为主题的研学培训活动,在丰富的主题活动中培训学校研学教师,让老师在趣味实践体验中学习辨识中药,实现活动育人目标,体会中医国粹的博大精深,感受传统中医药的文化魅力。

培训活动内容介绍:

序号	活动内容	活动意义	活动流程	活动时长	活动对象
1	金盏花唇膏制作培训	通过了解秋燥的基本知识,老师能学会到预防秋燥的一些基本常识,进而提升老师的日常保健能力。制作金盏花唇膏,能增强老师的动手能力,为学生提供深入服务。	1. 了解秋季在气象学上的时间定义,鉴别气象学与二十四节气在秋季时间定义上的不一致性,为后面介绍温燥、凉燥做准备。 2. 熟悉秋燥的分类、性质、临床表现,掌握中医在预防秋燥上的一些常用的养生保健方法。 3. 实践:制作金盏花润唇膏。	1.5小时	骨干志愿者教师

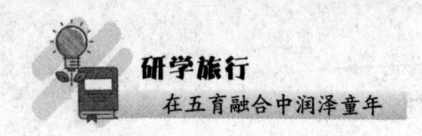

续表

序号	活动内容	活动意义	活动流程	活动时长	活动对象
2	秋季养生茶培训	通过学习秋季常见的一些养生茶,老师能进一步了解茶文化,熟悉秋季一些养生药材,同时,培养自身高雅情趣。	1.了解秋季的气候特点。 2.熟悉四季饮茶规律,掌握秋季适合饮青茶。 3.认识秋季常见的一些养生茶,如:玫瑰普洱茶、银菊白芍茶、决明子茶、金银甘草茶等。 4.实践:学习自己调制及冲泡秋日养生茶。	1.5小时	骨干志愿者教师
3	秋季补气佳品——枣泥山药糕的制作培训	通过了解秋季饮食常识,有利于引导教师树立健康饮食的观念,养成良好饮食习惯。	1.了解秋季养生的基本方法,掌握养肺是秋季养生的重点。 21.熟悉秋季饮食基本常识。秋季养生适宜补气,熟悉秋季常见的一些补气食物。 3.实践:学习秋季养生甜品,枣泥山药糕的制作。	1.5小时	骨干志愿者教师
4	认识艾灸培训	艾灸作为一种常用的家庭保健手法,具有良好的补益强身的养生功效。老师通过本课程的学习,不仅对于艾灸有了更深刻的了解,还学习了一些基本的艾灸手法和常用穴位,可以运用到家庭,作为家庭养生保健的手段之一。	1.了解艾灸的历史、熟悉艾灸的分类方法、掌握艾灸的作用。 2.实践:学习常用的保健穴位的艾灸。学会在足三里、血海等常用穴位进行艾灸。使用艾条灸,施术方法为悬起灸(包括温和灸、雀啄灸、回旋灸)。	1.5小时	骨干志愿者教师

在传承人和学校教师合作上课的过程中，进行研学项目的教师培训，尽快提升教师对研学课程资源开发和利用能力，在实践育人过程中观察、研究学生的能力，使教师真正能够成为整个研学实践教育活动的组织者、引导者和实施者。

三、校内研学导师培训策略

中小学校是研学旅行课程规划的主体，应对研学旅行课程进行整体设计，将办学理念、办学特色、培养目标、教育内容等融入其中，并嵌入学校整体课程体系。

我们可根据学生年龄特点和需求有针对性地开发自然类、历史类、地理类、科技类、人文类、体验类等多种类型的活动课程。人文类研学通过参观博物馆、有代表性的建筑、名人故居等，深入了解当地的历史、风土人情。科技类研学通过参观科技场馆等，学习科技知识，培养科学精神。艺体类研学与校内学科知识相结合，开展美术、足球等研学旅行。自然类研学则以亲近社会与自然的体验类实践活动为主。

作为研学旅行的组织与实施者存在三方主体，即：学校、研学服务机构和研学基地（或交流学校）。学校是课程的设计、实施者，课程资源的整合者，负责规划学年研学计划，制定课程实施方案；安排带队教师并指导教师提前进行研学备课。学校可通过公开招标的形式，选择有资质、有信誉、专业的服务机构帮助学校联络研学基地，负责出行人员的交通、食宿安排等事宜。研学基地提供学习资源和学习内容，配备专业的助理研学导师辅助学校带队教师指导学生研学。深度研学旅行实施方式要求每个主题的研学课程均有课程实施方案和培训方案，做到"活动有方案，行前有备案，应急有预案"。在研学内容安排方面，以体验性的学习内容为主。在带队教师配备上，国内研学按照1:10，境外研学按照1:7的比例配备专业教师带队研学，并选派优秀的学校管理干部担任研学团长，全权负责在外研学事宜。专门安排分别面向学生、家长、带队教师的行前培训课程，对学生的培训内容根据研学主题设定，包含人文历史、国际礼仪、文明、安全教育、自理能力等内容。专门设计《研学旅行导学手

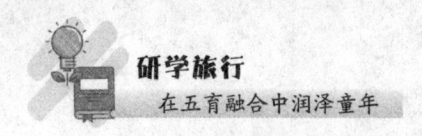

册》，让学生带着任务研学，以实现深度探究。

近年来，在上城区教育局的大力支持和引导下，在上城区青少年活动中心的精心指导和主管下，上城区青少年国防教育基地，倾力打造勇敢娃娃兵研学基地。积极发挥示范辐射作用，全方位探索拓展研学活动课程，整合研学基地周边南宋皇城小镇丰富的自然环境和历史文化，将国防教育研学和历史文化研学、自然探究研学、红色教育研学有机结合起来，形成多维度、高品质、特色化的自主研学课程品牌，带动一批研学基地的培育，目前已有共建基地30余家，"尚青书院""方回春堂"两家已成功申报杭州市中小学生研学基地。上城区地处历史文化发展中心，根据研学主题的不同、场馆功能的不同、交通方式的不同、地域分布的不同，设计形成串点成线、布局合理、互联互通的研学旅行线路，构建具有上城特色的研学旅行网络地图。

在现在的中小学研学旅行活动中，想要充分落实研学旅行，实现研学旅行的有效性，就要根据研学旅行的现状，找到相应的解决措施，实现有效的研学旅行，促进学生的成长与发展。

(一)结合学科内容展开

在中小学学校教育活动中研学旅行，算是一个比较有趣味，而且具有实用意义的教育教学活动。其体现的形式有很多，学校教育工作者在运用过程中必选的一个形式，就是结合学科内容进行展开，促进学生的全面发展。

例如，科任教师在教学的过程中，针对所教授的学科内容，选择其中适合进行研学旅行的内容开展研学活动。具体来说，如果是语文教师，教师在给学生介绍大自然的明媚春光、鸟语花香的时候，与其通过多媒体资源来给学生展示相关的图片，还不如直接将学生带到校园的生物园中，让学生自己通过亲身实地的感受，听听虫鸣、鸟叫，闻闻花香，看看柳绿，还可以亲自伸手摸一摸绿树红花。这样的感受，绝对不是图片可以给予的。如果是数学教师，教师在给学生介绍相关数学知识的时候，可以将学生带到相应的科技馆去，让学生通过实地感受知道数学与生活是多么密切的联系。通过这样参与体验性极强的方式，结合学科内容的需要，开展研学旅行，会使学生获得更好的知识体验。

第四章 教师：区域推进研学旅行的队伍建设

(二)结合当地特色展开

在中小学校开展研学旅行活动的时候,可以结合当地的文化特色进行展开,这不仅能够培养学生相关的知识,促进学生的发展,还可以形成独有的校本特色,形成一定的校园文化。例如,每一个中小学学校肯定会有当地特有的文化风俗。有些可能是遗留下来的文物古迹,有些可能是当地的民俗习惯,还有些可能是政府的特色工程。通过让学生到相关的地方展开研学活动,可以让学生紧密结合社会,激发学生求学的欲望,真正实现"为中华之崛起而读书"。当然除此之外,在研学旅行活动中,最好的旅行地点,无外乎是博物馆,在博物馆中,我们可以看到中华五千年来优秀的文化遗存,感受作为炎黄子孙的骄傲。

总而言之,在现在的中小学学校教育中,想要促进学生实现更好的发展,就需要学校采用研学旅行的教学方式展开课程教学。在现在的中小学研学旅行活动中,我们能够看到其极好的一面,同时也有不足之处。而对于中小学学校来说,想要通过研学旅行促进学生更好地学习,就需要从学校的学科内容和当地的文化特色出发,选择合适内容展开研学旅行活动,实现有效的研学旅行,促进学生获得更好的发展。

(三)结合客观全面的评价展开

对学生的评价应采用过程性评价,涵盖行前、行中、行后三个阶段。在评价形式上也应体现多元化的特点,采用个人评价、小组评价和教师评价综合评定学生表现。在评价指标的设定方面应紧扣课程目标、同时又具有可操作性,可从纪律、文明、自理、互助、学习等方面综合评定学生研学表现。带队教师在研学过程中发挥着指导学生研学、落实教育目标的重要作用。进行必要的评价可以为老师指导研学提供具体方向,并起到一定的督促作用。可组织学校管理者、合作方和研学学生从行前备课、组织管理、研学指导、关爱学生、安全保障、行后总结等方面对带队教师进行评价。对研学合作机构进行评价可以起到很好的约束、督促的作用,保证他们所提供服务的质量。可以组织学校分管领导、研学课程负责教师、带队教师和研学学生,从助理研学导师配备、安全措施、车辆配备、餐饮、住宿、组织实施等方面评定合作方提供的服务,提出改

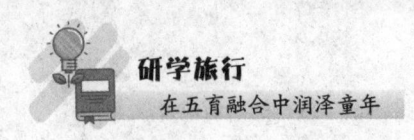

进意见和建议，据评价成绩决定是否继续合作，以此来保证学校对优势资源的利用。

时间维度可以采用分段式的评价模式：行前主要采用调研手段进行诊断性评价，进行学情分析，设计适切的课程；行中可以分为若干小的单元，按照课程实施方案，对学生研学进行过程性评价，包括安全意识、行为习惯、研学过程及任务完成情况；行后采用结果性评价，以展示、网页、微信、展板、家长会等多种载体，为学生创设成果交流展示的平台。

空间维度可以采用"五维一体"的评价方式，对学生研学旅行学习过程进行多主体、多视角、全方位评价。"五维"——学生自评、小组互评、家长参评、学校测评、机构助评，"一体"——各主体中，课程实施效果以学生为评价主体，促进学生在研学实践过程学有收获、提高自信。

第四章 教师:区域推进研学旅行的队伍建设

第二节

校外研学导师队伍的建设

随着近年国家政策的不断推进、各地政府的大力扶持,各类研学实践基地如雨后春笋般涌现出来,研学实践增长迅速。在研学实践蓬勃发展的背景下,由于传统的导游员缺乏教育知识和教学能力,不能胜任研学实践当中的工作,所以研学实践的发展遇到了人才瓶颈,研学导师这一职业应运而生。研学导师作为一种新职业,其被赋予的职能是要远远高于导游的。目前开设旅游管理专业的高校,大多鼓励学生考取导游资格证,而较少有学生考取教师资格证等证书,这体现出相关高校人才的培养具有单一性。所以,该类高校不能全方面满足研学实践的急速发展。鉴于此,对研学导师职业进行设置迫在眉睫。

一、帮助校外研学导师确立正确的育人观念

新时代学校教育的边界在各个维度不断被打破与重构:学校的物理边界、学校的组织与能力边界、传统的知识边界、教育的资源边界、教师的专业边界、学科的外延边界、技术的想象边界、德育工作的实施边界……学校的传统边界,我们要超越学校(教室)的围墙,从更高的角度去理解研学旅行教育的内涵:一是要始终按照习近平新时代中国特色社会主义思想要求,把"立德树人"融入研学旅行实践活动中,积极发挥研学旅行教育在立德树人中的重要作用;二是通过研学旅行,探索育人方式的新路径、新模式,改变传统课堂以教师传授获得知识为唯一途径的学习方式,构建知行合一的质量观,实现人的全面发

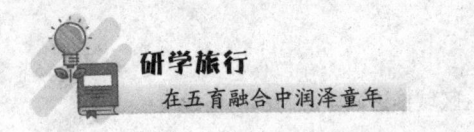

展；三是面向未来，读书是学习，实践是更重要的学习，教育要超越学校课堂和书本的局限，让实践成为重要的学习方式，让学生的知识能力、态度情感与价值观在实践中得到锻造与升华。最后，校内教育与校外教育共同实现立德树人、五育并举的育人目的。

研学实践是旅游与教育的结合体，而研学实践的发展情况关系到国家教育行业与旅游行业的前沿探索。研学导师作为研学实践当中的引导者与研学知识传授者，是研学实践当中的重要一环，在研学实践活动中缺一不可。近年来研学实践拥有良好的政策环境和庞大的中小学生市场，研学导师人才却大量缺乏，所以当前对于研学导师的设置具有重要研究意义。

研学导师不同于导游员，导游员一般的服务对象是普通游客，主要工作是为其提供导游服务、讲解服务，为其安排好行程中的吃、住、行、游、购、娱等各项服务。研学导师作为旅游行业中的新兴职业，其服务对象主要为中小学生，主要工作是在为中小学生提供旅游服务的同时，还要提供研学实践教育服务。因此，研学导师是一个全能型的职业人员，它应该具有导游人员的带团与控团能力以及教师的教育知识能力。研学导师在带领研学实践团队时，应当具有专业的旅游素养和教育素养，能够了解中小学生身心健康、身心成长特点和身体素质等必要的品质，能对学生进行正确引导，促进学生健康成长。综上所述，研学导师是一个既具有导游服务能力又具有教育教学水平的新兴职业人员，它服务于中小学生群体，是研学实践工作中的带队核心人物。

研学旅行作为上城区德育品牌活动，对于校外研学导师也有相应的培训。培训的对象包括旅行社的导游、共建基地及第二课堂的讲解员等等。通过培训，以助力这些研学导师育人观念的转变。

二、提升校外研学导师育人的实践能力

在2018年全国教育大会上，习近平同志提出，教育要引导学生在六个方面"下功夫"：要在坚定理想信念上下功夫，要在厚植爱国主义情怀上下功夫，要在加强品德修养上下功夫，要在增长知识见识上下功夫，要在培养奋斗精神上下功夫，要在增强综合素质上下功夫。要实现这六个方面"下功夫"，如果完

全依靠学校教育,显然是远远不够的。所以要落实以上思想,必须依靠校内外的教育资源,充分整合校内资源和校外资源,需要学校和社会达成共同育人的目的,一起探索共同育人的新思想、新领域、新方法和新路径。而研学旅行的兴起正是适应了这种新教育理念的要求。

(一)研学课程的设计能力

研学旅行作为一种课程来设计,需要给出一个确切定位。研学旅行是综合性课程,但更是一种实践活动类的课程。研学旅行强调个性化,也强调在个性化学习过程中,孩子们要养成一种谦和的、好学的、文明的、礼貌的、包容的、宽容的学习习惯和态度。儿童在学习知识、养成习惯的时候,也要学会自我认知,要通过在现实的旅行过程中增长阅历、锻炼意志、修为人格,这是研学旅行的一个重要价值。研学旅行强调群体性,它不等同于一场个人旅行,它强调群体性、开放性和实践性,引导学生关注自然、关注社会、关注人生,走向实践、走向社会、体悟人生,形成积极的人生态度,培养学生的社会责任感和责任担当意识,这是研学旅行的另一个重要价值。

课程是研学旅行实践活动成功的核心要素,各校应将研学旅行纳入学校教育计划。以"六结合"策略研发课程,与国家课程相结合,与其他综合实践课程相结合,与国际交流相结合,与校本课程相结合,与班团队活动相结合,与地方课程相结合。与国家课程相结合,为学生提供学以致用的机会;与地方课程相结合,为地方课程带来新的活力;与校本课程相结合,成为"长"出来的课程生命力。每校都应在区域研学课程的架构下,结合学校特色进行校本研学旅行活动课程的开发。

如何开发精品课程?可以通过"四步法":一是通过实地考察,了解这里有什么;二是前期细致调研,了解学生会什么;三是研读研学目标,确定目标达到什么;四是综合以上信息,落实学生能做什么。只有结合学科背景、社会经验、年龄心理特点,研发让学生在参与中有体验、体悟、体认、体行的课程活动,学生才会觉得有兴趣,才能成为精品课程。上城区在实施《良渚文化村》研学活动案例时,学校教师与旅行社的导游、第二课堂相关人员共同设计项目课程,以实践活动育人的共同目的。

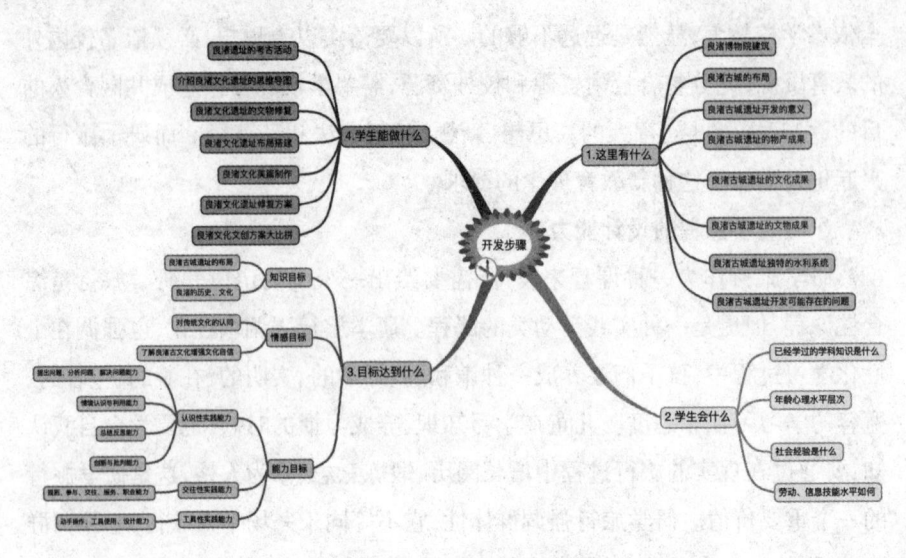

图4-1　课程设计"四步法"

同时研学旅行精品课程设计应遵循六个要点：不告诉比告诉更重要，兴趣比学习内容更重要，综合学习方式比单一学习方式更重要，多动比少动更重要（动手动脑动脚），任务简单比任务复杂更重要，解决问题比发现问题更重要。

（二）汇编研学实践手册

《研学实践活动手册》是从研学活动转为研学课程的基本保障和重要标志，各校应根据研学课程物化本校的《研学实践活动手册》，在研学活动结束作为研学旅行的成果呈现，同时也是区域层面考评各校研学旅行成果的一个重要方面。上城区在汇编研学实践活动手册时，与校外研学基地的导游协同合作进行汇编。汇编研学实践活动手册的研学导师，除了区域内的各中小学的研学骨干教师，我们还借助各个研学机构、场馆的第二课堂讲解员、文教人员。这些非教育专业的人员通过参与研学旅行手册的汇编，最终将成为数量极为庞大的研学导师队伍。他们在借力于我们成长的同时也为我们的研学旅行手册汇编助力。

研学实践活动手册的汇编可以通过对研学旅行四种学习方式的理解："看"，观察情景、理解情景、进入情境、激发兴趣、问题意识；"做"，设计、制作、将概念、方案设计并制作出来;"说",交流、表达、解释、提问、同伴交流、师生交流、陌生交流、演讲;"转化",内化、迁移,将理解的、制作的演示出来,教会别人延伸到新的领域。以及对研学旅行学生学习流程的明确"情境任务—计划分工—设计制作—检验修正—交流评价—反思感悟"来编辑《研学实践活动手册》是研学旅行产品设计理念最直接的体现,既为学生开展研究性学习提供方向性的指导,又提供必要的基础性资料。同时对一个家庭来说,还可以成为记录孩子在研学旅行活动中成长足迹别具特色的纪念物。

【案例4-4】 上城区研学手册使用之校外研学导师培训活动方案

一、培训目标

校外研学导师具有丰富的实践经验,但缺乏一定的理论基础,为更好地实现研学育人价值,上城区青少年活动中心以研学实践活动手册为载体,指导校外研学导师们科学、合理、系统的开展研学活动。研学活动手册是研学从活动转为课程的基本保障和重要标志,为促进学生有更多收获,穿越这些旅行,把收获留在"纸"间,让"研学实践活动手册"成为学生可珍藏的一份礼物!

通过研讨,研学手册从研学基本信息、研学告家长书、研学注意事项、研学课程安排、研学活动方案、研学过程记录、研学课程评价、研学成果展示八个方面设计研学手册。研学告家长书是通过"一封信"的形式告知家长研学的相关内容,以更好地进行家校协同;研学基本信息包括学生的基本信息以及研学基地的基本信息;研学注意事项是把在研学过程中要遵守或要注意的安全等相关知识预先感知研学者;研学课程安排是把研学中的具体课程通过"课表"形式预先告知;研学活动方案是对具体的研学内容的详细介绍;研学过程记录是研学者在研学过程中把研学中所学的知识、问题等通过文字等形式记录下来;研学课程评价则是研学者通过自评、互评、师生评等多种形式,对研学过程进行客观良好的评价;研学成果展示是研学者把整个研学过程的所见所闻、所思所想通过文字、图片、绘画等多种感兴趣的、擅长的方式记录在指尖。

二、培训重点

研学旅行是学生喜爱的实践探究活动,为使研学旅行更加有效率、有意

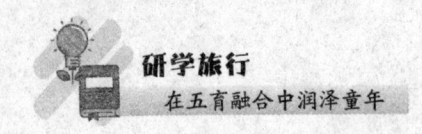

义,上城区青少年活动中心将重点对校外研学导师如何进行研学评价进行培训。研学评价分三个维度:一是通过学生、家长对研学活动开展整体评价,提升研学活动实效性;二是学生、家长、教师共同开展学生参与活动整体评价,对学生在研学中的表现、收获、不足等做出客观科学的评价;三是通过自评、互评、师评等方式,对学生参与活动开展分项评价,拟从活动参与、体验程度、方法应用等方面,对参与态度与交往能力、知识技能与生活技能的掌握、研究方法与解决问题的能力开展评价。

表1 活动整体评价

评价内容	评价结果
活动时间的安排是否合理	合理( ) 还可以( ) 不够合理( )
活动组织与准备工作是否满意	满意( ) 一般般( ) 不满意( )
活动中你觉得最好的地方在哪方面,不足之处在哪方面?	好的方面: 不足之处:
本次活动中你最大的收获和感受是什么?	收获: 感受:
对本次活动有何意见和建议?	意见: 建议:

表2 学生参与活动整体评价

评价内容	自我评价	教师评价	家长评价
我在研学活动中的表现优异	同意( ) 部分同意( ) 不同意( )	同意( ) 部分同意( ) 不同意( )	同意( ) 部分同意( )不同意( )
我在研学活动中有巨大的收获	同意( ) 部分同意( ) 不同意( )	同意( ) 部分同意( ) 不同意( )	同意( ) 部分同意( )不同意( )
我在研学活动中发现很多的不足	同意( ) 部分同意( ) 不同意( )	同意( ) 部分同意( ) 不同意( )	同意( ) 部分同意( ) 不同意( )
未来,我已经找到努力的方向	同意( ) 部分同意( ) 不同意( )	同意( ) 部分同意( ) 不同意( )	同意( ) 部分同意( ) 不同意( )

表3 学生参与活动分项评价

项目	评价要点	自评	互评	师评
活动参与	认真参加每一次活动。	☆☆☆	☆☆☆	☆☆☆
	对组织的每一项活动始终保持浓厚的兴趣。	☆☆☆	☆☆☆	☆☆☆
	认真观察思考、动手动脑、探索掌握各种学习方式。	☆☆☆	☆☆☆	☆☆☆
	能克服困难，保质、保量完成任务。	☆☆☆	☆☆☆	☆☆☆
	主动提出自己的设想建议	☆☆☆	☆☆☆	☆☆☆
	参与活动过程中不怕困难和辛苦	☆☆☆	☆☆☆	☆☆☆
合作交流	活动过程中主动和同学配合	☆☆☆	☆☆☆	☆☆☆
	活动过程中乐于帮助同学	☆☆☆	☆☆☆	☆☆☆
	认真倾听同学的观点和意见	☆☆☆	☆☆☆	☆☆☆
体验获得	活动过程中积极动脑、动口、动手参与	☆☆☆	☆☆☆	☆☆☆
	活动过程中会与别人交往	☆☆☆	☆☆☆	☆☆☆
	活动过程中有新意	☆☆☆	☆☆☆	☆☆☆
	活动过程中能做到垃圾分类	☆☆☆	☆☆☆	☆☆☆
	活动过程中能照顾好自己的日常起居	☆☆☆	☆☆☆	☆☆☆
方法应用	能用多种方法搜集处理信息	☆☆☆	☆☆☆	☆☆☆
	实践方法、方式多样	☆☆☆	☆☆☆	☆☆☆
成果展示	能主动展示自己	☆☆☆	☆☆☆	☆☆☆
	展示成果有新意	☆☆☆	☆☆☆	☆☆☆

评价等级：请根据你的评价等级为☆涂上颜色，三星，非常好；两星，好；一星，欠好；零星，不好。

学会客观、系统的研学评价，可以提高研学旅行的品质；巧用研学手册，可以让研学旅行有计划、有记录、有成效。通过研学实践活动手册汇编的培训，让原本有丰富实践经验的校外导师们进一步学会了科学育人的方法，以更好地实现活动育人的价值。

三、多方合作建立协同研学导师队伍

2016年，教育部基础教育司首次提出要将研学旅行纳入中小学教育教学

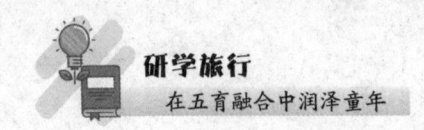

计划。国务院、教育部、各级地方教育局以及学校等官方组织代表了教育的公益性和普及性,教育部相关文件的颁布体现了其将校内教育与校外教育有机结合的美好夙愿,以及实现中小学生户外体验教育的诉求,为中小学研学旅行课程的开展创造了较为良好的政策环境及条件。然而,该政策只是从教学计划上规定了研学旅行的重要性,为研学旅行的课程化提供了宏观支持。通过对现实中若干小学研学旅行课程开展的考察,发现学校在开展研学旅行课程中存在着研学旅行课程资源的选择、组织编排以及实施评价等方面的问题,而这追根溯源可与研学旅行课程的最高级支持系统——教育部等官方组织相关联。虽然国务院、教育部等公益性的官方组织系统出台了各种相关者政策,但是在具体的实施环节比如研学旅行计划的制定、研学课程设计、研学线路组织和基地的选择、部门之间的协调沟通、安全和经费保障、研学效果的评估、学校组织研学旅行的动力机制等,教育部及相关职能部门并未进一步提出明确的思路并提供制度保障。研学旅行课程是国家课程的校本化课程形态,其顺利实施不仅需要教育部、教育局等相关教育职能部门的规定与支持,而且对于学校的研学课程开发领导与组织也有一定的要求。因此,建立一套校内校外相互衔接的研学旅行课程开发体系十分重要。

近几年来,上城区各校本着合作共赢的原则,切实进行强化统筹管理。一是做到资源共享,建立健全校内外研学旅行资源的利用与相互转换机制,积极申报上城区中小学生研学旅行示范校,实现校本课程的区域辐射,大家合力做好研学这项工作。二是机制联携,强化公共资源间的相互联系与硬件资源的共享,各校结合办学特色、文化传统,充分挖掘资源优势,因校制宜、因地制宜,研发具有学校特色的校本研学课程,聚焦学生核心素养,体现研学课程的跨学科性和实践性。三是平台共建,用好、用足区青少年活动中心的"淘活动"平台,使淘平台成为区校多级联动的共建共享平台。把学校开展的各项研学活动都发布在区域"淘活动"平台,平台为各校提供便利的同时,也成为各校互相学习、互相借鉴、互为促进的一个区块链。

研学旅行课程的开发是一种合作与交流的事业,它需要一种强有力的、共享的、易得的课程资源中心。作为课程开发的主体,每一位教师应持有民主、

开放、包容、合作的精神。教师文化是影响教师之间合作行为的重要因素,教师文化是学校教师共同的价值体系与行为规范的整合。哈格里夫斯曾将教师文化分为四类:个人主义文化、派别主义文化、人为合作文化、自然合作文化。传统的教师文化具有封闭性和保守性特征。封闭性使教师奉行"专业个人主义"作风,在业务和学术上坚守着自己的独立王国,不干涉其他教师的活动,不与他人合作和互动,教师之间彼此处于孤立的状态。保守性使得教师墨守成规,不愿意接受新课程改革的状态,只求稳定,不懂创新。

研学旅行课程的开发需要教师之间自发的,自然而然的合作,这种合作是一种建立在双方自愿基础之上的高级合作,而不是教师受于外部的压力和权力压制而被形成的合作关系。在此种教师合作关系之下,教师之间相互学习,一起分享各自的专长,共同促进研学旅行课程的开发。此外,教师如果在日常业务和学术中能够得到同伴的支持,其在教育教学上的创新也就显得更加容易。因此,研学旅行课程开发指导小组应搭建合作平台,组织教师之间相互交流和合作,让他们针对课程开发的问题进行研讨与商榷。一方面,学校课程开发指导小组可以开通网上交流平台,如研学课程开发论坛,也可以鼓励教师开发个人博客,分享个人所指导的研学旅行课程开发故事、共享开发经验等;另一方面,学校课程开发小组还可以组织教师线下交流,例如各种形式的经验交流会、沙龙等。特别是携同校外研学基地、第二课堂共同协作,交流设计研学课程,更能体现多方合作建立协同研学导师队伍的模式。

如上城区青少年活动中心与中国伞博物馆共同设计赏《"清明上河图"》,探"中国伞文化"》研学课程,如何利用中国伞博物馆的地理优势和文化优势,带领学生走进馆内学习《清明上河图》的概况,体会中国传统文化的博大精深,感受传统文化的魅力,真正体现"立德树人"之育人观。

【案例4-5】 赏"清明上河图",探"中国伞文化"
——中国伞博物馆研学课程设计

一、研学课程目标

1.学习《清明上河图》的概况(作者、创作时间、尺寸、收藏地点等)及历史

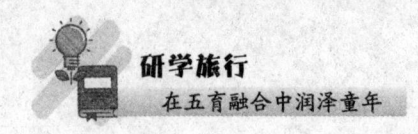

研究价值;学习《清明上河图》中的伞文化;学习请用国货八角伞的相关知识;学习伞的起源。

2.在课程中提高学生学习传统文化知识的能动性,培养学生主动学习的能力及动手实践的能力。

3.体会中国传统文化的博大精深,感受传统文化的魅力,培养学生的民族自豪感,激发学生热爱民族、热爱我国的优秀民间艺术,从而激发学生传播传承传统文化及非遗文化的能动性。

二、研学课程主题:赏清明上河图　探中国伞文化

三、研学实施对象:3—6年级学生

四、研学课程内容

模块	研学目标	研学形式	研学地点	研学内容
赏清明上河图	1.结合课本对《清明上河图》进行探索性学习,了解作品概况及历史研究价值。 2.能在欣赏中学会主动探索,提高鉴赏文物的能力。	倾听讲解 互动交流 实地参观	中国伞博物馆大厅	欣赏印刷版《清明上河图》,引导教学。
探中国伞文化	1.结合展厅放大版《清明上河图》(部分),探索学习中国伞文化知识。 2.结合展厅展品学习伞的起源、制作等知识;学习制作国货八角油纸伞相关知识。 3.在参观学习中体会中国传统文化的博大精深,感受传统文化的魅力,培养学生的民族自豪感。	倾听讲解 互动交流 实地参观	中国伞博物馆展厅	1.参观中国伞博物馆,学习伞的起源 2.欣赏《清明上河图》虹桥部分里的伞文化 3.寻找油纸伞产地中的传统文化。
彩绘纸伞	通过伞面绘画,培养学生主动学习的能力及动手实践的能力。	实践体验	中国伞博物馆大厅	纸伞手绘体验。

通过青少年活动中心与研学第二课堂等基地携手合作实施研学课程,既在活动课程设计中体现育人理念,又有实际活动实践,真正实现活动育人的目标。

第五章 管理：区域推进研学旅行的机制与平台建设

任何一个组织都面临着一个共性的问题——管理，区域推进研学旅行也同样如此。无论是外部研学资源的开发、各方力量的集聚；还是内部研学活动的开展、研学导师的培训等等，都有一个管理的问题。从一定意义上说，只有在良好管理的基础上，区域推进研学旅行这项工作才能有序、高效地运行；才能真正发挥其育人价值，促进学生的全面发展。因此，我们从机制建设和平台建设两个维度着手，不断改进、优化研学旅行的管理。

第五章 管理：区域推进研学旅行的机制与平台建设

第一节

区域推进研学旅行的机制建设

一套良好机制的建立可以为工作提供有力的支撑和持久的动力。研学旅行的推进作为一项区域层面的工作，是一个系统工程，因此也需要建立一套切实有效的运作机制。我们从"向上、向外、向内"三个维度，积极探索机制建设的创新，努力实现"主动借力、凝聚合力、催生动力"。

一、依托评价：形成助力机制

上城区青少年活动中心是上城区教育局下属的直属单位，自上城区教育局"管办助评"机构改革实施以来，青少年活动中心的定位是导助机构，承担着"助"的角色，具体可以理解为助力学校办学、助力学生成长，也就是说，青少年活动中心是学校办学和学生活动的"服务员"，而不是"管理员"。这样的角色使青少年活动中心能够直面学生、学校和家长的需求，更近距离地倾听他们的声音，更主动灵活地为学生提供丰富的活动。但与此同时，在研学旅行的区域推进中，青少年活动中心作为实施这项工作的主要部门，也面临着新的困惑，那就是：研学旅行是上城教育全面推进的一项系统工程，需要教育行政部门强有力的推动，而青少年活动中心作为导助机构，并不具备行政推动的能力，如何在"不越位"的前提下，为这项工作注入强大的动力呢？

"不越位"并不意味着就可以"缺位"，我们开展了主动借力的尝试探索。上城区是"浙江省首批、杭州市唯一"的中小学生研学旅行推进试点区，上城区

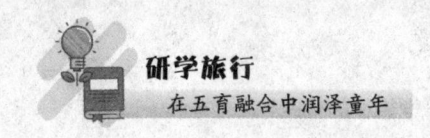

教育局高度重视研学旅行的推进工作。在向教育局汇报研学旅行工作成果的同时,我们也提出了进一步加强行政推动的大胆设想和具体举措,得到了区教育局的大力支持。2019年初,青少年活动中心作为主要部门参与起草了上城区《关于推进中小学生研学旅行工作的实施意见》,随后,上城区教育局等8部门联合下发了上教〔2019〕89号《关于印发<关于推进中小学生研学旅行工作的实施意见>的通知》,研学旅行工作得到了强有力的行政推动。

如果说,文件的下发还只是停留在行政层面,那么后续的一系列举措在更具体更细化的层面保障了研学旅行的推进。

(一)显性助力:用一根考核杠杆推动学校"自转"

上城区中小学三年发展规划已经在上城区的各中小学进行了三轮。实践证明,三年发展规划的制订和实施使学校的办学理念得到进一步提炼,办学愿景得到进一步清晰,办学实践得到进一步规范,办学水平得到进一步提升。三年发展规划在学校办学中实现了其作为行动纲领和精神内核的重要价值,成为教育行政部门抓好学校办学的"牛鼻子",而一年一度对学校三年发展规划的评估又是检验三年发展规划制订和实施质量的"试金石",学校对评估结果的重视程度可想而知。每一年度,上城区教育局都会根据总体要求和重点工作对评估细则进行调整,细则满分为100分,可以说,每一分的内容调整对学校而言都是"牵一发动全身"。2019年,区教育局将校长执行力考核"全面育人"指标中的"学校德育"相关条目进行了调整,把深入推进研学旅行作为重要内容增加到考核内容中。

表5-1　2016年度上城区教育局基层单位正职校级干部行政执行力考核评价表(节选)

一级指标	分值	二级指标	考核标准
教育教学管理	35（中小学）	全面育人（15分）	学校德育。(4分)立德树人,大力培育和践行社会主义核心价值观,深入开展爱国主义教育,得2分,德育工作出现重大偏差,造成恶劣社会影响的,该项不得分。深入推进研学旅行工作,参与区域研学旅行课程编写,申报区域研学旅行试点学校或承办区级以上研学旅行活动的,得1分;积极承担教育局全年各项德育活动或承办各级部门主办的德育活动1次及以上,得1分,在文明城市检查工作中存在扣分情况的,该项不得分。

通过上表不难发现：首先,对学校进行考核的主体是上城区教育局,为考核提供依据的是青少年活动中心,这就使青少年活动中心在研学推进中实现了借力。其次,研学旅行作为年度重点工作所占考核比值达到了德育工作的四分之一,如果说社会主义核心价值观的培育是"保底分",那么研学旅行的推进就是体现差距的"发展分"。这就决定了学校对研学旅行的推进工作不能只停留在"纸上、嘴上",而是落在学校研学课程的设计研发实施、学校研学队伍的建设、学校研学工作的保障等具体行动上。

【案例5-1】　凤凰研学：让学习真实发生

2016年,教育部等部门发布的《关于推进中小学研学旅行的意见》中明确指出,"研学旅行是学校教育和校外教育衔接的创新形式,是教育教学的重要内容,是综合实践育人的有效途径"。研学旅行教育政策的出台为我国中小学推进教育教学改革提供了契机和空间。杭州市凤凰小学整合学校周边资源,成立学校凤凰小学研学旅行工作指导小组,下设各课程项目组,架构课程体系,组织多种形式研学活动,让学习真实发生。

一、顶层架构：成立工作项目组,围绕主题开发课程

凤凰研学课程实施前根据学生的年龄特点,结合学校实际情况,围绕"博"

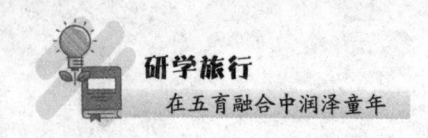

"趣""廉"进行了课程的顶层设计。课程设计时,主张引导学生学习广博的风情地理、人文历史知识以及现代化建设中的变迁;通过丰富有趣的活动设计,让学生乐在综合实践活动中;开发围绕"扬帆""铸魂""寻根"等关键词的"廉"系列课程。

学校成立凤凰研学项目组,从学生的日课程、周课程和月课程去设计适合不同年龄段、不同需求学生的研学主题。根据不同研学主题,团队开发不同课程。项目组由学校综合实践课程教研组为核心,整合了语、数、英、科、艺术、体育各教研组的力量,根据不同研学主题,分组进行项目开发。

目前学校的研学主题有"童游节研学课程""免试生研学课程""长假研学课程""博学周研学课程""一带一路研学课程"。课程的时长与课程的内容相关,如"童游节研学课程"为期两天,时间最短,"一带一路"研学课程为期十二天,时间最长。

这是杭州市凤凰小学的研学旅行工作经验介绍,学校在落实区域研学旅行推进总体要求的过程中,结合学校的地域位置、文化资源等实际,将研学旅行推进工作进行了很好的校本化,从一定程度上说,这也是教育行政部门考核导向作用的体现。这样的引导充分激发了学校在研学旅行推进中的实践智慧,实现了学校在研学旅行推进工作的"自转"。这样的"自转"一方面丰富和发展了区域的研学旅行实践,另一方面也有利于学校正确把握与积极顺应教育改革的发展趋势,对学校办学发展起到了促进作用。

(二)隐性助力:用一个研学展架推动课程"赋能"

对研学旅行这一新生事物,大家对它的认识一方面是逐步深入的,另一方面也是各不相同的,正所谓"横看成岭侧成峰,远近高低各不同"。从事文化旅游的行业在研学旅行中看见了广阔的发展空间,我们不难发现,许多原本以成人为主要服务对象的旅行机构近一年来推出了许多面向中小学生的研学旅行项目,内容之丰富、创意之新颖远胜以往。尽管这些活动项目绝大多数还是带着孩子去旅行,"研"和"学"的成分没有得到较好地体现,但至少他们对拓展中小学生研学旅行这一行业新领域的敏锐嗅觉和迅速反应不得不令人佩服。与

第五章 管理:区域推进研学旅行的机制与平台建设

之形成对比的是,作为研学旅行实施主体之一的学校,其中不乏"佛系"的观望者、等待者。在有些区域或有些学校,用"剃头挑子一头热"来形容目前研学旅行的现象似乎也不为过。

如何让研学旅行在学校中"动"起来、"热"起来呢?如果说前文提到的抓住学校发展考核杠杆是从学校管理的角度出发,那么建设一个区域研学课程的展架则是从研学课程建设机制入手的又一新尝试。

研学课程展架,可以把它想象成一面开放式的书架,这面书架暂时是空的,书架的每一格都贴上了标签,对应上城区的每一所中小学校。各个学校要根据区域研学旅行推进的总体要求和学校实际设计具有学校特色的研学课程,并把它上架展示。这样,每个学校的研学课程不仅自己看得见,"别人"也看得见;反过来说,每个学校不仅看得见自己设计的课程,也看得见"别人"设计的课程。学校的研学实施就不再是关起门来"自娱自乐"了。

当然,现实中的这个课程展架是通过信息技术支持实现的。依托上城区"淘活动"中小学生研学旅行电子平台,区域研学课程展架得以搭建。研学课程展架设立后实现了什么样的功能呢?最直接的有两个方面。

一是把好课程质量底线。各个学校的研学旅行课程建设进度怎么样?课程质量怎么样?时间有没有保障?打算如何实施?有了课程展架,不需要向学校逐一了解,打开电子平台,点击各校课程后就能一目了然。学校的课程提交上架后,还要经过一道审核程序,青少年活动中心在后台收到提交的课程后,主要从主题是否明确、设计是否规范、实施是否具体、保障是否有力四个方面对课程进行审核,通过审核的课程才能上架。通过这样的方式,实现了对各校研学课程的总体把控,确保了各校研学课程实施的基本落实,"校校都有研学课程"得以落到实处。

二是促进课程质量提升。课程是研学旅行的核心,课程质量的高低在很大程度上决定了研学旅行推进成效的显著与否。研学课程展架从机制建设的层面为区域内各中小学研学旅行课程的共建共享、互学互通提供了可能。各学校既是区域研学课程的建设者,也是共享者。作为建设者,提供的研学课程不再"犹抱琵琶半遮面",而是要与其他学校分享经验,这样的角色势必会推动

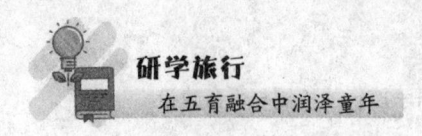

学校在研学课程建设上好好下一番功夫，努力提升课程的质量；而作为共享者，每一所学校又可以从兄弟学校的研学课程建设中借鉴经验，从而反过来促进本校研学课程的不断发展。

二、凝聚外力：形成合力机制

2016年11月30日，教育部等十一部门印发的《关于推进中小学生研学旅行的意见》指出："中小学生研学旅行是由教育部门和学校有计划地组织安排，通过集体旅行、集中食宿方式开展的研究性学习和旅行体验相结合的校外教育活动，是学校教育和校外教育衔接的创新形式，是教育教学的重要内容，是综合实践育人的有效途径。"这段话明确了中小学生研学旅行的性质和意义，组织安排研学旅行的主体是教育部门和学校，但研学旅行同时又是学校教育和校外教育衔接的创新形式，仅靠教育部门和学校之力难以开展，校园之外才是研学旅行的广阔天地。研学旅行的资源需要文化旅游部门推荐开发，安全需要公安和交通部门提供保障，志愿者力量需要团委部门协助充实……这样一项系统工程需要整合多部门的力量。于是，如何有效联动、形成合力就成为研学旅行区域推进机制研究的又一个重点。

（一）基地挂牌

旅行体验是研学旅行的重要形式，研学旅行要真正"行"起来，首先就要为学生开辟广阔的活动空间。上城区是南宋皇城遗址所在地，具有丰厚的历史文化旅游资源，文博类场馆的数量居杭州主城区首位，同时也是杭州的中心城区，经济较为发达，产业结构优势明显，文创、动漫等产业发展迅速，这些都使得研学旅行的开展具有得天独厚的良好外部条件，但这些场馆机构都各自运行，相互联系沟通很少，处于一种较为零散、自发的状态。如何盘活这些研学场馆资源，化零为整、由点及面，使他们更集中、更有效地在研学旅行推进中发挥作用呢？我们进行了建立研学旅行基地挂牌机制的探索。

2018年9月，上城区隆重举办区域中小学生研学旅行工作启动仪式，这是杭州市第一个全面启动中小学生研学旅行推进工作的城区。在启动仪式上，首批16家中小学生研学旅行基地挂牌成立。

第五章 管理：区域推进研学旅行的机制与平台建设

表5-2 上城区中小学生研学旅行基地名单

序号	场馆名称	序号	场馆名称
1	杭州工艺美术博物馆	9	南宋官窑博物馆
2	钱王祠	10	光达美术馆
3	西湖国学馆	11	方回春堂
4	胡庆余堂中药博物馆	12	一新坊
5	胡雪岩故居	13	巧手工作室
6	万松书院	14	唛牛艺术
7	西湖博物馆	15	乐渔教育
8	尚青书院	16	城隍阁

这些研学旅行基地的挂牌看上去只是一种形式，但它发挥的作用远不止于此。要成为区级的中小学生研学基地，相关单位首先要进行申报，收到申请后，由教育部门牵头，会同相关部门查看申报材料，了解所申报单位的基本情况和专业资质，然后进行实地走访，进行更深入的了解：场地空间是否开阔是否安全，各项设施是否完备，有没有专门的研学旅行导师或负责人，有没有较为成熟的研学旅行活动项目或者课程等等。这些开展研学旅行的条件都具备了，相关的单位才有可能被列入研学旅行基地名单。

挂牌成立的第一批16家基地基本可以分为三大类，一类是博物馆美术馆，一类是传统文化类场馆，还有一类是新兴的文化创意机构。在实地走访中，这几类基地的实际情况也不尽相同。

博物馆美术馆环境优美，设施完备，具有丰富的馆藏展品和活动资源，相关工作人员也在各自的专业领域具有较高素养。但是相比起来，这一类场馆以展陈为主要功能，还没有把丰富的资源转化为可供实施的学生活动，互动性和体验性较为缺乏。也就是说，学生走进场馆还是以参观、听取讲解为主要形式，主动参与主动探究的空间和渠道还较缺乏，体验和感悟自然也就较难积累了。对这一类场馆，对他们提供最切实有效的帮助就是对活动项目设计和实施的建议。以光达美术馆为例，这家美术馆的场地环境优越，馆藏的美术作品大多数是私人珍藏，具有较高的艺术欣赏价值，但要使这些世界名画会"说

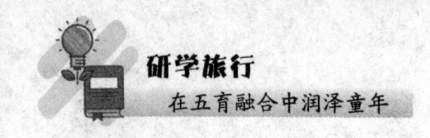

话"，和学生之间产生互动，还需要对活动项目进行设计。在进行充分的讨论后，一个"与名画零距离"的研学活动创意产生了。美术馆对原有的阳光房进行了重新布置，开辟出了一个专门给孩子们临摹写生、互动交流的区域。阳光从玻璃屋顶上洒下来，学生们围着名画席地而坐，近距离地观察着作品的每一丝肌理、每一处油彩，美术馆的老师也坐在孩子们中间，给他们讲这幅名画的故事，包括它辗转来到这个美术馆的前世今生。然后，学生穿上美术馆订制的工作围裙，在老师的指导下静静地临摹，时不时还向老师提问些什么。就这样，"博物馆学习"为我们呈现了一种研学旅行的新方式：学习在不同场景下发生了。学生在艺术的环境中用艺术的方式学习艺术、感受艺术，课堂学习所不能实现的，研学旅行做到了。

和博物馆比起来，一些例如非遗工作室的传统文化场馆和文创机构的情况又有所不同。这一类场馆往往是以非遗传承人命名的工作坊，又或是一些可以开展实践体验的文创机构，这些场馆和机构根据自身特色，有许多较为成熟的研学实践活动可供学生选择。例如"一新坊"，由浙江省非物质文化遗产"萧山过江布"传承人开办，为学生提供了丝帕印染、创意T恤制作等体验项目，还结合传统手工艺的特点和时令节气开发了马勺绘画、棕编摆件、香囊制作等衍生项目，具有很强的趣味性和体验性。但这类场馆同时也存在着局限，主要问题是场地较小，要开展规模大一些的集体活动就会遇到困难。如果因为场地不足使得这一类机构未能挂牌成为研学基地，对区域研学资源的开发是一种损失，对他们参与研学旅行的热情也是一种打击。因此，对这一类场馆，鼓励他们积极开拓思路，以共用借用场地的办法开展规模大一些的研学活动，还可以主动提供青少年活动中心等场地免费使用，形成"一块牌子、多处活动"的灵活模式。

正是因为根据不同研学基地的不同特点进行个性化的帮助，研学旅行基地的铜牌不仅仅"挂"起来，也真正发挥了"用起来""动起来"的积极作用。

（二）机构签约

如果说，研学旅行基地的挂牌是在上城区的研学网图中插上了小面面小旗子，建起了一个个阵地，那么研学旅行机构的参与就是打通了研学旅行的实施渠道，使研学旅行的四筋八脉畅通起来。

第五章 管理:区域推进研学旅行的机制与平台建设

目前开展中小学生研学旅行业务的机构前身大多都是旅行社或是旅行社为了开辟研学旅行项目而新设立的一个部门。在参与研学旅行的过程中,这些机构显示出了他们的优势和作用。一是资源丰富。他们和许多风景名胜及文化场馆都有长期固定的联系,在研学场馆和学生之间搭建起了通道,可以根据学生和学校的需要推荐不同的研学项目,还有一些不对外开放的工厂企业、产业园区,在研学机构的联系和协助下也能为学生提供研学旅行实践体验的机会。二是服务专业,研学旅行是一个综合性的项目,学生的衣食住行都是其中重要的组成部分,在很大程度上影响着研学旅行的品质。活动中的餐饮如何安排、交通如何组织、住宿如何选择,都要考虑周全,而研学旅行机构的行业特点决定了他们具有丰富的服务经验和专业的服务品质,使学生在研学旅行中不仅研有所获、学有所得,并且吃得放心、住得舒心、行得安全。三是组织有序。中小学生研学旅行和过去的学生活动很大的一点不同就是"在路上"。研学旅行短则一两天,长则三五天,需要周密的组织和实施,研学旅行机构一头联系学校和学生,一头对接研学场馆,他们可以完成从报名组织到活动安排、从餐饮到住宿、从交通到保险等一系列工作,使得研学旅行在具体实施中井然有序。

当然,研学旅行机构作为服务行业,在协助教育部门推进中小学生研学旅行的过程中,其目标不仅是提升研学旅行服务质量,促进学生的全面发展,也会有自身经营和发展的现实考虑。研学旅行的推进一方面需要和研学机构加强合作,另一方面也需要建立一套有效的机制确保这种合作的顺利进行,其中包括建立有效的管理约束机制。2016年12月19日,国家旅游局发布了《研学旅行服务规范》,并于2017年5月1日起正式实施。这套规范对服务提供方、人员配置、研学旅行产品、服务项目以及安全管理等几大类内容都进行了详细规定,是目前最具权威性的研学旅行服务规范标准,它的出台和实施对规范研学旅行的服务流程起到了重大作用,促进了研学旅行这一新生事物走向正确的发展轨道,同时也有效避免了参与研学旅行中出现各自为政的局面。

以国家旅游局发布的《研学旅行服务规范》为依据,我们制订了《上城区中小学生研学旅行服务承接承诺书》。签署《上城区中小学生研学旅行服务承接承诺书》后,研学旅行机构方能承接上城区中小学生研学旅行服务。这份承诺

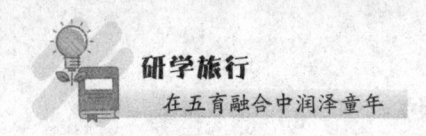

书除了执行国家标准,还充分体现了上城区作为浙江省中小学生研学旅行推进试点区的实际情况,是对《规范》的具体化和区本化。一是对机构资质的要求更高。杭州旅游业发达,旅行社的规模和数量都十分可观,因此对研学旅行承办方的选择空间也就相对较大。在"宜具有 AA 及以上等级"的基础上,我们将承接上城区中小学生研学旅行服务的机构专业资质要求提高到了"AAAA 及以上",目的就在于提升研学旅行承办的服务品质。二是对安全保障的要求更细。确保安全是开展研学旅行的基础和底线,中小学生是未成年人,在研学旅行过程中需要考虑的安全因素更多。因此在区域承诺书中,我们将国家标准进一步细化,在交通上,对驾驶员的年龄、驾龄、从业年限做了细致的要求;在餐饮安排中,对供餐单位的资质进行了明确;对学生疾病和意外伤害的处理流程也更为具体。三是对研学收费的约束更为有力。国家旅游局颁布的《研学旅行服务规范》是针对研学服务制订的规范标准,对研学费用相关事项并未涉及。但是在开展研学旅行的过程中必然会产生费用,这些费用不论是向学校收取还是向学生收取,都必须合规合理。因此在《上城区上城区中小学生研学旅行服务承接承诺书》中,对研学旅行服务收费也提出了要求。收费标准必须由物价部门和市场监管部门核定审批,最重要的是,《承诺书》要求,面向上城区中小学生开展的研学旅行服务收费必须不得高于市场上同类旅游产品的费用。通过这样的机制,有利于研学旅行的收费透明化,也有利于学校和学生家长建立对研学旅行服务的信任,使研学旅行走向良性发展。

(三)定期会商

定期会商机制是许多区域性工作在整体推进中常见的机制,由于涉及的部门较多,定期会商在协同解决问题、营造良好外部环境中所起的作用尤为突出。上城区的中小学生研学旅行会商机制除了通过组织会议进行专题研究外,最大的特点是会商形式生动灵活,实效较为显著。

【案例5-2】 2020年度上城区中小学生研学旅行推进工作研讨会方案

一、研讨主题

研学旅行,区域德育新载体

第五章 管理:区域推进研学旅行的机制与平台建设

二、参会人员

1.上城区中小学生研学旅行推进工作共建部门代表

2.上城区中小学生研学旅行基地和相关研学机构负责人

3.上城区各中小学研学旅行分管校长

三、内容与安排

时间	内容	发言人
13:50—14:00	参会人员报到	
14:00—14:30	2019年度区域研学旅行工作回顾	区青少年活动中心
14:30—14:50	研学旅行基地建设情况交流	方回春堂
14:50—15:50	区域研学试点学校代表交流分享	试点学校代表 (中学1所、小学2所)
16:00—16:30	2020年度区域研学旅行工作展望	区教育局
16:30—17:30	研学旅行各部门工作克难攻坚交流	各相关单位

  这是由上城区教育局牵头召开的一年一度的研学旅行工作研讨会。我们可以看到,参加会议的人员有研学旅行推进工作各参与部门的代表,有研学旅行基地和相关研学机构的负责人,还有各中小学分管研学旅行工作的校长,可以说,涉及研学旅行工作的各方力量都汇集在了一起。从会议的议程看,有研学旅行实践基地从基地建设、活动课程开发的角度进行的交流,也有各中小学校从研学旅行实施的角度进行的分享;有从区域整体推进的角度进行的年度工作回顾和展望,也有各相关部门对研学旅行推进中遇到的问题进行的现场支招。研学旅行工作的组织方、实施方、资源提供方、协同助力方,面对面零距离地对研学旅行工作进行专题研究和讨论。这样的交流研讨减少了中间环节,避免了许多整体推进性工作中常遇到的信息不对称、互相"踢皮球"等现象,使研学旅行的推进不是推在表面,而是推向纵深、推向实处。

  除了一年一度的研讨机制,还有更为灵活的"1+x"联席会商机制。这里的"1"是指联席会商的主办方,"x"是参与会商的其他相关部门,但是这个"1"不是固定的,相关部门都可以作为东道主发起和组织研学旅行工作交流研讨,也可以作为"x"被邀请参与到联席会商中。与一年一度的年度研讨会相比,这一

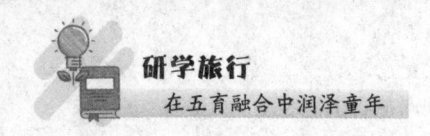

类活动的时间比较机动,安排也比较灵活:在主题上,反映的往往是近一阶段研学旅行推进中的新问题或是产生的新成果;在组织上,不发文件通知,而是以研讨沙龙的形式,发起的单位"广发英雄帖",相关部门自由选择参加;在形式上以参与现场活动体验为主,更富实操性和趣味性。

【案例5-3】 一次别开生面的研学旅行研讨沙龙

外面还是料峭的冬寒,方回春堂的藏书阁内却是一片融融的暖意。又一次"1+x"形式的上城区中小学生研学旅行沙龙在这里举行。这次研讨沙龙由上城区中小学生研学旅行基地方回春堂作为东道主,区教育局、青少年活动中心等相关部门和区内部分研学旅行基地、机构的代表一同参与。方回春堂创始于清顺治六年(1649),位于上城区河坊街。三百多年来,方回春堂一直秉承着"许可赚钱,不可卖假"的祖训,全店上下,齐心协力,闯过了一道道难关,经历着历史沧桑,成了闻名遐迩的老字号。在上城区中小学生研学旅行推进的过程中,方回春堂以中医药文化体验为特色挂牌成为上城区首批中小学生研学旅行基地。

本次研讨沙龙在轻松愉快的氛围中举行,方回春堂的研学旅行工作负责人向大家介绍了方回春堂研学旅行课程建设中取得的新进展,重点介绍了新推出的"走进膏方养生文化"非物质文化遗产传承课程。

膏方配制,是中医药制作的一项重要技艺。一剂好的膏方,从开始制作到完成,常常要经历40多小时,对制膏工具要求苛刻,工艺复杂严谨。制膏传承人对药性的掌握、火候的把捏恰到好处,膏体成色、加糖比例、"挂旗"等经验都依靠口耳相传。方回春堂不仅有名医好药,更重要的是还有国家级非物质文化遗产代表性项目中医传统制剂方法(方回春堂传统膏方制作技艺)的代表性传承人俞柏堂师傅。在中药煎制已经走向工厂流水线化的今天,俞柏堂师傅依然坚持采用传统手工方法熬制膏方,传承推广这一宝贵的非物质文化遗产。

在沙龙现场,方回春堂研学旅行工作负责人向大家展示了"走进膏方养生文化"这一课程的活动流程。首先是"膏方是什么?"介绍了膏方的由来,"膏"和"方"分别指的是什么。然后是"膏方有啥用?"介绍了吃膏方对身体健康有

第五章 管理:区域推进研学旅行的机制与平台建设

什么帮助,哪些人适合用膏方调理身体,什么季节吃膏方比较合适等等。接着是"膏方怎么做?"介绍了介绍膏方通常会使用哪些药材,如何辨别药材的品质、膏方的熬制工序等等,在这个环节的现场,还准备了一些常见的中药材,大家跟着研学导师"捏一捏""闻一闻""称一称",饶有兴致地体验了一把。研学导师告诉大家,这个研学课程在真正面向学生们实施的时候,还有最后一个环节就是"和膏方制作大师面对面"。同学们可以和俞柏堂爷爷近距离接触,听俞爷爷讲述他从学徒成长为膏方制作大师的故事,感受他踏实勤奋的可贵品质和中医药文化的博大精深。

研讨沙龙的第二阶段,大家还跟着方回春堂的工作人员学习保健香袋的制作,大家选药、填药、缝制,最后制作好一只独具特色的手工香袋。

研讨结束后,参与活动的代表们都表示这样的研讨活动很有意义,既可以学习兄弟部门单位在研学旅行推进中的工作经验,又可以参与现场体验互动,实践性很强,希望今后这样"1+x"形式的研学沙龙能经常举办。

在区域推进研学旅行的过程中,我们曾经多次召开了这样的研讨会,通过这种形式,或推出先进经验,供大家分享;或研讨存在问题,寻找破解思路;或进行头脑风暴,汇聚众人智慧,提高研学旅行的质量。

三、强化管理:形成动力机制

内在驱动是推进工作发展最持久的动力,因此除了向上借力和向外联动,我们还集中力量,通过内部管理机制的建设促进研学旅行的自我驱动和内在生长,主要从课程管理、队伍管理和资源管理三方面入手。

(一)课程管理:深化准入与更新

研学课程的质量直接关系着研学旅行的整体品质,对区域研学旅行课程进行共建共享的同时,我们还从机制层面对课程加强管理和监控,首先是把好课程的准入关。

前文介绍课程展架时,对课程管理已有提及,与之相较,这里所指的课程准入与更新机制有所不同。一是功能的不同,课程展架的设置是一种激励手

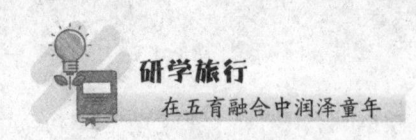

段，主要是为了激发区域内各中小学校参与区域研学课程建设的积极性，而课程准入是一种管理手段，侧重于对研学旅行课程质量的管理和监控。二是对象的不同，课程展架仅面向区域内各所学校，而课程准入面向的则是所有可为上城区中小学生提供研学旅行课程的部门机构单位，包括学校、研学基地、研学机构等等。

上城区作为浙江省首批中小学生研学旅行推进试点区开始全面启动研学旅行这项工作时，许多研学旅行机构都表示出了浓厚的参与兴趣，希望把自己设计的研学活动推荐给学生。但是，在与这些研学旅行机构接触的过程中，问题也慢慢显露出来。那就是这些研学旅行机构提供的活动存在品质参差不齐的情况，相当一部分的研学旅行机构提供的活动还是停留在"走马观花"的层面上，缺乏教育理念层面的思考和对学生价值观培养、综合能力提升等方面的把握。因此，在为这些机构提供课程建设方面的指导帮助以及定期开展培训之外，还需要建立一套研学旅行课程准入机制。

研学课程的质量是课程准入最重要的标准。课程设计的理念是否先进、主题是否有意义并且有实践性、活动场地是否适合、流程安排是否合理等，都是我们在课程准入中考量的内容。

课程准入的实施有一套具体流程，这套流程依托上城区"淘活动"中小学生研学旅行电子平台实现。在这个平台中，上城区青少年活动中心为参与区域研学旅行工作的每一个相关机构、研学基地都设置了一个专门的用户账号，课程提供方使用用户账号登录后，根据页面提示将课程相关内容进行提交。课程提交后，青少年活动中心的研学旅行工作负责人使用管理员账户进行登录，可以对提交的课程进行查看并审核，审核通过

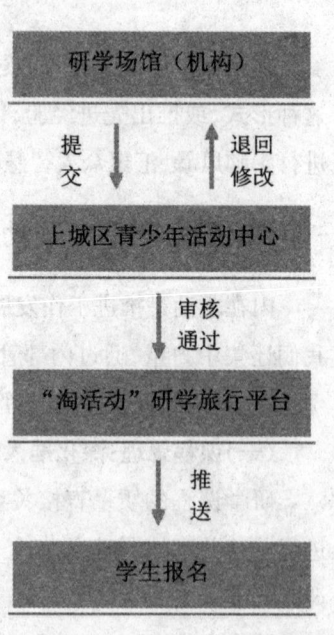

图5-1 上城区中小学生研学旅行课程发布流程图

后,这一研学旅行课程就会展示在"淘活动"研学旅行平台的首页,供学生报名选择。如果审核中发现存在问题,则可以将相关课程退回,并说明退回原因,提出修改意见。

过了准入机制这道课程管理"人口"关之后,什么样的课程是高品质的课程、受欢迎的课程?学生"用脚投票"说了算。学生是研学旅行活动的参与体验对象,他们在亲身实践的过程中获得的体验是最真切的。哪些活动选择参与的人次多,哪些活动得到的评价高,"淘活动"研学旅行平台提供的大数据分析一目了然。在此基础上,研学旅行课程的更新机制应运而生。一方面,那些实践证明优秀的研学课程被保留下来,供更多的学校和学生体验,另一方面,那些受欢迎程度不高的课程也会暂时"下架",而新研发的课程又会不断充实进来。就这样不断地吐故纳新,研学课程的管理在动态中实现了平衡,也具有了蓬勃的内在生命力。

(二)队伍管理:优化三级梯队

一支优良的队伍是推进工作的强大力量。在深入推进研学旅行的过程中,我们从机制建设的层面着力加强研学旅行工作队伍建设,形成了"三级梯队"的研学旅行队伍建设机制。

1. 依托区域德育队伍,抓好区域骨干

在上城区,研学旅行的推进工作是有着良好基础的。得益于上城区多年德育工作的深厚积淀,早在研学旅行工作正式启动之前,上城区的研学旅行工作队伍也已初具雏形。上城区德育工作指导小组作为专门负责区域中小学生德育工作的非常设机构,由分管局长任组长,成员由相关德育职能负责人组成,涵盖了学科德育、德育活动、少先队、家庭教育、心理健康、法制教育、国防教育、生存教育、农事教育、德育研究等许多方面。其中,生存教育和国防教育、农事教育都是后来的区域研学旅行的重要组成部分,德育活动和少先队活动中的许多实践活动也和研学旅行之间存在着紧密的联系。因此,在上城区德育工作指导小组的基础上,建立了上城区研学旅行工作指导小组,区域研学旅行队伍的建设得到了较好的引领。

同时,上城区教育局在上城区青少年活动中心德育活动部设立了上城区

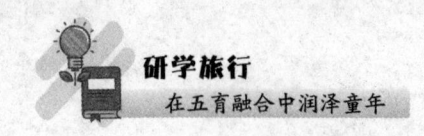

中小学生研学旅行工作负责人这一专技岗位,专人负责区域中小学生研学旅行的推进工作,由区域研学旅行工作负责人牵头组建区域研学旅行的工作队伍。在具体组建过程中,这只骨干队伍依托区域德育队伍的骨干而建立。因为分管德育的校长、学生处主任、大队辅导员是区域的德育骨干,他们负责学校德育活动的顶层设计和具体实施,而研学旅行工作又是学校德育工作的有机组成部分,抓好这支队伍就能发挥这些德育骨干的作用,他们在进行学校德育活动整体安排的时候就不会把研学旅行工作割裂开来,而是会整合力量、通盘考虑,这样研学旅行课程的设计、具体活动的实施以及时间空间的保障就都落到了实处。因此,在区域研学旅行骨干队伍的建设中,我们以区域德育骨干队伍为依托,将研学骨干队伍和德育骨干队伍的管理使用有机融合在一起。

每个学期,上城区青少年活动中心都会组织召开研学旅行工作会议,各校研学旅行负责人参加,专门讨论研究近一阶段的研学旅行工作。除了这样的定期会议之外,还经常结合各类德育工作会议,将研学旅行作为德育工作会议的一个重要主题和内容。同时,为了促进各校研学旅行骨干之间的交流,我们还组建了区域研学旅行工作微信群和QQ群,各类研学旅行的新政策、新动态都在群里进行发布,各个学校富有校本特色的研学活动也在群里进行展示,使研学旅行的交流成为一种常态。

2. 依托学校德育队伍,抓好全员参与

如果说研学旅行是一部机器,那么学校的所有部门和教职工都是这架机器的零部件,只有每一个零件都发挥作用,研学旅行这部机器才能实现良好的运转。学校中,德育无处不在,"全员育人""全境育人"的理念已经深入人心。在老师们已经产生"人人都是德育工作者"的认同时,随着研学旅行工作的推进,学校还要引导老师们形成"人人都是研学旅行推动者"的认识。校长亲自抓,分管德育的校长和学生处主任负责课程的顶层设计,教研组长牵头领办项目,研发具有学科特色的研学旅行课程,各学科教师组成一个个研学课程设计团队,都参与到研学旅行课程的设计中去,而班主任、综合实践老师则是研学旅行课程的实施者,他们组织学生开展研学旅行活动,获得实践体验,学校的后勤人员则负责为研学旅行提供后勤保障。在全员参与的过程中,学校教师不仅增强了对研学旅行这项工作的认识,也提高了对研学旅行的设计、组织、实施等能力,成为研学旅行队伍的坚实力量。

3. 依托校外资源,抓好志愿者培育

研学旅行是校内外联动的工程,除了建好教育系统内部的队伍,还要充分挖掘教育外部的资源和力量。寒暑假、春秋假等研学旅行活动开展较为集中的时期正好也是在校大学生积极开展社会实践的时间,我们依托团委、高校等部门,广泛吸纳优秀在校大学生,组建了"哥哥姐姐"研学旅行志愿者服务队。和学校教师以及各研学机构、场馆的工作人员相比,在校大学生们更富有青春活力,更了解当下中小学生的需求,更贴近他们的表达方式和话语体系,在校大学生的加入为研学旅行活动的开展注入了新的活力,深受孩子们的欢迎。春秋假、寒暑假确定了区域研学旅行活动项目后,我们通过上城区青年志愿者服务平台,面向在校大学生招募研学旅行活动带队志愿者,在校大学生则根据自身所学专业和兴趣特长选择合适的带队项目进行报名。完成双向选择后,由上城区青少年活动中心对这些"哥哥姐姐"研学旅行志愿者进行培训,包括安全教育、点名集合要求、应急事件处理、学生家长接待礼仪等等。

(三)资源管理:强化调配与激励

研学旅行的推进不仅需要人力保障,还需要经费和其他物质资源的保障。在资源和经费的使用中,如果各自为政、无序随意,就会导致资源的浪费,影响经费的使用效率。因此,我们建立了一套资源调配和经费使用机制,通过统一管理、合理使用,加强研学旅行的资源经费使用的计划性和科学性,努力做到"好钢用在刀刃上"。

上城区青少年活动中心在年度经费预算中专门设立了研学旅行工作经费,用于区域研学旅行课程的开发、研学电子平台的建设和维护、研学旅行研讨会的召开、研学旅行队伍的培训等等。这样的区域统筹也有效促进了研学旅行工作在区域内各校的均衡发展。以"四季养生"药食研学课程的开发为例,这套课程是方回春堂中医药教育研发团队根据四季时令的变化和中医养身的原理、结合小学生的年龄特点设计的,在区域研学旅行研讨会中,许多学校都对这套研学课程产生了兴趣,但同时也提出了困难,一是由于这套研学课

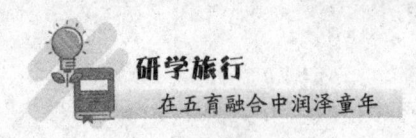

程包含了调制养身药茶、制作养生糕点等活动项目,用的都是品质较高的新鲜食材药材,相对而言费用也较高,二是大多数学校一般都把活动类的课程安排在周五下午,如果都在这个时段开展活动,课程提供方无法满足。于是,青少年活动中心就将此项课程作为区域性质的研学课程统一购买服务,同时对各个学校的课程实施时间进行统筹安排。因为是集中购买服务,大大降低了课程的费用,统筹安排又解决了活动时间冲突的问题,在最大程度上实现了研学课程资源使用的最大化。在日常经费保障外,我们还积极拓展渠道,进一步加强对学校和学生参与研学旅行活动的激励。

【案例5-4】 上城区研学旅行"雏菊"资助项目申领办法

为进一步提升区域学生综合素养,培养学生探究实践能力,支持区域学生研学活动开展,根据《杭州市上城区教育发展基金会章程》的有关规定,特设立此项目。

一、项目名称

研学旅行"雏菊"资助项目

二、申领对象

上城区青少年活动中心负责组织实施的研学活动

三、申领要求

1. 确定项目负责人及研学线路;

2. 制定详细的研学活动方案,要求精心设计活动,合理规划线路,做好经费预算,制定安全保障方案和营员招募方案等;

3. 研学活动的对象需为上城区优秀研学营员。

四、申领程序

1. 自主申报。研学项目负责人如实填写《杭州市上城区教育发展基金会研学旅行"雏菊"资助项目申请表》,于7月10日前将《申请表》纸质稿及相关材料(证书复印件)一式两份提交,电子表格及相关材料用OA发送。联系人:吴老师,上城区青少年活动中心302室。

2. 项目审核。由上城区青少年活动中心组织对提交申请的研学项目进行

审查。

3.确定项目。杭州市上城区教育发展基金会项目申领工作小组根据考察评定结果提出建议项目和资助金额,报杭州市上城区教育发展基金会审核。审核通过的研学项目经公示无异议的,最终确定为资助项目。

4.经费管理。优秀学生研学"雏菊"奖资助项目经费由上城区教育发展基金会下拨上城区青少年活动中心,委托其管理,项目负责人在完成研学项目后,向青少年活动中心提交研学成果,审核通过后按资助标准资助部分研学经费。

5.其他要求。项目负责人在完成研学后,按要求上交研学报告,展示研学成果。

五、资助标准

1.参加2018学年省内研学项目,项目数为5项,资助标准每条线路最高不超过10000元/条,总金额不超过5万元。

2.参加2018学年省外境内研学项目,项目数为2项,资助标准每条线路最高不超过25000元/条,总金额不超过5万元。

3.参加2018学年境外研学项目,项目数为1项,总金额不超过5万元。

附件:杭州市上城区教育发展基金会研学旅行"雏菊"资助项目申请表

杭州市上城区教育发展基金会

这是上城区教育发展基金会在2019年度资助项目中专门为推进区域中小学生研学旅行而设置的"雏菊"资助项目,符合条件的研学旅行项目都可以进行申报。这样的方式大大激励了相关单位研发研学旅行活动项目的积极性,也鼓励更多学生以更为自发自主的姿态参与到区域研学中来,有助于区域研学旅行推进工作良好样态的形成。

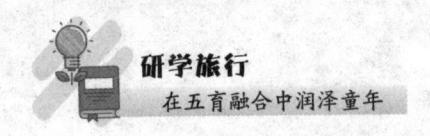

第二节

"淘活动"校外研学平台的建设

随着网络技术的迅速发展,教育信息化的强势推广,各类教育教学资源平台不断完善并广泛使用,学生获取信息的途径更为多样,由此,传统教育遇到了新技术带来的巨大挑战。

一、"淘活动"校外研学平台的设计

为了充分发挥和调动学生学习的积极性和自主性,青少年活动中心不仅设有多种多样的课程,还可以让学生结合自己的兴趣爱好自由挑选课程。只是,传统的选课依靠手工统计和微信群发送信息,不仅麻烦还容易出错,信息传达速度极其慢。于是,一个支持在线选课、在线付款、点名签到、集评价研学日记等功能于一体的校外研学平台——"淘活动"应运而生。

(一)"淘活动"校外研学平台的价值定位

"淘活动"校外研学平台是上城区青少年活动中心开发的综合性校外教育培训活动手机应用软件。它是上城区青少年活动中心数字化应用在移动设备上的体现,是集合上城区青少年活动中心活动培训发布管理、用户浏览及报名管理等于一体的手机应用软件。通过各类移动设备微信端,上城区在读的中小学生使用身份证号码(学籍号)作为唯一账号在"淘活动"校外研学进行登录,即可领取上城区青少年活动中心免费发放的"淘活动"电子券,通过电子券获得活动机会,免费享受公益服务。同时研发"淘足迹"系统,建立学生活动电

第五章　管理：区域推进研学旅行的机制与平台建设

子档案，实现学生信息智能化管理，实现"自己的活动自己选，自己的活动自己评"，为每一个上城孩子留下珍贵的活动记录，同时也为研学课程调整提供数据分析和依据。通过"淘活动"校外研学的使用，实现上城中小学生校外研学实践活动一键搜索、多元选择、全面发展。

1. 沟通便捷

"淘活动"校外研学平台是我中心专门为学生、家长、教师定制开发的，它是集报名、缴费、活动、评价为一体的综合性平台。它为学生及家长提供了大量的图、文、声、像并茂的校外活动资源，使学生不受时间和空间的限制，多角度接受信息，"淘活动"校外研学平台极大地增强了学生在交互协作中的自主性、能动性和积极性。

"淘活动"校外研学平台采用先进的互联网技术，老师在"淘活动"校外研学平台上一键发布选课，家长在手机端微信上选课并缴费，后台自动生成选课记录，减少人工流程，提高信息传达效率和统计准确率。同时对老师、学生的出勤进行现代化、人性化的管理，并都能对彼此进行评价，加强老师和家长、学生的互相沟通，不断促进课程质量的提高。

2. 有效管理

学生和家长登录"淘活动"校外研学平台就可以进入自己的模块，进行个人信息及课程管理。个人信息管理采取手动管理和系统自动管理相结合。在输入身份证信息后，系统在后台搜索到学生数据库以后，随即将相对应的个人信息填入相应栏目，自动匹配，如出现匹配错误的情况，也允许学生和家长手动修改。针对现如今二孩政策的开放，系统还允许家长一个手机号码绑定多名学生，切实解决了家长的实际问题。

3. 直观呈现

为了还给孩子一个多彩的童年、一个值得回忆的童年，"淘活动"校外研学平台实现了共性与个性的完美统一、理念与实践的有效结合。研学路径、研学路书等应用模块，生动展示学生校外研学的整个历程，并通过丰富的校外研学活动，增进教师、家长、学生相互之间的了解。最具意义的是它能够将学生参加少先队活动课程学习的所有足迹一一记录，并通过线上线下相结合的方式，

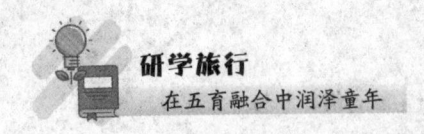

给学生设计争章、考章的平台。这些点点足迹在平台上以模块的形式呈现,学生只要登录平台,就能在相应的模块中留下足迹,完成考章,并和同伴家长进行互动评价,分享成果。

(二)"淘活动"校外研学平台的设计原则

为了保证"淘活动"校外研学平台能够符合上城教育的实际情况,依据设计理念,我们确定了以下几条原则。

1. 针对性原则

"淘活动"校外研学平台的设计,是专门为上城学子打造的网络成长社区和综合素质提升平台。进一步加强了青少年校外教育资源建设,充分发挥社会各类教育资源的教育服务能力。能够辅助各级各类学校方便地开展校外教育活动,以达到增强学生的社会责任感、培养创新精神和提高实践能力的目标。

"淘活动"校外研学平台需要满足来自三方面的需求,这三个方面分别是家长、学生和老师。

(1)学生需求。学生的需求是上课结束后,系统自动生成一份学员学习成长记录表,该记录表涵盖了学生所报课程的时间,地点,任课教师,上课情况,学员评价,教师评价等等信息,经过不断的积累,最终生成一份学生校外研学电子档案。学生还可以通过参加活动获得奖章,奖章累积到一定数量可以换取奖状。

(2)家长需求。家长的需求是进入"淘活动"校外研学平台以后,可以进行在线选课、抢课、投票等功能,每门课都有详细的图文介绍(包含内容,上课时间、地点、收费情况等等)。课程选择完之后,可以进行在线支付。支付成功后通过平台开具电子发票。如家长出现报名错误或其他事由,允许进行撤销报名操作。家长还可以通过"淘活动"校外研学平台查询学生当日活动考勤情况。课程结束后,家长可以通过"评价"功能,对所报课程进行打分及文字评价。

(3)教师需求。老师的需求有两方面。一方面是上课:学员到达指定教学点以后,任课教师可以通过手机进行在线考勤。教学活动结束后,教师在"淘

活动"校外研学平台上传该课程照片,并对学员进行评价。另一方面是报名:家长报名成功后,老师可以通过后台查询到各类报名信息,缴费情况等等,"淘活动"校外研学平台归类归档,并且教师可以输入各类信息,查询符合条件的学员信息。"淘活动"校外研学平台还有短信发送功能,老师可在手机上和电脑上发送短信给家长,既可以单独发送也可以批量发送。

2. 先进性与成熟性原则

为保证"淘活动"校外研学平台在相当长的时间内不落后,在满足平台功能要求的基础上,尽可能降低资金投入的同时,应尽可能地顺应技术发展的趋势,采用先进的系统软件和前端技术实现。过于先进的技术可能带来技术风险,过于成熟的技术可能会导致落后,必须综合考虑先进性和成熟性的结合。

3. 兼容性与可扩展性原则

为了便于"淘活动"校外研学平台系统的集成,采用组件化设计的思想,将系统的各个模块设计成相对独立的统一体,各模块自成体系、独立运行,同时也可以无缝集成。在系统的结构设计上,不仅满足当前的需求,而且还满足将来可能的功能扩展和规模扩大的需求。少年宫的业务发展迅速,系统必须支持将来各种业务的扩展。

4. 易用性与可维护性原则

"淘活动"校外研学平台具备较高的实用性和可操作性,在所有功能模块中,采用全中文化、图形化、快捷化的统一用户界面,将平台涉及的各个流程工序巧妙地结合起来,并提供在线帮助。充分考虑家长、教师和管理员等用户的实际需求、应用水平、使用习惯等,构建易理解、易操作、易推广的实用的小程序。在"淘活动"校外研学平台的维护上,能够使用户群体在较短的时间内掌握维护技术。

5. 稳定性与安全性原则

系统应该是7×24小时不间断运行的资源池管理平台,系统软件、应用软件等应该具有极高的可靠性;同时为保证系统安全可靠地运行,保证企业和用户秘密,维护企业和用户的合法权益,系统应具备良好的安全策略,安全手段,安全环境及安全管理措施。

一方面，我们系统经过反复测试，把错误减少到最少的程度，保证系统长期的正常运转；另一方面，系统具有足够的健壮性，在发生意外的软、硬件故障等情况下，能够很好地处理并给出错误报告，并且能够得到及时的恢复。

系统对用户（操作员）的权限管理采用分角色、分权限的多级管理方式，针对不同的用户（操作员）设定数据访问权限，保证系统的安全性。

6. 标准化与规范性原则

规范性、标准化是一个面向公众小程序建设的基础，也是淘平台与其他系统兼容和进一步扩充的根本保证。我们的系统符合行业标准和政策法规规定，符合杭州市上城区少年宫管理的有关规范、建议，符合小程序有关加密、传输、运行等安全措施标准，符合淘平台的健壮、容错、速度等性能要求标准。

二、"淘活动"校外研学平台的技术规范

在现代信息技术高速发展的背景下，新型信息服务模式不断涌现，一方面冲击了传统互联网教育信息服务系统，另一方面又为教育信息管理体统利用各种新信息技术延伸、拓展和创新服务提供了契机。因此，信息管理系统需要与时俱进，积极利用移动信息技术开展移动信息服务。微信已经发展成了一个拥有海量用户的平台APP。以微信为载体的移动信息技术，使信息交流、互动和分享打破了时间和空间的界限，可以实现交互性地把信息推送到用户手中，进行精准的服务。信息管理系统如何在线选课的信息及时地推送到家长手中，使家长准确及时获得信息管理系统的服务，是中心需要努力解决的问题。因此，为了达到更为便捷、有效、及时的信息推送，借助新的信息推送方式已司空见惯，而微信的推出正是迎合时代的发展潮流。

微信客户端和上下行通道是完全免费的，利用它作为在线选课系统客户端，不必要再进行APP UI开发，只需要合理地调用接口来丰富功能和实现用户交互，可以极大节省APP服务系统建设的总体成本。

（一）"淘活动"校外研学平台的总体技术规划

"淘活动"校外研学平台是一个基于微信客户端开发的平台，主要操作对象有家长、学生、教师，它实现了PC、安卓、IOS应用实时同步。其总体规划详

第五章 管理:区域推进研学旅行的机制与平台建设

见下图：

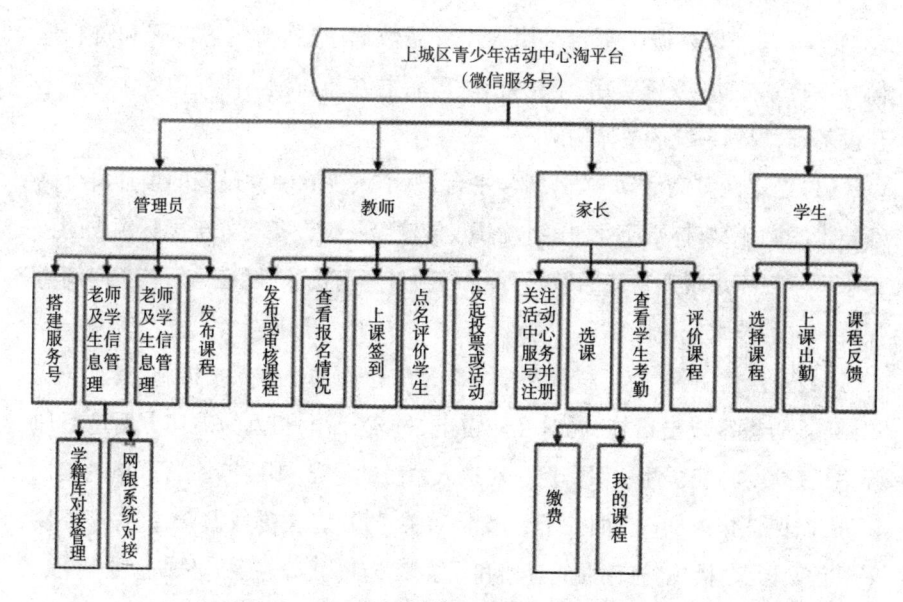

图5-2 "淘活动"校外研学平台总体规划示意

为了使大家能够更好地了解"淘活动"校外研学平台的总体情况，我们对平台的设计做进一步说明。

1. 项目总体设计技术目标

"淘活动"校外研学平台采用统一并且先进的技术架构，采用JAVE语言进行开发，具有良好的开放性、可扩展性和可操作性，提供基础平台，开放数据接口，方便其他应用系统的接入，并实现系统集成和单点登录。

系统对关键的数据进行加密处理，保证只有使用该系统的合法用户，才能根据各自的权限维护和使用数据，其他人（包括数据库管理员）都无法得到这些数据的真实信息。

数据库系统按照国家教育信息化标准的规定进行设计，支持各种标准数据的导入与导出。

数据维护方面支持数据录入、导入等多种数据维护方式，并提供快速导入模板，能方便地把一些已有的数据导入到本系统，避免数据的重复录入。

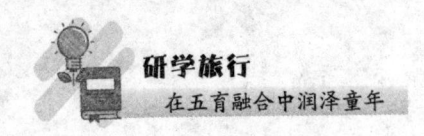

2. 项目技术要求

"淘活动"校外研学平台采用大型关系数据库,支持集群部署和负载均衡。以技术先进、系统实用、结构合理、产品主流、低成本、低维护量作为基本建设基础,规划系统的整体构架。

(1)先进性。"淘活动"校外研学平台,整个系统软硬件设备的设计符合高新技术的潮流,媒体数字化、压缩、解压、传输等关键设备均处于国际领先的技术水平。在满足现期功能的前提下,系统设计具有前瞻性,在今后较长时间内保持一定的技术先进性。

(2)安全性。"淘活动"校外研学平台采取全面的安全保护措施,具有防病毒感染、防黑客攻击措施,同时在防雷击、过载、断电和人为破坏方面进行加强,具有高度的安全性和保密性。对接入系统的设备和用户,进行严格的接入认证,以保证接入的安全性。系统支持对关键设备、关键数据、关键程序模块采取备份、冗余措施,有较强的容错和系统恢复能力,确保系统长期正常运行。

(3)合理性。"淘活动"校外研学平台在系统设计时,充分考虑系统的容量及功能的扩充,方便系统扩容及平滑升级。系统对运行环境(硬件设备、软件操作系统等)具有较好的适应性,不依赖于某一特定型号手机设备和固定版本的操作系统软件。

(4)经济性。"淘活动"校外研学平台在满足系统功能及性能要求的前提下,尽量降低系统建设成本,采用经济实用的技术和设备,利用现有设备和资源,综合考虑系统的建设、升级和维护费用。系统符合向上兼容性、向下兼容性、配套兼容和前后版本转换等功能。

(5)实用性。"淘活动"校外研学平台提供清晰、简洁、友好的中文人机交互界面,操作简便、灵活、易学易用,便于管理和维护。

(6)规范性。"淘活动"校外研学平台采用的控制协议、编解码协议、接口协议、媒体文件格式、传输协议等符合国家标准、行业标准和教育部颁布的技术规范。系统具有良好的兼容性和互联互通性。

(7)可维护性。"淘活动"校外研学平台操作简单,实用性高,具有易操作、易维护的特点,系统具有专业的管理维护终端,方便系统维护。并且,系统具

备自检、故障诊断及故障弱化功能,在出现故障时,能得到及时、快速地进行自维护。

(8)可扩展性。"淘活动"校外研学平台具备良好的输入输出接口,可为各种增值业务提供接口。

(9)开放性。"淘活动"校外研学平台设计遵循开放性原则,能够支持多种硬件设备和网络系统,软硬件支持二次开发。各系统采用标准数据接口,具有与其他信息系统进行数据交换和数据共享的能力。

3. 项目接口调用规范

"淘活动"校外研学平台各接口调用说明:

(1)支付。调用微信支付系统和银行支付系统,根据传入的支付途径调用第三方支付返回相应的属性,并且返回成功或失败。

(2)退款。调用微信支付系统和银行支付系统,根据传入的支付途径调用第三方支付进行退款,并且返回成功或失败。

(3)支付回调。第三方通知我们支付系统的回调地址,平台验证签名和参数解析,如果支付成功就修改付款状态为已支付,然后根据在通知付款单的系统ID将结果通知对应的系统,如果通知失败就隔1秒再失败就隔2秒依次加时间请求,超过20次就添加到系统日志里面。

(4)退款回调。第三方通知我们支付系统的回调地址,平台验证签名和参数解析,如果支付成功就修改付款状态为已支付,然后根据在通知付款单的系统ID将结果通知对应的系统,如果通知失败就隔1秒再失败就隔2秒依次加时间请求,超过20次就添加到系统日志里面。

(5)调用学籍库。家长注册信息时填入学生身份证号或者学籍号,系统调用学籍网接口进行查询比对,找到匹配信息则返回学生姓名、学校等信息,无匹配信息则返回无此学籍号。

(6)电子发票调用。家长选择开具电子发票,系统调用财税系统接口,通知家长相关信息,返回电子发票。

(二)"淘活动"校外研学平台的维护和管理

"淘活动"校外研学平台的维护和管理内容包括:日常使用维护、程序及数

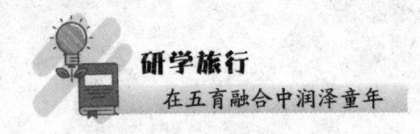

据库维护和管理等内容。

1. 日常使用维护和管理

"淘活动"校外研学平台的日常维护和管理主要有四项工作:一是系统的日常使用维护。在运行过程中,对于用户在使用时遇到的操作性问题,通过电话或者通讯软件及时进行解答。二是协助系统功能设置。协助处理流程变更、用户角色权限分配等。三是新学年开始后基础数据更新升级。开通新增教师学生账号,通过邮件或通讯软件将账号发送给校方相关人员,学生升级、转班、班主任更换等基础数据维护。四是系统异常问题处理。由于网络原因导致系统无法打开等系统BUG问题。出现的BUG问题,实行终身负责制,及时修复保证系统正常运行。

2. 程序及数据库维护

程序和数据库的维护主要也有四项工作:一是创建系统运行日志。开启日志监控,实时掌握系统的运行状况,日志文件每天保存,定期进行清理。二是数据库、系统程序文件备份。每个月定期对数据库通过工具备份,程序直接压缩备份,一式两份,服务器非系统盘存放一份,中心一份,确保文件的安全性。三是系统数据库的优化。如果系统运行速度慢,可以尝试进行数据库优化,方法如下:增加数据库运行内存、更改数据库连接数、连接释放时间、新建搜索索引,对历年的数据进行归档,尽可以的将所在磁盘多留出空间,易于接纳更多缓存,提升系统运行的流畅性。四是系统的紧急恢复。如出现不可预测性错误时,24小时内把系统恢复到最近备份,如被黑客入侵,在72小时之内处理被黑页面,修复程序漏洞。

第五章 管理：区域推进研学旅行的机制与平台建设

图5-3 "淘活动"校外研学平台软件架构图

三、"淘活动"校外研学平台的功能模块

"淘活动"校外研学平台的构建，为区域研学旅行的推进提供了技术支持。随着"淘活动"校外研学平台的应用，可以方便、快捷的进行研学互动。

"淘活动"校外研学平台包括手机端模块和WEB端模块（如下图5-4所示），每一模块中又有若干子项目。

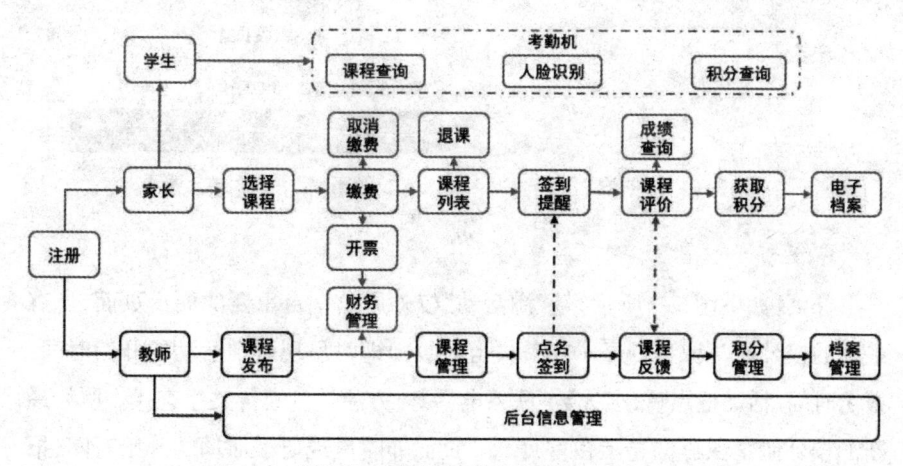

图5-4 "淘活动"校外研学平台关键业务流程图

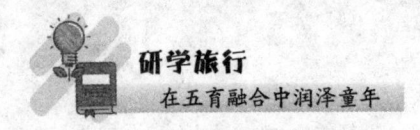

（一）手机端模块

首先，家长可以关注活动上城区青少年活动中心的微信公众号，在平台上注册孩子信息，既可以通过手动逐项输入孩子信息，也可以通过输入孩子的身份证号或者学籍号来自动匹配孩子，系统后台对接杭州市学籍管理系统，活动中心将负责协调接口事宜。

图5-5　注册界面　　　　　图5-6　学员绑定界面

1. 首页

首页（如下图5-7所示）是"淘活动"校外研学平台重要的展示页面，所有最新的校外研学课程都显示在首页上。页面即时呈现研学活动的开始时间、报名时间、活动地点、报名人数、联系电话等，方便学生家长关注查找。所有最新的校外研学课程都显示在首页上。页面即时呈现研学活动的开始时间、报名时间、活动地点、报名人数、联系电话等，方便学生家长关注查找。注册完成

第五章 管理:区域推进研学旅行的机制与平台建设

后家长即可进行在线选课,根据孩子的兴趣爱好和需求来选择合适的课程。选择课程以后,可以通过微信、银行卡进行支付。如家长出现报名错误或其他事由,需要撤销报名操作,淘平台允许在规定时间范围内由家长发起退款,并允许家长重新报名。如超过规定时间,也允许家长申请退费,但是淘平台会提示家长,非正常时间退费3次,将被列入黑名单,今后将不能使用各项淘平台功能。家长发起取消报名后,后台资金原路返回,短信提示退费成功,将费用返还到家长账户。课程报名成功、课程撤销成功、退费成功平台会发出相应消息提醒。

图5-7 "淘活动"校外研学平台手机端首页

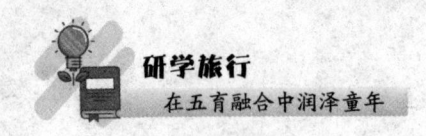

2. 分类

分类(如下图5-8所示)是"淘活动"校外研学平台各类课程的具体分类展示页面,便于学生及家长快速搜索到需要的校外研学课程。"淘活动"校外研学平台课程分为免费公益、趣味研学、生存教育、国防教育、特长生培训、劳动教育、学生社团七大类。

图5-8 课程分类图

第五章 管理:区域推进研学旅行的机制与平台建设

"淘活动"校外研学平台分类模块还支持条件搜索排序功能(如下图5-9所示),学生及家长可以选择以时间、价格、收费类型、活动区域等关键字段进行有选择性的搜索查找。

图5-9 课程条件搜索图

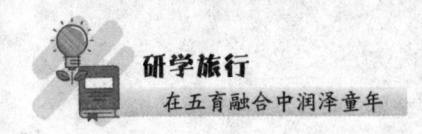

3. 购物车

购物车(如下图5-10所示)功能它类似于超市购物时使用的推车或篮子，可以暂时把挑选校外研学课程放入购物车、删除或更改购买数量，并对多个商品进行一次结款，是"淘活动"校外研学平台里的一种快捷购物工具。

图5-10 "淘活动"校外研学平台购物车

第五章　管理：区域推进研学旅行的机制与平台建设

4. 我的

我的（如下图5-11所示）是"淘活动"校外研学平台的核心，所有基础数据均从该模块写入和展示，主要分为课程管理、学员管理、账号管理、积分奖章、缴费记录、研学活动等六大功能。

图5-11　"淘活动"校外研学平台"我的"功能模块

（1）课程管理：学生及家长通过课程管理模块，可以查询到已经报名的课程目前的状态。状态分为待审核、待付款、未开始、活动中、已结束。方便学生及家长及时了解跟进。

（2）学员管理：可以修改学员的基本信息，也可以添加或删除学员。

账号管理：用于修改登录"淘活动"校外研学平台的账号和密码，并可通过短信验证码的形式找回自助找回密码。

199

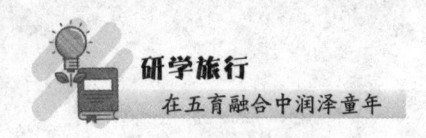

(3)积分奖章:中心一直积极探索雏鹰奖章评价体系。区大队部结合少先队活动课程指导纲要,改进了校级雏鹰争章体系,借用"淘活动"校外研学平台,开展了网络争章活动。同时,区内各学校以"雏鹰争章"为途径,结合"淘活动"校外研学平台中各类校外研学活动,线上线下相结合,将学生在学习、礼仪、实践、感恩教育等方面的表现进行实时记录。本着"重在自主、重在参与、鼓励进取"的原则,使学生在生活技能、发展技能、社会技能方面得到了充分发展。争章过程中,一枚枚奖章是显性的激励载体,成为学生内心深处强烈的渴求,并内化为学生奋斗的目标,努力的方向。

(4)缴费记录:家长通过此功能模块,可以查询到各类缴费记录。缴费记录包含校外研学活动的具体课程名称、开始时间、支付时间、交易单号等,便于家长追踪溯源。

(5)研学活动:研学活动是学生校外研学活动的电子成长档案。报名成功后家长可以在线关注学员上课情况,查看课程照片(如下图5-12所示),课程结束后对所报课程进行打分及文字评价。

图5-12 "研学活动"功能模块

第五章 管理：区域推进研学旅行的机制与平台建设

针对研学活动，家长还可以随时掌握学员的行程轨迹和重点场所的打卡情况，同时可以及时掌握学员的签到考勤情况。在活动结束后可以获得学员在研学过程中的雷达图评价（如下图5-13所示），并对该研学活动和带队老师提出宝贵的建议。

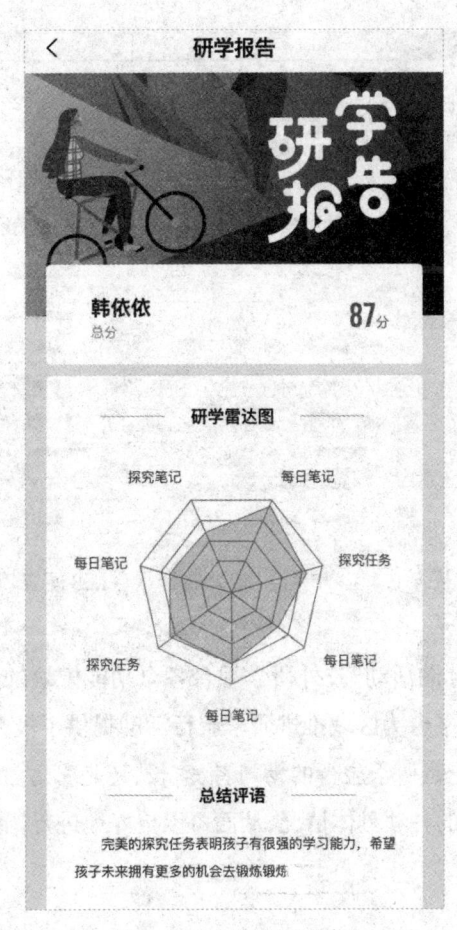

图5-13 "研学雷达"图

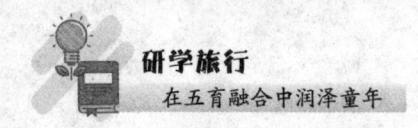

（二）WEB端模块

教师可以通过WEB端模块（如下图5-14所示），根据活动性质发布课程，并对课程进行管理，包括上课时间、课程简介、报名时间、费用、上课地点和注意事项等。

图5-14 "淘活动"校外研学平台WEB模块

从上面我们对"淘活动"校外研学平台各个功能模块的介绍中可以看出，"淘活动"校外研学平台为区域推进研学旅行活动提供了极大的技术支持。通过平台的运作，不论是研学旅行的参与者、家长，还是管理者，都能够便捷地了解到研学旅行活动的各项具体情况，从而可以更好地进行调整。

第六章 收获：区域推进研学旅行的成果与展望

在积极践行和探索研学旅行的过程中，我们也收获了成功的喜悦。在区域范围内，开发了一批较为成熟的研学课程，供各个中小学共用共享；区域推进研学旅行的机制已经逐步形成；更重要的是，研学旅行的区域推进，为学生的全面发展提供了开阔的平台。这一切，无疑表明了区域推进研学旅行带来积极可喜的新变化。与此同时，我们也逐渐形成了自己的研学旅行品牌，得到了业内同行和社会的肯定与赞誉。

第六章 收获：区域推进研学旅行的成果与展望

第一节

收获：区域推进研学旅行的丰硕成果

2017年1月，上城区教育局启动"研学旅行三年行动计划"，聚焦社会主义核心价值观培育，建构"研学旅行"的内容，寻找"研学旅行"的路径，探索"研学旅行"的评价，绘制"研学旅行"的上城地图。2018年9月，上城区作为浙江省中小学生研学旅行首批试点区，在区域范围内积极推进"研学旅行"试点工作，围绕"身心健康、品质优秀、学业上乘、素质全面、个性鲜明"的培养目标和"研学旅行"整体安排，充分依托上城深厚的历史文化底蕴和研学旅行资源，创新建设中小学生研学旅行新样式。从搭建多功能的电子平台，开发多样化的研学课程，建设专业化的研学队伍，构建多元化的研学评价等方面入手，建立"行政驱动、实施运行、评价激励、服务保障"四类机制，打造"校内外德育共同体"，有效延伸校内外场馆和杭州市第二课堂的德育功能，惠及全区乃至全市青少年学生。

一、促进了学生综合素养的提升

我国著名教育家陶行知先生曾提出"生活即教育，社会即学校"的精辟论述，是对教育本质的最直接的描述，是研学旅行的重要理论基础。上城区教育局开展的研学旅行实践和研究，是作为学校教育和校外教育衔接的创新形式，是综合实践育人的有效途径，正逐渐进入系统化教育之中，对于提升学生德行和综合素养起到了很好的推动作用。

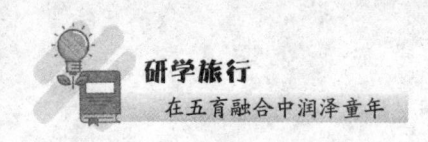

（一）拓宽了学生的学习视野

研学旅行活动的开展，让学生走出课堂，走出校园，在广阔的社会中考察、寻访、探究，从而拓宽了他们的学习视野。

1. 拓展了学生的知识渠道

研学旅行是以研究式学习与旅行学习为主要形式的一种学习方式，学生在游历祖国山川风光的同时，了解当地文化，直观地学习地理与其他知识，将老师课堂的讲述与自己的亲身经历结合起来，一方面，在旅游过程之中促进学生的学习兴趣，另一方面，通过这种方式培养学生的生活技巧、交际能力，开阔其视野，增长其见识。例如杭州市回族穆兴小学通过走进歌斐颂巧克力乐园的夏令营活动，让学生走进现实生活中的"查理的巧克力工厂"，通过参观巧克力的制作流水线，第一次了解到巧克力生产的神奇奥秘；通过了解可可豆和巧克力的文化，品尝不同口味的巧克力，并动手体验巧克力的制作，在享受着亲密接触与甜蜜口福带来的乐趣的同时大开眼界。

2. 缓解了学生的学习压力

学生在学习的过程中无法逃避"分数"的竞争，从而产生因"分数"而焦虑、敏感、不适、疲惫、煎熬等问题，以至于互相保密、互相歧视、互相嫉妒、互相隔阂、互相防范等行为失范的情况出现。而借助研学旅行的契机，学生一同走出校门，奔赴自然，深入乡土民俗，感受文化历史，感怀经济社会发展，以愉快的心境，通过以游兼学、学游相济的方式，开阔视野、增智启慧、涵养德行，可以在一定程度上舒缓学习压力。例如为让更多的学生拥有更加丰富多彩的周末，满足不同孩子的需求，上城区青少年活动中心推出了"玩转周末"品牌活动，开设了神奇热缩、电子百拼、3D打印、好习惯俱乐部、注意力训练营、魔力厨坊、家长大讲堂、领袖成长营等10余门课程。学生可以根据自己的兴趣爱好，选择适合自己的课程，经常听到孩子们在下课时对老师说："太好玩了，下周我还想来！"在相对紧张的学习之余，让学生拥有绝对的选择权，在好玩的游戏和活动中学习本领技能，结交更多朋友，真正玩转自己的周末。

3. 激发了学生的学习兴趣

"两耳不闻窗外事，一心只读圣贤书"已经不再为当今教育发展的潮流所

第六章 收获:区域推进研学旅行的成果与展望

认同,众所周知很多知识光靠书本是不能充分理解内化的,学生仅仅依靠死记硬背汲取营养,不仅容易遗忘,也容易在需要运用的时候没法闪现。反之,研学旅行能够充分调动学生的学习积极性,给孩子创设"学"的空间,让他们有更多的自主学习机会,即学生学得"活",从而使学生的能力得到提高,智力得到开发。托尔斯泰曾经说过:"成功的教学,所需的不是强制,而是激发学生学习的兴趣"。在研学旅行活动中,学生可以实地观察地质结构、学习植物分类、研究建筑历史、体验文化内涵等等,打开了更广阔的视野,带来了耳目一新的感受。再加上老师的适当引导,很容易便能使学生代入情境,萌发求知欲,将所学的语言、文学、人文与社会、科学等知识运用在综合实践活动中,主动去探索问题,让他们在被动感受的过程中形成更深层次的激发。

例如上城区少年科学院在赴兰州科考活动时,学生针对"海市蜃楼"开展了交流和讨论。杭州市时代小学王锦浩专门撰写了《关于"海市蜃楼"现象的研究报告》,先提出问题分析"海市蜃楼"现象,再以上网收集资料,请教相关人员,查阅相关书籍作为调查研究的方法。通过网络,书籍,实例作为资料依据为佐证材料,最终得出"海市蜃楼"形成的原因。学生因兴趣引发学习的主动性,自主开展学习研究,达到了很好的效果。

杭州市时代小学楼宇成在观赏"丹霞地貌"后,与家乡杭州的山进行对比开展研究。最终得出"丹霞地貌"是因为红色砂砾岩经过长期的风化剥离和流水侵蚀,再加上特殊的地质结构、气候变化和风力等自然环境的影响形成的,经过200多万年的积淀,是大自然鬼斧神工的杰作。而杭州所处的地理位置,没有"丹霞地貌"产生的主要条件,"丹霞地貌"是当地独有的自然景观。同时,他还查询了其他资料,对比研究了喀斯特地貌等不同地质情况,学生对于地质研究的兴趣油然而生。

上城区学生领袖成长营组织学生前往杭州工艺美术馆开展体验活动,本已具有年代感,与学生距离甚远的非遗文化,通过陈列展示,说明介绍,很快给学生带来了新鲜感。学生在非遗传承人的带领下,现场体验了篆刻、灯笼、伞画、串珠花边、陶泥、雕塑等六种非遗技艺。很多第一次体验这些活动项目的学生表示,非遗文化不仅博大精深,还有趣好玩。动手实践之后,大家都被这

种文化的独特魅力所吸引，很多人表示有兴趣学习掌握一门。这样的活动为加深学生对传统文化的理解，为传统文化的传承起到了很好的推动作用。

4. 增进了师生交流

为了确保教育教学活动的有效性，教师在这一过程中需要牢牢把握住"严格"的尺度，学生对于三尺讲台的敬畏远远大于亲近，从某种程度上导致教师很难了解到学生的真实情况。在学校时，教师一般通过课堂表现、完成作业的情况来了解学生，而在游学过程中，教师穿插授课，融入学生集体，以平等的交流换得师生关系和谐发展，同时也使得老师对于学生的日常生活有了更多了解，教师可以进一步了解每一位同学在生活中的优缺点，进而可以更有针对性地帮助学生。师生之间朋友般融洽的关系是推进素质教育的一大方面，而研学旅行恰好可以有效地改善这种关系。例如在上城区教育局推出的五年级军事教育和六年级农事教育五日营活动中，要求师生同吃同住在营地，同在一桌吃饭，同在一个寝室休息。五天时间里，老师不仅仅扮演教师的角色，还兼顾家长、朋友的定位。五天活动的难忘经历，往往会流淌于学生笔端，而对老师产生的特殊情感，文中那个逗我开心的大哥哥，那个帮我补衣服的小姐姐，就是师生情感融合的最有力见证。

2016年9月13日，"中国学生六大核心素养"正式发布。中国学生发展核心素养，以科学性、时代性和民族性为基本原则，以培养"全面发展的人"为核心，分为文化基础、自主发展、社会参与三个方面。综合表现为人文底蕴、科学精神、学会学习、健康生活、责任担当、实践创新六大素养，具体细化为国家认同等十八个基本要点。

上城区教育局充分认识到，21世纪的教育既需要考虑到社会发展的需要，培养出具有国际竞争力，适应社会快节奏变化的人才，同时也要兼顾个人发展的需要，使孩子能成长为一个身心健康，有知识、有文化，懂得合作与沟通，并具备一定创新力和行动力的德智体美劳全面发展的综合素质型人才。为此，上城区教育局开展为期一年的研学旅行探索实践，将研学旅行作为课堂的有效延伸与补充，让学生在实践中去体验，在体验去认知，在认知中感悟，把学生培养成为全面发展的人，对促进核心素养的提升起到了积极的推动作用。

(二)培育了学生的人文情怀

在研学旅行的过程中,学生了解了更多的家乡风情,接触了更多了文化历史。在这个过程中,学生的人文底蕴逐渐厚实起来了,人文情怀逐渐浓郁起来了。

1. 积淀了学生的人文底蕴

学生通过走出学校、走进社会、走向世界,拓宽了视野、增长了才干、锻炼了能力,了解认识了不同国家的自然人文风光,感受了不同民族优秀传统文化。在国外开展研学旅行活动,可以了解该国的历史与国情,学生可以感受不同地区、不同民族、不同国家的文化,养成更宽阔的文化胸襟,懂得世界不同文化群体和谐相处的道理。在国内开展研学旅行活动,可以领略祖国大好河山,了解我国悠久的历史文化,感受红色血脉的激昂奋进,更能激发爱国之情,更加珍惜和感恩现在的美好生活。旅行中,学生还可以在大自然中发现、感知、欣赏和评价美,从而培养健康的审美价值取向,在亲近人文与自然的过程中陶冶情操,丰富见识,人文底蕴在生活和旅行中拓展和升华。

例如:杭州市开元中学组织了为期14天的美国游学活动,对友好结对学校圣迭戈中学开展走访交流。在圣迭戈中学,出访团学生和美国同学一起共同学习生活了7天。体验了领导力课程,合作游戏课,体育课等美国中学课程。课后,还开展了篮球、足球比赛,在竞争中收获友谊。同时,本次活动还安排了住家,出访团的每个学生都住在当地学生家中。行程的第二阶段,是为期7天的美国东海岸的四个城市波士顿、纽约、费城、华盛顿的游学。自由女神像、世贸大厦、布鲁克林大桥、华尔街、纽约时代广场、独立宫、国会、白宫、杰弗逊纪念堂、华盛顿航天航空博物馆都留下了同学们求索的足迹。一路走来,游学团员相互照顾,在美国所见所学,大家都非常充实,非常享受。去美国游学,打开国际交往的窗,可以看到自己祖国美好的未来,学他长改己短。

杭州市回族穆兴小学组织开展了新加坡游学活动,在新加坡游学的日子里,游学团到访友好结对学校爱信国际学校,并参观了南洋理工大学。在爱信国际学校,游学团成员体验了全英语境的教学模式,和新加坡学校的同学一起学习、交流与实践。在南洋理工大学,游学团参观了校园环境,了解了学校

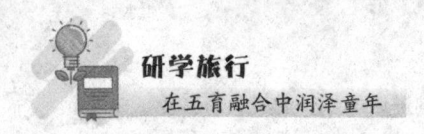

发展的历史,特别是华人对于学校发展所做出的的积极贡献。整个行程中,游学团还参观了当地的著名景点,如鱼尾狮像、新加坡动物园、植物园等等,感受了新加坡的文明,繁荣,自然,亲切,热情。游学团成员纷纷表示,这一次出国的经历不仅仅锻炼了自己,增长了见识,而且也陶冶了情操,丰富了精神世界。最主要的是,了解了一个国家的精神,也更深刻地体会到发展壮大是一个国家立于不败之地的最有效保障。

上城区组织开展了"寻访千年古都 遇见华夏文明"赴西安研学活动,围绕"核心问题"开展趣味学习,走近秦始皇兵马俑,考古研究,制作秦俑,感受工艺;感受大雁塔和小雁塔的建筑特色,领略神奇设计;漫步陕西历史博物馆和西安博物院,惊叹璀璨的人文底蕴;走进航空六院,以"互动""体验""分享""提升"的方式探寻火箭发射的奥秘,亲手制作"东风一号"火箭,并发射上天。

杭州新世纪外国语学校刘家睿在日记中写到,我参加了上城区少科院的西安科考队活动,与来自不同学校的小伙伴们度过了一段难忘的时光。西安,这个十三朝古都的历史是底蕴深厚、源远流长的。秦、汉、唐、明、清等诸多朝代在此建都,使西安的鸟瞰图无比方正、大气。这里有大雁塔与小雁塔的佛教文化,里面收藏大量经书;这里有全世界闻名的兵马俑,是"世界第八奇迹",他们身披铠甲、外漆彩釉,各种形态都栩栩如生、惟妙惟肖,颇为壮观;这里有关中书院,历史悠久,是明清四大学府之一,穿上汉服置身其中,仿佛我们也变成了古代的翩翩读书郎。通过这次活动,我感觉经历了西安历史上好几个时代的变迁,文化是那么的富饶、历史是那么的悠久,以后有机会我还要去西安走走!

杭州市胜利小学刘锐宁在参与西安夏令营后表示,西安是个让我印象深刻的城市。不仅仅在于她悠久的历史,灿烂的文化,更在于有那么多的美食:裤带面、臊子面……都很好吃。在大雁塔下我凝思玄奘的壮举,更钦佩他超人的勇敢和智慧。在兵马俑博物馆,我感叹始皇帝的伟大杰作,也感叹帝王平民血肉之躯的渺小。在关中书院,学习体验儒家文化和礼仪让我受用终身,以后会更加努力学习中国传统文化,丰富自己也感染他人。在西安,还有很多好玩的地方,一次未能全部游历,下次有机会一定再来。在古城墙上,抚摸斑驳的墙砖,在六月份这样的好天气里慢慢地走,慢慢地看。没有金戈铁马,只有丝竹声声,就这样地体味西安。

2. 加深了爱国情感

研学旅行以开门办学的姿态让学生在游历中"感受祖国大好河山,感受中华传统美德,感受革命光荣历史,感受改革开放伟大成就"。这种游历活动让广大中小学生增强和坚定对道路自信、理论自信、制度自信、文化自信的理解与认同。通过活动让学生学会动手动脑,学会生存生活,学会做人做事。这一点恰恰符合了陶行知先生倡导的"教学做合一"。例如杭州师范大学第一附属小学在走进红巷研学中,通过追寻伟人足迹,了解爱国卫生运动历史,认识健康中国发展战略。在走进中共杭州小组纪念馆研学活动中,了解了97年前浙江第一个党组织成立的情景,了解到我们的革命先辈为了新中国,为了国家的富强,民族的独立,人民的幸福,是如何抛头颅洒热血的。让学生在反复触摸红色文化中认识红色文化的实质内涵,在校外辅导员的帮助下进行实践和反思,最终完成精神上的蜕变。

3. 培养了学生的责任意识

社会参与是一项基本技能,重在强调能处理好自我与社会的关系,养成现代公民所必须遵守和履行的道德准则和行为规范,增强社会责任感,提升创新精神和实践能力,促进个人价值实现,推动社会发展进步,发展成为有理想信念、敢于担当的人。在研学旅行中,每一个学生走出班级、走出家庭,不再是家里的小皇帝,不再是班级里的普通一员。学生要面对的是一个新的团队,一个新的集体,如何正确处理好自我和团队的关系,如何发挥自己在团队中的作用,如何在团队中成为一个有责任感的人,对每一个参与者,都是积极地参与和体验。在这个过程中,有行动的体验、有思维的碰撞,有责任的担当,处处都是课堂,时时都有教育,对学生良好行为规范和道德准则的形成起着积极的作用,更让学生学会了合作、学会了分享、学会了接纳、学会了包容、学会了担当。世间万物皆学问,通过研学旅行,改变了目前教育重理论轻实践的教育现状,让单一的教学模式变得丰富生动,让孩子们真正走入社会,走入大自然,寓教于乐,是一种极具潜力的新型学习方式。

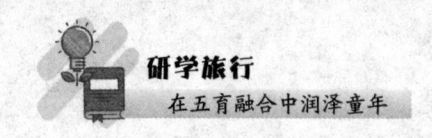

例如:在玩转周末"小小理财家"体验活动中,学生被分成6个小组,要求以小组为单位接收任务卡,必须小组合作闯关完成任务。于是,一个临时组成的团队,一个临时产生的组长,就开始了任务的解题。在摇钱树上找古代钱币,要考验每个成员眼疾手快的能力。通过多媒体平台完成"制瓷""造纸""铸钱""丝织"任务的,需要每个成员拥有一定的知识储备。完成"陆上丝绸之路""茶马古道""海上丝绸之路"运送任务,需要团队互相协作,缺一不可;完成寻找财神、制作财神版画、浇灌摇钱树等任务,需要组长的合理分工,组员的积极配合。每一项活动都以团队合作的形式呈现,即学习掌握了相关知识,又促进了团队之间的融合。

在上城区少年领袖成长营"制作龙骨"活动中,学生分组体验如何团队合作制作一条龙,真正感受到了什么叫小组齐心,其利断金的深刻内涵。"制作龙骨"并不是一个人单独可以完成的任务,每一个制作环节,都需要两两,甚至多人互相配合才能完成。在制作竹圈环节中,要把一根根细细的竹条弯成圈,并用铁丝固定,小组每一个成员在自己完成竹圈后,要配合铁丝固定的同学,一起把架子装配完整。在固定竹条环节中,需要先在竹条上定点,以保证竹圈能够平均分配在竹条之上,再进行合作捆扎,期间还要寻求老师的工具进行帮助。最后环节,需要把一大根木棒不偏不倚固定在龙骨之上,你托我举,你装我摁,才能达到理想效果。整个制作过程涉及摆位、测量、固定,需要合作、互助、共享……在组员的共同努力之下,6个小组均完成了"龙骨"的制作。

(三)提高了学生的综合素养

伴随着研学旅行活动的持续进行,学生们慢慢地学会了对历史的探究,学会了对民俗的资源的搜集整理,学会了对社会符号的记录分析。一句话,他们的综合能力得到了提升。

1. 提升了学生的学习能力

研学旅行对学生的自我管理,自我认知的要求非常高。能有效管理自己的学习和生活,发掘自身潜力,就能成就出彩人生,发展成为有明确人生方向、有生活品质的人。研学旅行,是一个与学校教育和家庭教育截然不同的教育形式。在这个过程中,学生可以自主谋划、自主实践、自主合作,充分培养学生

第六章 收获：区域推进研学旅行的成果与展望

的自主发展和乐学善学、勤于反思等能力，从而让学生正确认识自我和个人规划和发展目标，明确学习和健康生活的重要性，最终实现自我管理。古人云，纸上得来终觉浅，绝知此事要躬行。能力来自实践。在研学旅行过程中，学生必须动手实践，在实践中学会思维辨析，实践后通过总结提炼出知识，形成真正属于自己的能力。"走出课堂，动手动脑"，在做中学、学中做，学生把书本上死板的知识变成了生活中灵活的能力；把书本上固定的文字，变成了心海里流淌的素养。深度的研学体验，终生的难忘回忆，每一次研学旅行都是对学生实践能力的全面塑造与提升。

例如，在上城区生存训练五日营中磨砺了学生的勇敢。参加游泳生存训练，对于全区每一个孩子来说都充满期待与好奇。而真正进入游泳馆之后，站在泳池边上，就会有出现部分同学会抗拒下水的情况出现。于是，教练的鼓励，老师的安抚，同学的呐喊助威，让不少胆怯的同学开始尝试下水训练，直至慢慢融入，坚持训练完一周。在杭州市勇进实验学校的生存训练的日记中，有一个孩子写到，她一开始很怕水，想放弃回家。可是同学的鼓励让她突然获得了一种勇气。看着眼前的池水，仿佛很温柔没有那么可怕了。她鼓起勇气下了水，站不稳的感觉让她很没有安全感，紧张极了。可是教练的大手依托着她，又让她很安心。她开始在心底告诉自己：没事的，没事的，我一定可以！之后，每一项学习之前，她都会先和自己内心的"恐惧"作斗争。幸运的是，每一次她都能战胜自己。

在学农活动中，孩子需要锻炼自给自足，自力更生的能力。当平时的索求成为一种习惯，定然无法察觉生火做饭原来也并非一件容易的事。学农第一天，学生需要小组合作来烧一桌子菜，新鲜的蔬菜、鲜活的鲫鱼、新奇的大灶，面对这些食材和工具，不管会与不会，撸起袖子加油干才是硬道理。烧火、杀鱼、做饭、炒菜，样样都是一次重大的考验，当看到自己的劳动成果时，不管味道如何，大家都吃得香香的，第一次，真的不容易，在每天的学农日记中，他们袒露出心声，亲手做过饭才知道父母的不容易，柴米油盐里满满装着父母的爱，自此，心中多了一份感恩，一份承担，这就是成长。

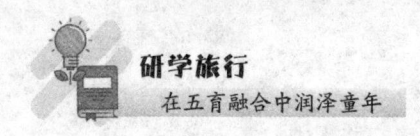

2. 培养了学生的创新精神

大自然是天然的实验室,是最好的书本,是最佳的课堂。研学旅行活动,可以让学生走出教室,走出传统课堂,与自然亲密接触,与人文亲切交流。行走在充满神秘力量的自然环境中,可以嗅到泥土的芬芳,感受四季的变化;可以体验日夜的轮替,感知宇宙的强大。在自然界的浩瀚空间中,无论是神奇的生物,还是有趣的动物,都可以让学生去了解,去认知。行走在丰富多彩的人文世界里,不仅可以感受光明和黑暗,还能体验幽默和温情。丰厚的人文信息、民俗资源、历史积淀、社会符号……都可以让学生倾情融入,接受熏陶。而这一过程就是了解世界、认识世界的重要环节,可以不断激发学生的创新精神,鼓励学生在旅行中探索,在实践中去寻找到答案。大自然中的研学旅行,激发学生热爱科学、创新实践的能力,让枯燥变得生动,让被动变为主动,让一成不变变得创意无限。

例如:上城区少科院组织全体小院士、学员和部分学校科技活动骨干参观了中国水稻研究所的无土栽培技术。参观后,同学们还与中国水稻研究所的专家们一起进行了热烈的讨论,并对无土栽培技术的应用提出了许多新的见解:"利用无土栽培技术,优化西湖水域的观赏植物分布""调整营养液的配方,控制花卉的花期""部分校园植物进行无土栽培的可行性研究"等等。这些新颖的、散发着创新意识的见解,博得了中国水稻研究所专家们的一致好评。上城区少科院发明创造分院以小发明、小论文为载体进行研究活动;生物分院以生态研究为载体进行研究活动;信息技术分院以网络为载体进行研究活动等等。但是,无论采用何种载体,所有实践活动都由学生自己设计活动方案,实施活动,得出研究结论,培养了学生的自主创新意识。

上城区科技教育研学基地积极开发创新活动项目,引导区域内学生参加科技实践活动,对自主学习环境的建设、丰富教育资源的提供、科学探究精神的倡导、动手操作行为的鼓励、创新思维和精神的张扬、创新人格的养成等各方面,开展了有益的探索。如科技智慧坊项目,可以在不同的实验中,最大限度地了解不同的实验原理,从而能用科学的观点看待生活中的一些奇特现象。通过一系列思考性、开放性、趣味性、生活性的实验,初步掌握一些实验原理,培养和巩固对科学探究的兴趣,初步掌握正确的实验方法。鲁班巧工坊项目,可以根据所提供的模板进行现场制作,还可以根据自己的想象创新模板。通过活动,初步了解小机床的正确使用方法;通过自行设计模板、实践操作,培养独立思考、独立解决问题的创新能力。

上城区积极开展"清廉"教育的主题活动,完成了"清廉尚德 清风常伴"上城区校外研学清风之旅8条路线设计,学生在活动中,走访于谦故居,感受"要留清白在人间"的豪言壮语。走访郁达夫故居,感受共产主义战士的坚定斗志。走访浙江革命烈士纪念馆,感受革命先烈的丰功伟绩。走访蒋筑英纪念馆,感受科学先驱的清贫人生。研学清风之旅旨在拓展反腐倡廉领域的教育,在学生中开展"清廉"启蒙教育,促进广大青少年学生逐步形成胸怀大志、为民为公的理想信念,诚实、节俭和有责任心的道德观念,自律、守法和有正义感的法制意识以及对社会廉洁高效发展的监督意识。

3. 培育了学生的健康身心

当前青少年身心健康发展问题已经成为社会关注的焦点,升学压力,亲子关系,心理问题,交往能力以及社会普遍关注的网瘾、近视等青少年问题层出不穷,必须关注到下一代的健康成长已经成为重中之重。研学旅行作为针对学生个体教育和发展而定制的体验性学习活动,学生可以利用听觉、视觉、嗅觉和味觉等多种感官来进行观察和体验,可以充分融入环境、观察社会、品味人生,促进心理,身体等多个维度的全面发展。参与户外活动,可以培养学生的自信、阳光和外向。参与徒步旅行,可以提高创造力,改善大脑健康。参与探索实践,可以培养学生的齐心协力、自律精神等等。让学生过上健康、安全、快乐、美好的生活,是每一个教育主体应尽的职责和义务,是每一个教育工作者的担当和使命。

例如:上城区"悦"读达人俱乐部组织开展了礼仪学习活动,邀请了G20峰会杭州市委宣传部礼仪专家进行《礼仪文化与现代礼仪》的授课,学生从礼仪的来源、礼仪的传承和青少年学习礼仪这三方面学习、了解礼仪这门艺术,并从着装建议、站姿走姿等方面,知晓了出席重要场合,应该如何注重仪态。授课结束后,老师和学生一起来到孔庙,现场体验祭拜孔子的相关礼仪知识,感

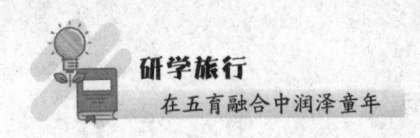

受中华礼仪文化之邦的独特魅力,让学生充分认识到知礼仪,守礼仪,做文明人,说文明话,处文明事的重要意义。

在小学生中坚持开展生存训练,就是在小学生中倡导健康的生活方式。游泳训练是对人体损伤最小的运动,在一定意义上对青少年的生长发育有积极的促进作用,具体体现在儿童在参加游泳训练的过程中,可以更好地促进骨骼的生长发育,对于身高、身体素质都会有很大的改善。杭州市胜利实验学校学生宋睿曾在生存训练后表示,自己不仅学会了游泳这一项技能,以后如果遇到困难可以自救,而且由于生存训练的时候每天的运动量很大,本来体型比较瘦弱的自己饭量明显增大,胃口变好了。因为白天消耗了体力,晚上很容易就入睡了,睡眠质量比以前高。学生黄腾辉表示,自己本来挺胖的,生存训练那几天,体力消耗大,吃得又和平时差不多,所以明显感觉瘦一点了。

在国防教育实践五日营中,学生可以很好地锻炼自己的意志品质。通常国防教育训练第一课,为站军姿、立军容。如何站,手贴在裤子的哪个位置,统一的标准,统一的动作,统一的口令,将最简单的事情不断重复。烈日下、风雨时,唯有坚持才能磨炼学生坚不可摧的意志。国防训练需要一周五天的时间,不少学生是第一次离开父母挑战集体生活,挑战独立能力。内务整理,他们从生疏到熟练,从一般有到优秀;军事训练,他们一步一个脚印,走出了自信,练出了风采;长途拉练,他们相互鼓励,挑战自我,坚持走完全程也不吃一口苹果,喝一口水;紧急集合,他们争先恐后,体验军令如山,分秒必争。艰苦的训练没有击溃他们的意志,泪水和汗水没有淹没他们的信念,身心的疲惫反而激起了他们心中的斗志。从小练好本领,当好娃娃兵,长大为报效祖国做出努力。

4. 培养了学生的审美情趣

审美情趣即具有艺术知识、技能与方法的积累,能够理解和尊重文化艺术的多样性,具有发现、感知、欣赏、评价美的意识和基本能力;具有艺术表达和创意表现的兴趣和意识,能在生活中拓展和升华美等。研学旅行过程中,注重让学生在旅行中欣赏和评价美,组织学生进行了诗文创作,用以提升学生的审美情趣。学生在平时的学习生活过程中,由于学习的压力,很难有置身于自然

中欣赏美的机会。研学旅行则带给了他们在学习之余,亲近自然提升审美情趣的舞台。研学旅行过程中,我们注重使学生置身于大自然之中,切身感受祖国山川的秀美。并要求学生根据自己的亲身经历,将收获的感触进行艺术加工,并利用艺术语言表现出来。要求学生们在旅行中,将旅行见闻以诗词的形式进行艺术表达。每到一地,就要求学生根据不同的风土人情和山川地貌创作诗词,去讴歌祖国的秀美山川和人民的幸福生活。学生们将自己对祖国大好山川及各地人民的热爱投入到所作诗词中,有效发展了他们获取美和升华美的审美情趣。

5. 培养了学生的劳动意识

劳动教育作为促进学生形成劳动价值观和养成劳动素养为目的的教育活动,将劳动、实践、活动三者结合起来,实践活动是学生走出校门、了解社会、服务社会的教育活动,而把劳动融入社会实践中,是实践活动的特殊形式。劳动教育最核心、最本质的价值目标就是培养学生尊重劳动的价值观,培养学生对于劳动的内在热情与劳动创造的积极性等核心素养,以提高"职业互通能力"的做法,将劳动教育融入研学旅行,打造劳动教育的特殊形式。通过研学旅行的集体课程锻炼社会参与能力:从分工合作中体验责任划分,从集体交往中体验人际理解,在集体生活里树立劳动意识,在陌生环境里培养解决问题的能力,在现实情境中实现技术应用。

二、落实了社会主义核心价值观的培育

处于成长阶段的中小学生要在未来取得成就,必先锤炼出优秀品质,成为"向美而生、向善而行"的一代。研学旅行融合五育,通过教育引导、文化熏陶、实践养成等方式,使社会主义核心价值观内化为学生的精神追求——向美而生,外化为他们的自觉行动——向善而行。探索了一条让社会主义核心价值观有效落地的创新之路,让社会主义核心价值观根植于每个孩子的内心深处,成为孩子的"成长芯片"。

(一)构建了社会主义核心价值观体系的研学网图

上城区对标社会主义核心价值观,从"爱家兴国""社会责任""个人成长"

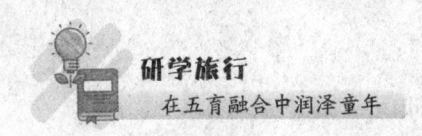

三个维度架构区域行走德育框架。在已经成立的上城区青少年艺术、科技、体育、图书、国防、生存、农事、生活、国学共十二个教育活动基地的基础上,统整辖区校内外德育课程资源,形成了一张全区学生可参与的全覆盖行走"网图"。全区重点打造对应社会主义核心价值观12个关键词的实践体验点,形成了"沿着筑英的足迹""博雅少年""杭州和文化"等30个学校德育精品课程基地,共建了"西湖国学馆""钱王祠""武警钱塘江守桥模范中队"等50个校外研学实践体验基地,以80个行走体验点绘制上城区域的价值观行走地图。

表6-1 上城区研学旅行基地一览表

价值导向		学校德育精品课程基地	校外研学实践体验基地
爱家兴国	富强民主文明和谐	少年海事(杭州市大学路小学)	我@钱塘江(杭州钱塘江博物馆)
		红色研学(杭州师范大学第一附属小学)	追寻先辈的足迹(浙江革命烈士纪念馆、杭州革命烈士陵园)
		和合民族(杭州市回族穆兴小学)	最炫民族风(桐庐莪山畲族乡)
		四季节气(杭州市胜利小学)	非遗文化传承(胡庆中药博物馆、工艺术美术博物馆、杭州历史博物馆、中国印学博物馆、中国茶叶博物馆、中国丝绸博物馆、南宋官窑博物馆、良渚文化博物馆等等)
		走桥读故事(杭州市时代小学)	钱江桥(武警钱塘江守桥模范中队)
		中华茶韵(杭州市紫阳小学)	茶艺小达人(尚青书院)
		南宋文化(杭州新世纪外国语学校)	走进清河坊(杭州清河坊历史文化街区)
		杭州和文化(杭州市清河实验学校)	最忆杭州(西湖十景)
		吴山文化(杭州市高银巷小学)	御街探访(南宋御街)
		走读博物馆(杭州市上城区教育学院附属小学)	场馆学习(杭州市第二课堂场馆)
		家风家训(杭州市清泰实验学校)	钱氏家训(钱王祠)

续表

价值导向		学校德育精品课程基地	校外研学实践体验基地
社会责任	自由平等公正法治	西湖小记者(杭州市饮马井巷小学)	新闻播报(杭州电视台)
		影视体验(杭州天地实验小学)	英雄赞歌(杭州近代教育史陈列馆、浙江革命烈士纪念馆、杭州党小组纪念碑、嘉兴南湖)
		190传承(杭州市惠兴中学)	勇敢娃娃兵(上城区少年军校)
		行走社区(杭州市崇文实验学校)	社区文化探索(毛泽东同志视察小营巷纪念馆、中国社区建设展示中心)
		敬廉崇洁(杭州市开元中学)	清正廉洁(于谦祠、于谦故居)
		红领巾创客(杭州市胜利实验学校)	智能机器人(阿里巴巴杭州总部、东风裕隆汽车有限公司、新松机器人自动化股份有限公司)
		海绵城市展学馆(北京师范大学附属杭州中学)	安吉余村、中国水利博物馆、杭州市气象科普体验馆、杭州低碳科技馆、杭州自来水厂、天子岭垃圾填埋场等
个人成长	爱国敬业诚信友善	沿着筑英的足迹(杭州市抚宁巷小学)	爱国崇学(钱学森故居)
		勇毅进德(杭州市勇进实验学校)	攀登小少年(唛牛艺术培训中心)
		生涯规划(杭州市建兰中学)	职业小达人(胡雪岩故居、中国财税博物馆、方回春堂、西湖博物馆、中国伞博物馆、一新坊、中国刀剪剑博物馆、中国扇博物馆、胡庆余堂、DO嘟城等)
		怀梦追梦(杭州第六中学)	航空探秘(中央航校纪念馆)
		蔓生长(杭州市江城中学)	狼性训练(浙江省教导大队)
		翰墨书香(杭州市金都天长小学)	墨韵怡情(西泠印社)
		中华耕读(杭州市教育科学研究所附属小学)	经典诵读(西湖国学馆)

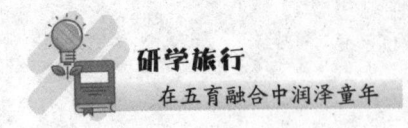

续表

价值导向	学校德育精品课程基地	校外研学实践体验基地
	启志善交(杭州市凤凰小学)	成长礼(杭州孔庙)
	伙伴交往(杭州市天长小学)	古宅寻宝(胡雪岩故居)
	博雅少年(杭州市娃哈哈小学)	走近大师(中国美院、中国美术馆)

(二)系统规划了践行社会主义核心价值观的研学主题

研学旅行聚焦社会主义核心价值观的践行,让社会主义核心价值观可触摸、可展示、可落实。全区确立了以主题研学作为培育践行社会主义核心价值观的主要抓手,进行分学段的主题研学设计,明确任务菜单、分项目标和成果评价。

主题研学项目的整体目标是"体验传统文化之美、传承红色革命之魂、发现祖国建设之策、树立少年报国之志"。研学旅行课程分成分为文化之旅、实践之旅、探索之旅三大类,同时,每个研学主题为1-3年级、4-6年级、7-9年级三个学段的学生分别设计研学项目,开发了三类40多门具体的研学旅行课程,供学校、学生选择。在这些课程中,结合学生的培养目标,充分利用了区域所在的各类资源,以实现五育融合。

表6-2 践行社会主义核心价值观的研学主题
文化之旅具体安排

课程系列	课程内容	内容标准	活动建议
非遗传承系列	小小书法家	●感受和体验非物质文化遗产的历史背景和文化传统。 ●现场体验非物质文化遗产的魅力。	●观摩非物质文化遗产展示。 ●学习和体验非物质文化遗产工艺。 ●举办非物质文化遗产宣传展示和汇报演示活动。 ●举办非物质文化遗产传承拜师活动。
	拓印的奥秘		
	面人高手		
	糖画大师		

续表

课程系列	课程内容	内容标准	活动建议
艺术尚美系列	学画脸谱 小小演奏师 小百灵之歌	●感受、欣赏各类艺术形式。 ●初步学习各类艺术创作。	●亲自感受各类艺术活动。 ●观摩、学习各类艺术活动创作过程。 ●走访文艺创作和演艺等相关机构。
南宋文化系列	御街探秘 凤凰山寻踪 南宋名菜	●现场识别南宋历史遗迹。 ●还原南宋遗迹的历史环境,了解名人名事。	●参观南宋遗迹,走访民族、宗教、文化与旅游等相关管理部门和图书、方志、档案、文史等相关机构。 ●访问相关网站,收集南宋文献、影视等资料。 ●参与模拟考古,实地考察,南宋文化专题研讨会。
中药文化系列	学做药皂 学做香囊 学做药膳	●现场感受传统中药文化魅力。 ●了解和学习传统中药文化知识。	●参观胡庆余堂、方回春堂、五柳巷中药一条街等中药活动场所。 ●访问相关网站,收集与中医中药相关的资料。 ●参与中药文化专题活动。

实践之旅具体安排

课程系列	课程内容	内容标准	活动建议
实践活动系列	当好娃娃兵 少年农事 生存的技能	●了解和学习学军、学农、学生存的相关知识。 ●亲自实践学军、学农、学生存。	●观摩学军、学农、学生存的相关展示。 ●学习和体验非物质文化遗产工艺。 ●举办学军、学农、学生存宣传展示和汇报表演活动。

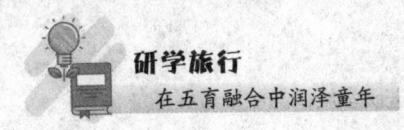

续表

课程系列	课程内容	内容标准	活动建议
公益环保系列	钱江溯源 垃圾之旅 自来水旅行记	●了解各类公益环保活动开展的意义。 ●亲自践行各类公益环保活动。	●举办各类公益环保活动夏令营、冬令营等活动。 ●收集、宣传各类公益环保活动先进人物事迹、故事等。 ●走访各类公益环保组织。
红色之旅系列	寻访红船起航地 寻访钱学森故居 寻访一江山岛战斗遗址 寻访四明山抗日堡垒	●了解红色纪念场所的纪念意义。 ●弘扬红色纪念场所的精神和价值观。	●参观革命根据地、战争遗址、红色名人纪念场所。 ●访问相关网站，收集红色故事、红色影视等资料。 ●举办革命节庆或纪念活动、革命传统活动、红色故事会、红色文化采风等丰富多彩的活动。
少年领袖系列	领袖小讲堂 我与伙伴共成长 我的领袖成长秀	●建立团队合作的理念，掌握激励他人的技巧，具备成为领袖的素质，建立责任感，培养担当精神。 ●学会如何在公众面前表达的方法	●通过情景模拟等形式，解决人际交往和沟通实践的一系列问题。 ●走访各行各业有影响力人物，了解他们的成长历程。 ●举办红领巾学院思政讲堂、才艺展示秀等活动。

探索之旅具体安排

课程系列	课程内容	内容标准	活动建议
我和大师系列	跟着科学达人去科考 跟着艺术大师去采风 跟着世界冠军去运动 跟着写作名家去悦读	●感受各行各业大师们的魅力和风采。 ●现场体验大师们的绝活。	●观摩、学习各行各业大师们的绝活。 ●和大师们一起策划、举行各类特色活动。 ●举办"我和大师"系列宣传展示和汇报演示活动。 ●举办传承拜师等活动。

续表

课程系列	课程内容	内容标准	活动建议
趣味活动系列	龙井茶飘香 金矿寻宝 房车探秘 巧克力世界	●了解各类趣味活动开展的意义。 ●亲自践行各类趣味系列活动。	●举办各类趣味活动夏令营、冬令营、春秋假等活动。 ●策划、开展各类适合学生的专项趣味活动。
黑科技探秘系列	5G在身边 未来智能家居 未来的课堂	●了解和初步学习科技研发程序、方法。 ●参与、实践科技创新。	●参观高新技术区、高科技企业、高新农业产业园等地方,走访相关专家。 ●访问相关网站,收集各类"黑科技"资料。 ●举办"科技与社会""科技与我们""科技与环境""科技与艺术"等主题讨论会、辩论会。
博物馆探索系列	浙江省博物馆	●实地认知各类博物馆的发展过程及区域特征。 ●参与博物馆各类建设,对当地博物馆建设提出意见和建议。	●参观各类博物馆、听取解说、参与互动。 ●访问相关网站,收集相关的资料。调查各类博物馆在当地的受众,撰写调查报告,向有关部门提出合理化意见和建议。 ●参与"自然笔记"等专题活动。

这样的安排能够在循序渐进,螺旋深入地达成整体目标的基础上,保证让学生在义务教育阶段参与总计12次不少于24天的研学旅程,并以贴近学情、活泼生动的实施方式保证学生的德育实践和情感体验。

(三)形成了践行社会主义核心价值观的研学方式

研学旅行的主题确定之后,我们又对研学旅行的方式进行了设计,通过多种方式,让研学活动变得更加生动,更加富有实效。

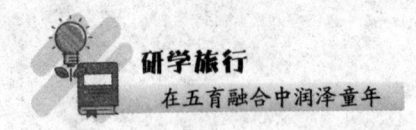

1. 走班

培育践行社会主义核心价值观主题研学过程中,学生通过走班学习的方式,共商研学主题、共赴研学之旅、共享研学成果,别有收获。杭州市天长小学的《伙伴交往》课程采用小先生制、跨班展示、十分演讲、伙伴节等走班学习方式,传递社会的正能量,把友善的种子播撒在学校内外。

【案例6-1】 杭州市天长小学的伙伴节

杭州市天长小学举办了"伙伴节",每位小朋友身边的伙伴,都不是自己班级里的同学,他们必须自己寻找校园里其他班级的小伙伴做搭档,并且共同完成造型设计、购买服装道具等任务。五年级(3)班的小金就找来平常一起坐公交车上学的3个小伙伴,他说,伙伴4人原本就互相认识,都不在同一个班,学校要搞伙伴节,他们立刻想到了对方。"我们为了今天的展示排练了一个多月,现在更加经常在一起玩了。"一个伙伴节,让有的同学与好朋友更亲近了,还有的同学则收获了原来素不相识的伙伴。

还有如杭州市胜利小学的《节气课程》采用按兴趣走班、按项目走班、混龄走班的方式共同探究相关主题,让中华优秀传统文化润泽童心。

2. 走校

上城区各中小学精心打造的行走德育基地,是区域的德育实践基地,也是区域的学习中心,可以让优质的学习资源在区域内辐射共享,让更多的孩子参与体验,丰富阅历,提升素养。杭州市胜利实验学校的小创客,走向兄弟学校,宣传为校园、为弱势群体研发的创意作品,彰显社会责任心;杭州市抚宁巷小学蒋筑英纪念馆全年开放,区内外学校团体、个人都有机会前来参观纪念馆、体验科技智造。

【案例6-2】 跨校做项目

杭州市抚宁巷小学蒋筑英纪念馆建设了"科学+探究厅"学习中心,中心迎来了第一批"小科学家",这些孩子都是通过抚宁巷小学的微信公众号在线报名的。学习中心以空中课堂和实体中心两种途径进行区域辐射。杭州市饮马井巷小学陈思杰同学在参与学习后说:"'未来科学+'探究厅内有很多项目可以让我们选择,实在太好啦！通过活动我深入体会到要完成项目任务,团结很重要,合理的分工很重要。"

3. 走社会

围绕杭城人文历史,上城区的中小学生行走御街、老城,寻访申遗故事,传唱家乡诗词;学校积极提供机会让学生走进社区,探究社区文化,在志愿者行动承载社会的责任与担当;学生走向农工实践基地,经历新劳动教育,培养劳动观念、增长劳动技能,为人生出彩打下底色;一批批学生走出国门开展文化寻力活动,向世界传播中国声音、中国故事。

【案例6-3】 最"民主"的展品

杭州市紫阳小学三年级学生带着一个问题走访中国社区建设展示中心:"寻找场馆中最能体现民主的展品"。一番探究后,一班同学认为第一展厅中用于黄豆选举法的白瓷大碗最"民主"。二班的同学认为陈福林的铜像最"民主",因为这位黄包车夫被大家选为上羊市街第一个社区居委会主任。这样的寻访,让学生了解到中国人民为追求自由、平等、公正、法治所付出的艰辛努力,体会到人民当家做主的来之不易,更愿意为今日社区的建设提出建议,付出努力。

三、实现了以研学旅行为载体的育人方式转型

我区以研学旅行为主要抓手,举全面育人之旗、走功能提升之路,搭资源配置之台,打创新机制的牌,实施以"价值引领、文化植根、课内外融合、协同发展"的工作策略和"校内外、课内外、线上下并进"的实施路径。注重顶层设计,尤其是以研学旅行为载体的育人工作特色显著,有传承有发展。作为"研学旅行"试点区,组织实施行走中的学习,引领学生知行合一。一方面将已有的教

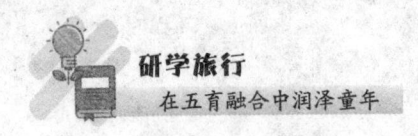

育资源效能最大化，并充分挖掘可供利用的研学教育资源。另一方面，在盘活内部教育资源的同时，将社会、家庭的研学氛围充分调动起来，形成家校社全方位、立体化的教育空间，覆盖影响了全区2万多名中小学生和50多所中小学校。

（一）育人工作体系化

按照省市要求，成立由区教育局为组长单位、区文广旅游局为副组长单位，发改、公安、财政、交通、市场监管和共青团等相关部门共同参加的中小学生研学旅行工作协调小组，把相关部门和单位的职责进行层层分解，加强对研学旅行工作的统筹规划和管理指导。制定相关成员共同参加的联席会议制度，定期研究会商相关工作，共同加强对研学旅行工作的统筹规划、业务指导、督查管理，及时研制相关政策，协调解决问题，确保研学旅行工作有序安全平稳推进。明确各相关部门的职责分工，上城区教育局主要统筹中小学生研学旅行工作政策制定、基地认定、课程开发指导、活动安排、基地的申报受理、组织审核、定期评估验收等，参与线路组织和服务机构（旅行社）的优质品牌认定；区文广旅游局主要统筹指导研学旅行的服务规范以及线路组织、服务机构（旅行社）的监管和优质品牌认定，参与工作政策制定和基地认定。

上城区青少年活动中心在上城区教育局的指导下，具体负责区域层面研学旅行活动的课程建设、基地评估、平台建设与交流合作，并具体组织实施一部分校外研学旅行活动，同时设立区域研学旅行负责人专技岗位，提高研学旅行在课程开发、组织管理、后勤保障及安全管理方面的专业性。

上城区教育局下属各中小学负责学校层面研学旅行活动的课程建设、活动组织及参与区域层面研学活动的组织发动。各学校设立研学旅行工作的分管校长，确定相应的管理人员和教师，专门负责研学旅行工作。各校把研学旅行纳入学校年度教育教学计划，制定整体方案，把研学旅行与春秋游（假）、劳动教育、国防教育、生存教育等统筹考虑，科学合理安排研学旅行时间，保证每学年1至2次，小学四五六年级3至4天，初中一二年级4至6天，保证义务教育阶段学生有序参与总计18次不少于32天的研学旅行，研学参与率达到100%。

充分利用家庭旅行多样性、灵活性、简易性等特点，积极探索上城区研学

第六章　收获:区域推进研学旅行的成果与展望

旅行家校联动的管理机制,研究上城区研学旅行家校联动的实施策略,使家庭研学旅行与学校研学旅行有机结合,互补共进。鼓励和引导中小学生家庭利用寒暑假等有计划、有目的地开展家庭亲子研学旅行。

(二)育人内容的课程化

从形式上看,研学旅行是"研学"与"旅行"的合成,而实质上,研学旅行是教育与旅游的一次亲密接触,是两者深度跨界融合的产物。研学旅行通过旅行的方式拓展学生的知识视野,丰富学生的人生体验,让学生在直面现实社会生活、感悟自然万物的过程中受到教育和熏陶。研学旅行不同于一般意义上的旅游,要做到全科育人、全程育人、全员育人,实现育全人的价值追求,就必须课程化。而课程化研学旅行实质上是一种新的综合实践活动课程。

综合实践活动课程是学生在教师引导下,自主进行综合性学习活动,是基于学生的经验,密切联系学生生活实际,体现对知识综合运用的实践性课程。综合实践活动课程是基础教育课程改革新的生长点,旨在"强调学生通过实践,增强探究和创新意识,学习科学研究的方法,发展综合运用知识的能力,增进学校与社会的密切联系,培养学生的社会责任感。"可见,综合实践活动课程着眼学生实践意识的培养,强调学生的动手操作和亲身体验,指向学生综合实践能力的提升。同时,综合实践活动还打通了儿童与生活世界的屏障,让学生在体验与探究自然中不断成长,在参与和融入社会中不断成熟,在认识自我中不断完善,即推进学生对自我、社会和自然之间内在联系的整体认识与体验,谋求自我、社会与自然的和谐发展。

研学即"研究性学习"的简称,它本身就是综合实践活动的一个重要模块。课程化研学旅行是一种新的综合实践活动课程,其符合综合实践活动课程的基本特质。有研究认为,"研学旅行的主体具有自主性、内容具有开放性、方法具有探究性、取向具有实践性,与综合实践活动课程的特征不谋而合"。具体来说,课程化研学旅行强调学生在行动中探索世界,在实践中获得真知,在自然空间中去体验和感悟,是达成学生知识转化和情感升华的基本途径。综合实践活动是在学生的直接经验或体验的基础上开发和实施的课程,其精神实质是坚持学生自主选择和主动探究,为学生个性充分发展创造空间。而

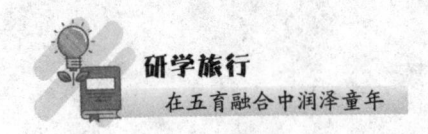

研学旅行是让学生走出课堂物理空间的束缚，走进更加广阔的自然世界和社会生活，并在与自然和社会的交往互动中获取成长的养分。因此，研学旅行不仅能有效地实现综合实践活动课程的目标与价值，而且在丰富学生的学习方式，促进学生主体性发展和塑造学生健全人格等方面具有重要的意义。

(三)育人基地建设标准化

在研学旅行中，如果能有一段一两天的基地学习行程是十分有意义的，不仅能让学生体验一下基地式的集体生活，还能让看起来松散的旅行行程更加充实。目前来说基地的场馆设施与教学设施都越来越成熟，好的基地能够提供给学生独特的学习体验与最真实的学习环境，这些是景点和公共设施无法提供的。基地的行程能更加凸显"研学"的重要性，基地与旅游景点搭配，能让学习与旅行游玩达成一个平衡。不同地区的基地课程特色通常与当地的环境吻合，选择一条研学旅行线路，主题可能是人文历史、科技魅力、自然环境，在旅行中除了欣赏沿途风景，去基地体验符合主题的教学课程更能达到研学的目的。

杭州市上城区青少年活动中心"勇敢娃娃兵研学基地"（上城区青少年活动中心少年军校）作为杭州市唯——所由教育部门主管的省级中小学生研学旅行基地，积极发挥示范辐射作用，建构精品化示范化的基地特色研学课程。积极整合研学基地周边南宋皇城小镇丰富的自然环境和历史文化，将国防教育研学和历史文化研学、自然探究研学、红色教育研学有机结合起来，形成多维度、高品质、特色化的自主研学课程品牌。积极改善"勇敢娃娃兵研学基地"的教学设施和住宿条件，加强基地工作人员的专业培训，提升研学导师专业素养。同时，以"勇敢娃娃兵研学基地"为示范辐射，加强与区内其他学生活动场馆和研学机构的交流，积极开发社会资源，鼓励有条件的场馆申报上城区中小学生研学旅行基地，从而带动一批研学基地的培育。

(四)育人资源内涵化

课程是研学旅行实践活动成功的核心要素，上城区将研学旅行纳入学校教育计划。以"六结合"策略研发课程，与国家课程相结合，与其他综合实践课程相结合，与国际交流相结合，与校本课程相结合，与班团队活动相结合，与地

方课程相结合。与国家课程相结合,为学生提供学以致用的机会;与地方课程相结合,为地方课程带来新的活力;与校本课程相结合,成为"长"出来的课程生命力。

用"四步法"设计研学旅行精品课程:一是通过实地考察,了解这里有什么;二是前期细致调研,了解学生会什么;三是研读研学目标,确定目标达到什么;四是综合以上信息,落实学生能做什么。只有结合学科背景、社会经验、年龄心理特点,研发让学生在参与中有体验、体悟、体认、体行的课程活动,学生才会觉得有兴趣,才能成为精品课程。

1. 建设了有主题、分系列的区域特色研学课程

建构有主题分系列的上城研学课程体系,紧密围绕社会主义核心价值观的四个践行维度,即"体验传统文化之美""传承红色革命之魂""研究祖国发展之策""树立少年报国之志",结合上城"行走德育"内容,充分依托杭州作为历史文化名城的丰富资源以及第二课堂场馆集聚的优势,积极策划"寻根之旅""铸魂之旅""追梦之旅""扬帆之旅"等主题课程,设计区域特色研学课程体系。

上城区青少年活动中心自主研发满足兴趣爱好的公益研学课程:"玩转传统文化"(我是印学小传人、官窑小传人)、"玩转现代科技"(我和机器人交朋友、航空探秘)、"玩转体育艺术"(攀登小少年、击剑运动小达人)……;满足个性特长的研学课程"领袖成长营"("与精英对话"人物访谈"与时代同行"社会实践"与团队共赢"团康游戏),"悦读小达人"(走进名著经典享受阅读快乐、名著剧本表演了解表演艺术、考察名人故居了解杭州文化),"未来科学家"(北海科考员、时代小创客、航天火箭社)……同时还有四、五、六年级学生分别参与的"快乐小飞鱼""勇敢娃娃兵""田园小农夫"为期5天的研学实践,这三大研学课程已成为上城学子的必修课程。

上城区各中小学精心打造的研学基地,是区域的德育实践基地,也是区域的学习中心,可以让优质的学习资源在区域内辐射共享,让更多的孩子参与体验,丰富阅历,提升素养。杭州市胜利实验学校的小创客,走向兄弟学校,宣传为校园、为弱势群体研发的创意作品,彰显社会责任心;杭州市抚宁巷小学蒋筑英纪念馆全年开放,区内外学校团体、个人都有机会前来参观纪念馆、体验

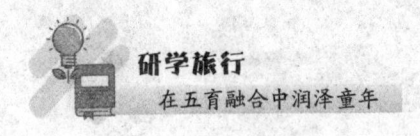

科技智造。

2. 建设了校本化、多样化的学校特色研学课程

因校制宜、因地制宜,各校结合办学特色、文化传统,充分挖掘资源优势,研发具有学校特色的校本研学课程。结合学校综合实践课程、德育课程,把研学旅行与春秋游(假)、劳动实践教育、国防教育、生存教育等有机整合。充分发挥学校大队辅导员、班主任、综合实践等教师的作用,聚焦学生核心素养,体现研学课程的跨学科性和实践性。每校开发不少于2门研学旅行活动课程,鼓励有条件的学校分年级、成序列开发研学旅行校本课程,积极申报上城区中小学生研学旅行示范校,实现校本课程的区域辐射,为研学旅行实现"走班、走校、走社会"提供多元选择。

培育践行社会主义核心价值观主题研学过程中,学生通过走班学习的方式,共商研学主题、共赴研学之旅、共享研学成果,别有收获。杭州市胜利小学的《节气课程》采用按兴趣走班、按项目走班、混龄走班的方式共同探究相关主题,让中华优秀传统文化润泽童心。杭州市天长小学的《伙伴交往》课程采用小先生制、跨班展示、十分演讲、伙伴节等走班学习方式,传递社会的正能量,把友善的种子播撒在学校内外。

3. 建设了有体系、成规模的区域联动特色课程

充分发挥我区第二课堂场馆众多、文化旅游景点密集、学生活动资源丰富的优势,加强部门之间的积极联动,加强场馆之间的资源整合,根据研学主题的不同、场馆功能的不同、交通方式的不同、地域分布的不同,设计形成串点成线、布局合理、互联互通的研学旅行线路,构建具有上城特色的研学旅行网络地图。设计依托河坊街商圈的清河坊非遗文化之旅、依托南宋皇城小镇的南宋文化探寻之旅、依托中山路中医药特色街的中医药文化之旅、结合中东河改造的五水共治科学探究之旅、结合毛主席视察小营巷纪念馆的红色之旅、结合各文化创意产业园的文创体验之旅等。

围绕杭城人文历史,上城区的中小学生行走御街、老城,寻访申遗故事,传唱家乡诗词;学校积极提供机会让学生走进社区,探究社区文化,在志愿者行动承载社会的责任与担当;学生走向农工实践基地,经历新劳动教育,培养劳动观念、增长劳动技能,为人生出彩打下底色;一批批学生走出国门开展文化寻力活动,向世界传播中国声音、中国故事。

(五)育人队伍优质化

《教育部等11部门关于推进中小学生研学旅行的意见》(教基一[2016]8号)中对师资建设的要求是促进研学旅行专业化,培养研学人才是重点。一方面,区域开展相应的培训班、座谈会等方式加大对研学师资的培训力度,并让教师在具体的实践过程中积累经验,茁壮成长。另一方面,出台相关政策,提供资金支持,加大对研学旅行师资的培养力度,培养专业的研学师资人才,切实保证研学旅行的专业性。

目前,区域层面组建一支由教育、文广旅体、发改、公安、财政、交通、市场监管、团委等等多部门组成的区域工作队伍,协同开展定研学旅行工作。教育层面建立一支研学旅行的骨干队伍,负责研发课程和组织活动,通过理论学习、观摩交流和实践体验,研究当前德育工作的热点和方向,让上城的首批研学导师经历无人机与坐标器的应用,以团队形式完成"自然博物馆探秘""宏村水系分布"等项目设计,驱动研学旅行导师队伍从操作层面思考研学旅行课程的架构、实施和评价。学校层面建立由分管校长、学生处主任、大队辅导员、综合实践活动教师等组成的研学旅行工作小组,开展研学旅行体验式培训,探讨研学课程设计新模式,培养成为研学课程设计的专业化教师,引领设计更多、更专业、更能实现研学目标的课程。基地层面配备专门的研学导师,负责研学旅行活动的开展和学生接待,教育、文化旅体、公安各相关部门安排专人负责研学旅行工作,积极培养专业多元的研学旅行导师。研学旅行基地根据开展研学旅行的需要合理配置专兼职人员,并按照不同学段学生的年龄特点、认知规律及育人需要,强化工作人员培训,提升辅导学生学习体验等方面的知识与技能。研学旅行基地要配备研学导师,研学导师应具备教育教学、旅行组织、安全应急等专业能力。中小学校应确定相应的管理人员和教师,专门负责研学旅行工作,提高研学旅行在课程开发、主题确定、组织管理、后勤保障及安全管理方面的专业性。

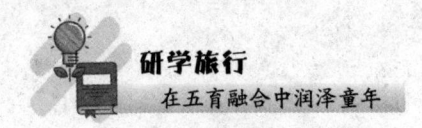

（六）育人保障精细化

研学旅行超越了传统的教育模式,通过形式多样的综合实践活动,达到育人的目的,而这种育人方式的转型,也需要有相应的保障措施。

1. 加强了组织保障

按照省市要求,成立由区教育局为组长单位、区文广旅游局为副组长单位,发改、公安、财政、交通、市场监管和共青团等相关部门共同参加的中小学生研学旅行工作协调小组,把相关部门和单位的职责进行层层分解,加强对研学旅行工作的统筹规划和管理指导。制定相关成员共同参加的联席会议制度,定期研究会商相关工作,共同加强对研学旅行工作的统筹规划、业务指导、督查管理,及时研制相关政策,协调解决问题,确保研学旅行工作有序安全平稳推进。

2. 落实了经费保障

健全经费筹措机制,采取多种形式、多种渠道筹措中小学生研学旅行经费,探索建立政府、学校、社会、家庭共同承担的多元化经费筹措机制。文化、旅游等部门要对中小学生研学旅行实施减免场馆、景区、景点门票政策,提供优质旅游服务。鼓励通过社会捐赠、公益性活动等形式支持开展研学旅行。带队教师参加研学旅行的费用由学校承担,纳入学校年度财政预算。对义务教育段和高中教育段的低保家庭子女、福利机构监护对象、革命烈士子女、五保供养对象、残疾学生实施减免政策。倡导和鼓励爱心单位、爱心人士针对研学旅行开展公益资助。

3. 建立了安全保障

一方面,制定安全保障方案。各学校要制定科学有效的研学旅行安全保障方案,探索建立行之有效的安全责任落实、事故处理、责任界定及纠纷处理机制。教育行政部门负责督促学校落实安全责任,备案学校报送的活动方案(含保单信息)和出行应急预案。学校要切实做好行前安全教育工作,并定期开展研学旅行交通安全应急演练;确认出行师生购买意外险,必须投保校方责任险,与家长和研学旅行服务机构签订安全责任书。

另一方面,落实各方责任。旅游部门负责审核承接开展研学旅行的企业

第六章　收获:区域推进研学旅行的成果与展望

或机构的准入条件和服务标准,并征求教育行政部门意见。交通部门要督促有关运输企业检查学生出行的车、船等交通工具。市场监管部门要按照属地监管的原则,加强对研学旅行涉及的住宿、餐饮等公共经营场所的餐饮食品安全监管。公安部门要加强对研学旅行住宿的宾馆、酒店行业治安管理的指导,依法查处运送学生车辆的交通违法行为。校长是研学旅行的第一责任人,各校成立以校长为组长,由学校各部门及家长委员会组成的研学旅行工作领导小组,负责制定本校研学旅行工作规程,制定每学年研学旅行计划,确定研学旅行主题活动方案和安全预案,选择合格的研学产品和服务机构(旅行社),并认真组织实施。

4. 加强评估监督

专设绿野奖、绿荷奖、春竹奖、雏菊奖等奖励基金,激励研学旅行的主动创新。区研学旅行指导小组定期开展专项督导与评估,其结果作为校长考核、学校发展评价的重要依据。定期召开研学论坛,在交流与研讨中,传播先进经验、优秀做法。以定期调研、专家引领指导研学旅行示范学校创建工作。组建研究团队,攻坚研学课程建构、研学基地运行、研学评价创新等创建难点。

通过努力,我们实现了育人方式转型的上城愿景,促成了学生道德面貌变化。教育部基础教育质量监测显示,我区受检学生国家认同度、国际视野、行为规范日常表现、中华优秀传统文化了解、国情常识、法律素养平均得分均获10星,为全国最优等级。受检学校实践活动开展率100%,研学旅行参与率100%。汇聚了育人资源统整的上城力量,发展了复合型的育人队伍。公检法司、综治等政府职能部门提供全部免费的公益体验870多次,公益讲坛279次。发展复合型育人队伍。家长、教师、非遗传承人、社区工作人员、场馆讲解员、区领导以及各职能部门志愿者积极参与协同育人社会公益事业。

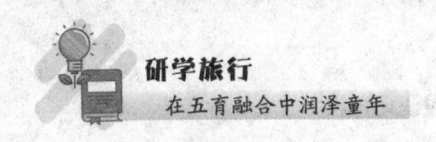

第二节

展望：区域推进研学旅行的未来构想

随着研学旅行活动被越来越多的中小学重视,也需要我们对其未来走向做深层次的思考,《国家中长期教育改革和发展规划纲要(2010-2020年)》中提道："坚持以人为本、全面实施素质教育的核心是解决好培养什么人。"①《纲要》中提到培养时应以能力为重,即培养学生的学习能力、实践能力、创新能力,教育学生学会知识技能,学会动手动脑,学会生存生活,学会做人做事,促进学生主动适应社会,开创美好未来。显然,这也是研学旅行应该遵循的目标。据此,我们对区域推进研学旅行的未来构想进行了思考。

一、拓宽研学旅行的视野

研学旅行还在不断地进行中,我们对研学旅行的实践探索与取得的成绩并不意味着是行动的终点。在教育改革不断深化以及现代科学技术日异月新发展的大背景下,我们也将不断拓宽视野,推进研学旅行,使研学旅行这项工作更好的发挥立德树人的作用。

(一)拓宽社会主义核心价值观的认知视野

社会主义核心价值观是当代中国精神的集中体现,凝结着全体中国人民共同的价值追求,是教育工作的"魂"。核心价值观教育是青少年学生研学旅行的重要组成部分,具有特殊重要性。

---

①《国家中长期教育改革和发展规划纲要(2010—2020年)》

1. 要把思想引导作为研学旅行的根本任务

把爱国主义和红色传统、红色精神有效传播到青少年之中,引导青少年坚定理想信念,为实现中华民族伟大复兴"中国梦"努力奋斗,是红色旅游研学旅行的根本任务。红色旅游研学旅行,就是要针对青少年的思想意识特点,利用红色旅游丰富的内涵和强大的精神能量,把握好引导的内容和角度,帮助青少年牢固树立为实现中华民族伟大复兴的中国梦而奋斗的理想,坚定中国特色社会主义的信念,重点解决引导内容的针对性、传播路径的适用性和工作对象的普遍性问题,真正使思想引导工作深入浅出、生动活泼,不断增强"四个自信",使社会主义核心价值观在青少年学生头脑中深深扎根。

2. 要把服务青少年学生成长发展作为研学旅行的工作主线

随着经济社会快速发展,当代青少年的需求和利益更加广泛具体,成长和发展需要更多的支持与帮助。研学旅行要充分发挥政治、文化、经济等的综合功能,竭诚服务青少年学生成长发展,努力为青少年学生"圆梦"创造条件。研学旅行是中华民族伟大复兴"中国梦"的基础工程,要拓展思路,按照教育性、实践性、安全性、公益性的原则,以立德树人、培养人才为根本目的,因地制宜开展研学旅行,使广大青少年学生深刻了解党带领全国各族人民不懈奋斗的光荣历史和伟大历程,坚定不移跟党走,传承红色传统作风,接受红色精神洗礼,增强开拓前进的勇气和力量;使红色旅游成为广大青少年学生遇到困难时想得起、找得到、靠得住的强大精神力量。

(二)拓宽课程视野

研学旅行是衔接学校教育与校外教育的创新形式,核心素养不可缺少的重要方式与途径。好的研学旅行课程能够激发学生体验的内驱力,拓展学生体验的活动空间,促进学生素质能力的养成,培养学生解决问题的能力,成为一个有益于家、国、天下的大气之人。

1. 明确研学旅行课程的目标原则

从课程目标的设计类型来讲,有四个方面:第一是知识性目标,研学旅行中学生获得的知识,跟学校系统的学科课程相比是有区别的。学校的学科课程主要是教师的系统讲授,而研学旅行的学科课程来源于学生的实践和体验

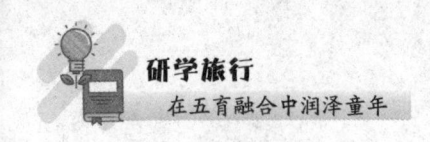

的过程。第二是能力性目标,在研学旅行课程中的这种能力目标,应该不是单一维度的,而是多维度的综合能力。这里既有认知与思维能力、也有发现问题与解决问题能力、社会参与合作能力等维度。第三是情感、态度价值观领域的目标,在研学旅行的意见中我们看到有大量的文字涉及了情感、态度、价值观领域,情感领域目标是学生在研学旅行活动课程的体验过程中的重要目标维度。第四是核心素养目标,我们国家现在制定的核心素养的框架由文化基础、自主发展、社会参与三个方面构成,体现了马克思主义关于人的自主性、社会性、文化性等本质属性的观点,整合了学生个人、社会和国家三个层面对学生发展的要求。

2. 统筹研学旅行的课程资源

研学旅行课程可能更强调要超越教材、课堂和学校的局限,在活动时空上向自然环境、学生的生活领域和社会活动领域延伸,密切学生与自然、与社会、与生活的联系。要以统筹协调、整合资源为突破口。从立德树人、培养人才的根本目的出发,站在综合育人的高度,再基于核心素养的形成来进行统筹、设置和实施,在此过程中就要进行资源的梳理、整合。包括学校内的学科整合、多学科整合、跨学科的整合,甚至是跨界的整合。在这里边,比如说整合资源,要结合地区的情况、学校的情况、学生的实际情况,比如自然文化遗产、红色教育资源、综合实践基地,包括科技馆、知名院校、工矿企业、科研机构等等都可以去进行充分的挖掘、整合可利用的资源。

3. 形成研学旅行的特色课程体系

研学旅行的课程开发,是一套经过系统设计的育人目标框架,它的落实需要从整体上去推动各个方面、各个环节的对接、融合,不光是学校和企业和校外机构,还包括各个单位、各个机构的对接融合,最终形成以学生发展为核心的综合课程体系。学校和基地在设计研学旅行课程时需要将活动内容直接与社会现实相融合,注重在直接经验中引导学生的体验。研学旅行需要以学生为中心,通过设计实践活动不断开发和利用这一无形重要课程资源,围绕真实情境中的问题展开探索,激发学生的最原始的经验,促进学生主动学习,主动思考,解决现实中的问题。拓展学生体验的活动空间,开发与利用学生独特的

生活体验。引领学生体验生活,做健康生活的主人。

(三)拓宽文化视野

党的十九大报告指出,没有高度的文化自信,没有文化的繁荣兴盛,就没有中华民族的伟大复兴。文化自信源于文化认同,文化认同源于对民族文化的深厚情感,传递传统文化、凝聚民族认同、重塑民族精神、增强文化自信具有重要意义。中国传统文化作为一种良好的社会资源,将它与研学旅行结合在一起,一方面可以丰富研学旅行的内容层次,使活动形式多元化,另一方面研学旅行帮助传统文化开拓了其传习人群体规模,让"人"和"物"有了生命力。

1. 唤醒文化自信,培养青少年保护和传承传统文化的责任感和使命感

中国传统文化的丰富性、生动性与多样性,既展现了中华文化的绚丽多姿,又在推动着中华文化的现代转化与创新。增进青少年的文化认同和文化理解,培养他们对祖国传统文化的深厚情感,促进中华文化的传承和发展。研学旅行可以让学生接触更真实的传统文化生态环境、更丰富的实物资料和更专业的活动场地,从而对传统文化有更深刻、直观、全面、系统的认识。以传统文化为主题的研学旅行,全方面调动学生的眼、耳、口、心、手、足,让他们更深入地了解、学习、体验、感受这些文化财富,让他们更充分地浸润于传统文化的魅力、成为文化的传承者。

2. 促进文化参与,让青少年在活化的教科书中提升素养

《中国学生发展核心素养》确立了我国学生的六大核心素养,其中"人文底蕴"居于首位。传统文化对培养人文底蕴具有独特功能,多样化的传统文化项目为研学旅行提供了丰富的课程内容,便于开发出高质量、口碑好的研学课程。众所周知,我国优秀传统文化数量巨大、品类众多、形态多样、内涵丰富。围绕传统文化进行课程设计,内容上既可以将多个传统文化项目组合,也可以针对某个项目形成专题研学活动;基于传统文化研学旅行实践活动的开展,学生通过研学旅行的方式体验传统文化,获得参与实践的丰富经验,使传统文化传承需要的问题意识、实践能力、创新精神等良好的综合素质得以保障,对学生成长必需的人生智慧、生活方式、思维方式和价值观念的形成与确立不仅仅是一种"材料",更成为一种"养料"。

3. 体会文化之美，让青少年学会感知美、理解美、创造美

美育就是运用人类社会创造的一切美，对人进行美化自身的教育，使人具有一颗丰富而充实的灵魂。这是其他教育无法做到的。中国传统文化代表了一种独特的艺术成就，一种创造性的天才杰作，是人类社会"美"的最高级别。通过研学旅行，可以让青少年学会感知美、理解美、创造美。

研学旅行通过传统文化的学习以及文化现象的解读，去深入探索某个民族或某个地区内在的精神风骨，里面包含了多学科知识的学习，如语文、历史、地理、政治甚至物理、化学等，对青少年课堂所学是一种延展和深入。

4. 绽放文化魅力，让青少年成为具有中国灵魂和世界眼光的人

中国传统文化是民族的，更是世界的。研学旅行可以通过特有的活动形式把中国传统文化的丰厚底蕴和科学前卫的现代意识，东方文明的独特神韵和西方人文的哲理思辨和谐地融为一体，让青少年拥有理解、包容不同文化、习俗的胸怀和品质，能够正确认识和处理在竞争的同时进行合作，更富创造性地迎接世界的挑战，走向健康、和谐的未来。在活动中增强民族自尊心和责任感，养成强烈的民族文化认同感和民族自豪感，具备国际交流、理解、合作、竞争的能力，成为有中国灵魂、有世界眼光的现代人。

（四）拓宽国际视野

教育部2014年下发《中小学学生赴境外研学旅行活动指南（试行）》，在这份指南中，境外研学旅行被界定为，根据中小学学生的特点和教育教学需要，在学期中或者假期以集体旅行和集中住宿方式，组织中小学学生到境外学习语言和其他短期课程、开展文艺演出和交流比赛、访问友好学校、参加夏（冬）令营等开阔学生视野、有益学生成长的活动。

1. 走进异国学校，体验原味课堂，提高英文运用能力

《指南》中明确指出"举办境外研学旅行要与中小学的教育教学计划统筹安排，具有明确、有益的教育目的和适当、周密的教学内容，把素质教育和体验学习贯穿始终。"通过境外研学旅行，学生们可以走进当地学校，走进课堂，体验原汁原味的课堂教学，从中吸取他国教育方面的先进理念，感受课堂氛围，在与当地学生相互沟通、交流中体会当地的教育文化，同时也是对自己英文水

第六章 收获:区域推进研学旅行的成果与展望

平的一次很好的检验和锻炼。

2. 拓展国际视野,丰富人生阅历

以新西兰为例,学生可以在新西兰参观著名的高尔夫球场,体验世界闻名的橄榄球球技,走进农场生活,在新西兰数千公里的步道徒步,聆听着大自然的声音,赏析美景,锻炼毅力,乐趣无穷……对于学生来讲,辗转于精选的不同城市之间,游览不同地域的风俗、文化,既能开拓国际视野,又可以丰富自己的人生阅历。

境外研学旅行,改变了以教授、讲解为主的传统教育模式,转变为从孩子自身的情感出发,通过丰富多彩的异国之旅和精心设置的情境体验,激发孩子对自我的认知和探索,树立个人兴趣和爱好,培养孩子的目标意识和主动进取观,让他们积极、主动地在游览中学习,体验中成长,从而全面提升孩子的综合素质和能力。

二、推进研学旅行与现代技术的深度融合

突飞猛进的信息技术,特别是移动互联网的发展,创造了跨时空的生活、工作和学习方式,教育的的方式也在发生根本的变化,教与学可以不受时间、空间和地点条件的限制,知识获取的渠道灵活和多样性。这些都意味着教育教学活动和信息技术发展融合已经成为必然的趋势。信息技术发展不仅成为开展研学旅行活动的需要,也将成为深化研学旅行的需要。

(一)与学校课程技术的深度融合

研学旅行作为一种重要的课程形态,在学校育人活动中起着重要作用,理应成为学校课程体系中有机组成部分,而不是游离于学校课程之外的"花瓶"或"噱头"。只有认识到了这一点,才能避免研学旅行在学校课程中的边缘化和虚无化。

具体而言,就是要将研学旅行活动深入到学校课程的方方面面,既要将其融通到综合实践活动课程中去,也要将其融通到学科课程中去。通过研学旅行课程的融入,加强学校课程和自然、社会的联系,营造绿色、阳光、生机勃勃的学校课程新生态。研学旅行倡导在旅行中探究、在探究中运用、在运用中学

习,其有效实施有助于消除学校课程和现实社会的壁垒,打通知识世界、经验世界与生活世界的联系,为学生提供丰富多彩的探究情境、多种多样的学习机会、富有挑战的课程经验,使学校课程回归生活的本位和课程的原点,因而具有重大的课程论意义。

1. **设计研学方案和课程手册**

学校的老师有过带学生出国游学的经历,回来后,他们常常会有感于同样的一些画面:不同人数的学生组成合作学习小组,带着一份学习手册或是任务单,参观展馆、互动体验、撰写报告。学生根据研学手册的要求,在行走杭州的桥、研究杭州的非遗文化的过程中,了解杭州,再从杭州放眼全球,培养学生的家国情怀。理想信念教育、社会主义核心价值观教育、中华优秀传统文化教育、生态文明教育和心理健康教育,融入一个个生动有趣的探究任务和项目学习活动中,这是我们对《指南》中实践育人的先行探索。

2. **借助外力,以专业化引领课程发展**

学校聘请了非遗传人作为研学导师,成立学校非遗学习体验中心,补充学校师资队伍专业性不强的短板。同时,在传承人和学校教师合作上课的过程中,进行研学项目的教师培训,尽快提升教师对研学课程资源开发和利用能力,在实践育人过程中观察、研究学生的能力,使教师真正能够成为整个研学实践教育活动的组织者、引导者和作者。此外,我们还与具有研学旅行承担能力的机构合作,购买服务,保证研学活动的秩序。六个年级分在了不同的地点,每个时段安排的内容各不一样,要考虑的问题比较多,车辆安排、活动内容、学生安全等,学生处主任、辅导员、年级组长分身无术,可以外包、成本不高的交给专业机构完成,教师主要做好研学指导,专业的人各司其职。

3. **鼓励多样化的研学旅行作品,让评价多元化**

课程评价是教育评价的重要组成部分,它能帮助课程实施者了解学生发展中的需求,发现和发展学生的潜能,促使学生认识自我、建立自信,也能为课程的设计、组织提供反思的依据。在思考课程评价的时候,我们特别地关注到评价的综合性,既注重结果性评价,也注重过程性评价,为学生的个体学习建立一对一的学习袋,鼓励学生在行走和寻访的过程中结交一个朋友,完成一个作品，充实一份书单。

（二）与现实生活的深度融合

教育要培养人，培养最终走向社会、组成社会、回馈社会、建设社会的人。作为教育改革的重要途径之一，研学旅行应运而生。让学生走出学校，走近社会，走入生活，亲身体验社会环境的变化，动手实践提升自我能力，成为懂得规矩、遵守规则、服务社会的真正的人。

生活中蕴含真正的教育。针对此种现象，陶行知在多年的思考中逐步构建起了生活力、学习力、自治力和创造力的"四力"与23项常能的教育体系。这23项常能包括初级如会洗衣做饭、应对进退、游泳急救和更加高级的如会开车、翻译、速记、领导等等。这些具体的目标是落实生活教育的实际抓手，提升了学生的核心能力素养。

1. 提升学生的生活力

生活力就是一种生活的能力，包括与人交往，自我生长发展和改造社会的能力。但在我们重考试重成绩轻素养的时代，家长和学校剥夺了儿童生活力培养的机会，导致儿童的世界中生活是生活，教育是教育。

2. 提升学生的学习力

这种学习力并不是被动的学习，而是自主的、探究的学习能力，其学习的范围也不仅仅是书本知识，而是包括了生活中的方方面面，包括我们的生活素养、社会素养。对学习力，陶行知曾有经典的表述："指导他，使他以最短的时间，经过类似的经验，发生相类的理想，自己将这个方法找出来，并且能够利用这种经验理想来找别的方法，解决别的问题。"

3. 提升学生的自治力

自治力的缺失在当下的中国教育中貌似是一种常态，无论是学校还是家长甚至儿童自我都不太关心自治力的培养。事实上，自治力这一素养的形成不仅事关着个体素质，更是关系到未来国家与社会的整体形象。在陶行知看来，自治力的形成，"可为修身伦理的实验""适应学生之需要""辅助风纪之进步""促进学生经验之发展"。从某个角度来说，这既是集体规训的一种体现，当然也是社会素养进步的标尺。

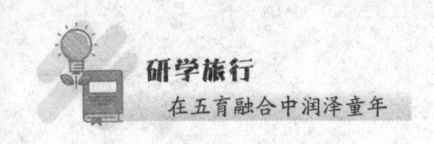

生活力、学习力、自治力、创造力以及日常技能,它们都是以生活为旨归,指向的都是培育真正的人的核心素养能力。所以,无论是历史还是当前,它们都应该成为破解教育难题的一个有效选项,而研学旅行正是这把钥匙。

(三)与现代信息技术的深度融合

随着中国进入一场基于信息技术的伟大的变革中,人工智能、互联网、大数据正在日益深刻地影响着教育的发展,传统研学旅行正在被深刻改变着,迎来一场如火如荼的"技术升级"。通过信息科技的深入应用,研学旅行在课程设计、安全问题、商业规模化等方面将得到极大改观,智慧研学旅行的创新实践尝试正是针对研学旅行的深刻"技术升级"。

智慧型研学旅行是创新的"研学旅行应用场景",结合了"研学""科技""旅行"元素,其特点是数字化、网络化、智能化、多媒体化。智慧研学实践教育营地主要是将更多人工智慧、传感技术、虚拟现实、多媒体等高科技技术植入到在课程建设、专题教室、营地建设、基地建设、师生培训、运营管理等各个环节,并且被普遍互联,形成物联网,再与"互联网"整合在一起,实现与项目干系人的整合。

第一是趣味性增强,寓教于乐;第二是智慧化的教学,第三是沉浸式、具象化的体验,场景是沉浸式的,主要通过3D、全景、VR、AR技术来实现教学;因为有了计算机系统,课程内容更加全面丰富,更新变得更加容易;智能化的管控,大数据的应用,完全可以满足大体量接待需求。

三、促进研学旅行实现立德树人的根本任务

立德树人是新时代发展中国特色社会主义教育事业的核心所在,是培养德智体美全面发展的社会主义建设者和接班人的本质要求。开展研学旅行,正是新时代落实立德树人根本任务的重要途径,有利于促进学生培育和践行社会主义核心价值观,激发学生对党、对国家、对人民的热爱之情;有利于发展素质教育,创新人才培养模式,引导学生主动适应社会,促进书本知识与生活经验的深度融合。

面对新时代新要求,需要我们站在实践育人、全面育人的高度,充分发挥

研学旅行在立德树人中的重要作用。特别是要把培养学生的社会责任感、创新精神和实践能力作为重点目标,与社会主义核心价值观教育有机结合,落实到研学旅行的具体活动内容中。

研学旅行课程的设计要特别注重学生的实践性学习。通过旅行为学生营造实践情境,引导他们面对各种现实问题,主动探索、发现、体验,获得解决现实问题的真实经验,从中培养实践能力。突出实践性活动课程的育人效果,正是我国发展素质教育的一种重要创新。这类课程在培育培养学生综合素质,尤其是在价值体认、责任担当、实践创新等学生发展核心素养方面具有不可替代的作用。

从活动的主题出发,设定合理的课程目标,把握研学旅行活动内容的关键要素,使立德树人根本任务落实在具体的活动实施过程中。

充分发挥研学旅行在立德树人中的重要作用,系统构建具有研学旅行特色的实践育人体系,形成校内与校外齐心协力、互相配合的实践育人工作格局,确立相互配套、协调一致的实践育人常态长效机制,从而构建起"全科育人、全员育人、全程育人、全方位育人"的系统化创新人才培养体系,为建设创新型国家、为"两个一百年"奋斗目标和中华民族伟大复兴中国梦的顺利实现打好基础工程。

主要参考文献

1. [德]卡尔·马克思/[德]弗里德里希·恩格斯.马克思恩格斯全集(第3卷)[M].北京:人民出版社,1960.

2. [德]卡尔·马克思/[德]弗里德里希·恩格斯.马克思恩格斯全集(第42卷)[M].北京:人民出版社,1979.

3. [德]卡尔·马克思/[德]弗里德里希·恩格斯.马克思恩格斯全集(第1卷)[M].北京:人民出版社,1984.

4. 陶行知.中国教育改造[M].合肥:安徽人民出版社,1981.

5. 钟启泉.现代课程论[M].上海:上海教育出版社,1989.

6. 佐藤学.课程与教师[M].钟启泉译.北京:教育科学出版社,2003.

7. 张传燧.综合实践活动课程论[M].广州:广东教育出版社,2004.

8. 王炳照.中国教育改革30年·基础教育卷[M].北京:北京师范大学出版社,2009.

9. 卢梭.爱弥儿[M].北京:商务印书馆,2014.

10. 林崇德.21世纪学生发展核心素养研究[M].北京:北京师范大学出版社,2016.

11. 彭其斌.研学旅行概论[M].济南:山东教育出版社,2019.2.

12. 桑新民.对"五育"地位作用及其相互关系的哲学思考[J].中国社会科学,1991,(6):159-166.

13. 白月桥.我国综合课程研究现状与改革前景[J].教育研究与实验,1992,(2).

14. 张肇丰.中小学社会学科综合课程研究[J].课程·教材·教法,1995,(5).

15. 范蔚.实施综合实践活动对课程资源的开发利用[J].教育科学研究,2002,(3):32-33.

16. 胡一杰.信息化时代的学校教育功能限度与转型[J].中国现代教育装备,2006.2.

17. 刘刚.课程多样化与乡土课程资源开发.辽宁教育行政学院学报,2011,(1):1-4.61.

18. 郑淑琼,牛志鹏.学校课程创生:课程变革困境中的新出路[J].江苏教育学院报(社会科学版),2012,6:7-9.

19. 胡洪彬.我国教育公平研究的回顾与展望——基于2002-2012年CNKI期刊数据的分析[J].教育研究,2014.1.

20. 陈传锋,王玲凤,陈汉英,俞国良.当前中小学生课外学习活动的现状调查与问题分析[J].教育研究,2014.6.

21. 丁运超.研学旅行:一门新的综合实践活动课程[J].中国德育,2014,9:12-14.

22. 杨清溪.合理发展:基础教育发展新路径研究[D].东北师范大学,2015.6.

23. 吴光.王阳明"知行合一"论的内涵及其现实意义[J].贵州大学学报(社会科学版),2015,1:29-32.

24. 叶澜.终身教育视界:当代中国社会教育力的聚通与提升[J].中国教育科学,2016.3.

25. 张昱瑾.少年宫教育课程规划的整体构建[J].青少年研究与实践,2016.31.

26. 林崇德.学生发展核心素养:面向未来应该培养怎样的人[J].中国教育学刊,2016,(6).

27. 于书娟,王媛,毋慧君.我国研学旅行问题的成因及对策[J].教学与管理,2017,7:11-12.

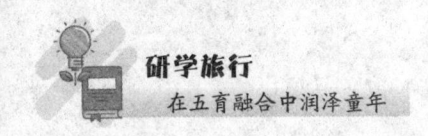

28. 王健敏.具身德育:立德树人背景下德育新理念与新路径[J].中国特殊教育,2017,5:22-26.

29. 孟万金.具身德育:背景、内涵、创新——一轮新时代具身德育[J].中国特殊教育,2017.11.

30. 孟万金.具身德育:源泉、体系、模式——二论新时代具身德育[J].中国特殊教育,2018.1.

31. 孟万金.具身德育:机制、精髓、课程——三论新时代具身德育[J].中国特殊教育,2018.4.

32. 刘璐,曾素林.国外中小学研学旅行课程实施的模式、特点及启示[J].课程·教材·教法,2018,4:136-140.

33. 殷世东,程静.中小学研学旅行课程化的价值意蕴与实践路径[J].课程·教材·教法,2018,4:116-120.

34. 黎加厚.人工智能时代的教育四大支柱[J].人民教育,2018,1:25-28.

35. 汪晨,钱旭鸯.新加坡:研学旅行的三种路径[J].上海教育,2019,24:33-36.

36. 陈林,卢德生.我国研学旅行历史演变及启示[J].江西广播电子大学学报,2019,1:26-31.

37. 河南省儒学文化促进会王阳明研究会执行会长,王强.知行合一的真实意义[P].王阳明心学研究院,2019.2.

38. 宋乃庆,刘燕玉."五育"融合育人效果指标探析.上海:华东师范大学"全国五育融合研究论坛",2019-12-28.

39. 胡铁贵.发展研学旅行对我国中小学核心素养培养的重要意义[J].当代教育实践与教学研究,2019,18:218-219.

40. 胡果.研学旅行要突出社会主义核心价值观教育[J].教育与管理,2019,12:9.

41. 王晓燕.推进研学旅行需抓住关键环节[J].新课程导学,2019,2:4-5.

42. 张俊宗.努力构建德智体美劳全面培养的教育体系[J].中国高等教育,2019.3.

43. 李明.新时代人的全面发展的哲学逻辑[N].光明日报,2019-2-11(15).

44. 冉源懋,王浩霖.研学旅行的英国实践及启示[J].西南交通大学学报(社会科学版),2019.5.

45. 李政涛."五育融合",提升育人质量[N].中国教师报,2020-01-01(03).

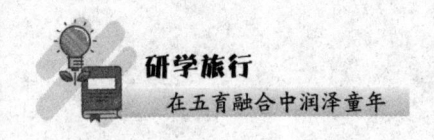

后 记

研学旅行不是一个新话题。"读万卷书,行万里路",不论是孔孟的周游列国还是唐宋八大家的访学之旅又或是徐霞客的纵情山水,不论是为了宣传政治主张还是结交名人奇士又或是为了考取功名,我们的先人已在"游"与"学"的交融中走向学问和精神的更高境界。

研学旅行也是一个新课题。这些年社会经济的快速发展和国际交流的增强为中小学生研学旅行创造了广阔的发展空间。中共中央、国务院《关于深化教育教学改革全面提高义务教育质量的意见》中强调,要坚持"立德树人""'五育'并举",而中小学生研学旅行作为五育融合的有效路径,其推进正是对时代命题的主动回应。

之所以对研学旅行产生关注,首先是责任使然。

我所工作的杭州市上城区青少年活动中心,承担了区域中小学生研学旅行推进的工作职责。早在本世纪初,我们开展的许多学生活动就具备了研学旅行的雏形。我们成立了区域生存教育、国防教育、农事教育基地,为区内四至六年级学生提供了每年为期一周的生存、国防、农事课程;我们开展了"玩转周末"青少年第二课堂活动,带领孩子们在各类文化场馆中实践体验;我们少年科学院上天下海的科考活动、艺术社团境内境外的采风活动经过近二十年的积累,逐渐形成了特色品牌。2016年,教育部等11部委印发《关于推进中小学生研学旅行的意见》使我和我的同事们找到了工作和研究的新方向,我们开始思考区域中小学生研学旅行的价值定位,着手梳理已有的经验基础,更主要的是探索区域推进中小学生研学旅行的新载体和新路径。经过几年的尝试和

后 记

探索,在区域研学旅行的课程设计、队伍培育和管理机制方面取得了一点进展。

关注研学旅行,也是兴趣使然。

我喜欢旅行,不是参加旅游团的那一种。儿子十多岁,我们的家庭旅行也已经十多年。订机票、找民宿、寻觅当地美食、租车自驾,身体还未出发,学习已然开始。我们给每一次旅行都制订了主题:建筑之旅、音乐之旅、湖泊之旅、牧场之旅、岛礁之旅……从冰岛近北极圈的苔原到欧洲最南端的直布罗陀海峡,从瑞士的雪山到加拿大的森林,从挪威的峡湾到德国的城堡,从到奥地利萨尔茨堡的莫扎特故居到西班牙巴塞罗那的不朽建筑圣家堂……旅途中无限美好的何止是风光。我们逛当地的菜市场采购食材自己做饭,住在民宿里和主人老奶奶围着篝火聊天,儿子在旅途中也学会了自己整理行李、洗晒内衣袜子、自助购买各类交通票券,用流利的英语和当地孩子交谈玩耍,甚至在德国的梅青根奥特莱斯,他独自一人靠一张德文地图进行了一天的定向运动,完成了我们给他的购物任务。在带儿子旅行的过程中,我真切地感受到研学旅行在一个孩子成长中不可替代的作用,这种作用,是浸润,是催化,是融合,是生长。

于是,将这几年在研学旅行中的实践和思考慢慢积累沉淀,终于鼓足勇气将书稿交付。这本书的出版,得到了许多帮助。我心目中德高望重又亲如长辈的专家——浙江省督学、杭州市教育科学研究所原所长施光明先生对全书的撰写进行了全程悉心指导并欣然作序,几乎与我同龄却已造诣深厚的浙江大学课程与学习科学系副教授刘徽博士从课程论的角度为我提供了极大帮助,我敬爱的导师——全国著名特级教师、正高级教师、崇文教育集团总校长俞国娣也给予了我许多鼓励。还要感谢杭州市上城区教育局党委书记、局长项海刚先生和副局长、上城区教育学院院长王莺女士的关心,感谢我的同伴们特别是金庆红、俞敏、吴丹娜、朱红、施越辉、王青达等老师在不同章节的撰写中为我提供了极大的帮助。本书的编写还得到了上城区许多中小学的支持,杭州市天长小学、杭州市时代小学、杭州市胜利小学、杭州市胜利实验学校、杭州师范大学第一附属小学、杭州市凤凰小学、杭州市回族穆兴小学、杭州市抚

宁巷小学、杭州市饮马井巷小学、杭州市紫阳小学、杭州市开元中学等学校为本书提供了许多鲜活的案例。当然,还要感谢我的家人,他们给了我莫大的支持,使我最近的业余时间绝大部分用于专心写作。

如果本书能为青少年工作者和一线教师提供一点启示,是我莫大的欣慰。由于才疏学浅,水平有限,书中定还存在不少的疏漏和不足,真诚期待您提出批评建议!

2020年10月于杭州